环境法实施机制研究

宋博纳 ◎ 著

中国出版集团 | 全国百佳图书
中国民主法制出版社 | 出版单位

图书在版编目（CIP）数据

环境法实施机制研究 / 宋博纳著. — 北京 : 中国
民主法制出版社，2023.5
ISBN 978-7-5162-3217-0

Ⅰ．①环… Ⅱ．①宋… Ⅲ．①环境法学—研究 Ⅳ.
①D912.604

中国国家版本馆 CIP 数据核字(2023)第 073044 号

图书出品人：刘海涛
出 版 统 筹：石　松
责 任 编 辑：刘险涛

书　　　名/环境法实施机制研究
作　　　者/宋博纳

出版·发行/中国民主法制出版社

地址/北京市丰台区右安门外玉林里 7 号（100069）

电话/(010) 63055259（总编室）　63058068　63057714（营销中心）

传真/(010) 63055259

http://www.npcpub.com

E-mail:mzfz@npcpub.com

经销/新华书店

开本/16 开　　787 毫米×1092 毫米

印张/13　　**字数**/212 千字

版本/2023 年 5 月第 1 版　　2023 年 5 月第 1 次印刷

印刷/廊坊市源鹏印务有限公司

书号/978-7-5162-3217-0

定价/68.00 元

前言

　　环境法学是法学大家庭中的新成员，其强烈的现实性和浓郁的人文性散发出迷人的魅力，越来越多的学人投身其中。相比于具有悠久历史积淀的民法、刑法等法律部门宏大的体系、核心的范畴和颇具特色的方法论，环境法显得不那么深邃、厚重和正统。因此，无论是基于对自身理论的不断超越，还是基于对实践的有效引领，都需要更加重视环境法的法理研究。

　　我国已经对环境法实施的传统路径加以改进，并创设了环境民事公益诉讼制度和环境行政公益诉讼制度，但相关举措还不足以带来理想的环境法实施效果。环境法得以有效实施的关键是处理好政府、企业、民众三者之间的关系，确保各主体具有充足的法律实施动力，并为这种动力能够正常发挥配置相应的保障措施。环境法实施是一个系统、复杂的社会工程，不仅受国家法律文化、政治体制、社会经济状况及民众的法治意识与环保意识等背景条件影响，而且受环境法律制度自身的完善程度及环境司法状况等因素影响。从我国实际情况出发，环境法的有效实施不仅需要拓宽实施渠道，增加实施路径，实现实施主体多元化，更重要的是，要保障各实施主体有足够的动力去实施环境法。

　　本书从环境法的基础理论出发，对其性质以及相关内容进行阐述，接着对其立法的相关问题进行分析与探索，以及环境法实施的相关机制，如公众参与环境保护视角下的环境信息公开、环保产业促进专门立法，最后对于环境法律制度的完善与构建以及生态环境对经济发展的影响进行总结与分析。

　　撰写本书过程中，参考和借鉴了一些知名学者和专家的观点及论著，在此向他们表示深深的感谢。由于水平和时间所限，书中难免会出现不足之处，希望各位读者和专家能够提出宝贵意见，以待进一步修改，使之更加完善。

目录

第一章 环境法的基础认知

第一节 环境法的定义

一、环境法的定义诸说

（一）宪法表述式定义

环境法的第一种定义模式为宪法表述式定义。《中华人民共和国宪法》（以下简称《宪法》）第二十六条第一款规定："国家保护和改善生活环境和生态环境，防治污染和其他公害。"该条款早在"七八宪法"中就已确立。当时《环境保护法（试行）》尚且未出台，该规定对于环境法的影响较为深刻，一直持续至今，表现在环境法的定义上，就是沿袭宪法的此表述，将环境法定义为"保护和改善环境，防治污染和其他公害的法律"。

据考证，我国最早采用宪法表述式定义的是韩德培主编的《环境保护法教程》。在该书中，环境保护法被定义为：调整因保护和改善生活环境和生态环境，防治污染和其他公害而产生的法律规范的总称。其核心内容与宪法表述几乎一致。该定义模式得到了不少学者的认同。

（二）开发利用保护改善式定义

环境法的第二种定义模式为开发利用保护改善式定义。据考证，我国最早采用该定义模式的是程正康主编的《环境法概要》。在该书中，环境法被定义为国家为协调人类与环境的关系，保护与改善环境而制定的调整人们在开发利用、保护和改善环境的活动中所产生的各种社会关系的法律规范的总和。这种定义改变了宪法的表述，而改以行为规制模式，更加贴近法律作为社会规范，调整人的行为的属性，因此得到了很多学者的认同，已经成为占主流的定义模式。

（三）其他定义方式

除此之外，还有一些较为新颖的定义方式。如：环境法是指以保护和改善环境、预防和治理人为环境损害为目的，调整人类环境利用关系的法律规范的总称。该界定将传统的定义中的环境社会关系替换为环境利用关系，其实质并未改变，环境利用关系仍然是一个模糊概念。

还有学者从四个角度对环境法的规范对象进行了解读：首先，环境法即是指以保护环境为目的所制定的法条整体，目的是在解决为了确保人类自然生存基础所产生的争议与冲突。其次，如从人类与环境关联性的观点出发，环境法即是在规范围绕人类之环境与人类彼此间关系的法条整体。再次，从形式一般法规范之名称亦可得知，其乃指规范环境相关事务之法律整体。最后，在今日现代科技化与工业化的国家中，环境法有非常强烈的以科技为规范对象的特性，原因在于许多对环境为破坏行为的均是多样性科技的运用所产生的，例如汽机车与工厂营运所造成的污染等，环境破坏为科技产物，亦是环境法欲以规范方式加以排除的对象。此定义多面观察，但主要是从形式角度对环境法的描述，缺乏实质性揭示。

二、上述定义方式之检讨

（一）环境社会关系的模糊性消解了环境法定义

无论是宪法表述式定义，抑或是开发利用保护改善式定义，都属于法律部门定义方法。即"调整对象＋法律规范总称"的定义方式。在上述定义中，环境法的调整对象最终都要落脚到环境社会关系，但环境社会关系本身就是不清晰的界定，由此也消解了环境法定义的合理性。

一方面，单纯的开发利用环境资源可能并不属于环境法的调整范围。如矿产资源开发利用会形成采矿、探矿等社会关系，对这些社会关系的调整显然是民法的调整范围，而非环境法。之所以会被误解为环境法的调整范围，乃是由于在开发利用环境资源的过程中可能会造成环境问题，或者说，对于环境问题的法律规制应当从开发、利用行为入手，附加义务或者条件。但这并不意味着开发利用环境资源是环境法的调整范围。另一方面，单纯的保护和改善环境所结成的社会关系，如政府增加财政投入治理大气、企业按照政府要求安装除尘设备，社会公众绿色出行等，仅仅是环境法调整范围的一部分。保护和改善环境势必从开发和利用环节入手。由此出现理论断裂：一方面，开发利用环境资源行为所结成的社会关系过大，远远超越环境法的范围。另一方面，保护和改善环境资源所结成的社会关系又过小，过于局限。因此，从开发、利用、保护、改善、管理环境所结成的社会关系就是模糊的概念。之所以出现该概念，是结构主义方法论下以调整对象作为法律部门划分标准在作祟。

至于保护和改善环境，防治污染和其他公害，合理利用自然资源所结成的社会关系，与上面的定义方式、方法论和思路如出一辙。而且将问题复杂化了，过分沿袭中国的实在法（宪法），也是不可取的。

（二）目的不宜成为定义要素

环境法是为应对和解决环境问题而生的，但"以解决环境问题为目的"不宜作为环境法的通过上述列举可以看出，不少人将"为了预防和解决环境问题"作为环境法的定义要素，这是不妥的，原因在于：从哲学层面来讲，目的与功能虽然密切相关，但并不等同。目的是主观的，即主体追求或者意欲实现的目的。具体到环境法，由于目的是主观的，因此确定环境法的目的不仅非常困难，也没有必要。文本一旦完成，就应当以文本而不是作者的意图进行理解。法律规范同样是一种文本，如果把立法者视为作者，那么目的就不重要了。而且目的的主观性决定了文本可能符合该目的，也可能不符合该目的。因此，若按照目的来解释，无疑会导致撇开文本本身而去追寻立法者的意志，犯了主观主义的错误。当然在主观目的之外还有客观目的说。客观目的实际上相当于事物的本质，是内化于事物之中，而与人们通常所说的主观目的差异较大。

以我国《环境保护法》为例，其目的是什么呢？首先，该法第一条就规定了立法目的，但它是否为立法者制定该法的真实、全面的目的呢？其次，谁又是立法者呢？是全国人大常委会制定该法之时的全国人大常委会委员，还是人民？又如何考证立法目的呢？之所以会出现上述诸多疑难，根本原因在于：目的是主观的，而法要追求确定性，此确定性最佳的依托便是法的文本。也就是说，越能够从法的文本得出，便越具有确定性。功能恰恰就是事物本身所具有的稳定的效能。因此，应当舍弃目的，而从环境法的功能入手。

（三）部门法划分的方法论检讨

法律体系由法律部门构成。人们通常认可的法律部门包括宪法、民法、刑法、行政法、诉讼法。现代一般还承认经济法、社会法等法律部门。法律部门的划分标准是"调整对象为主，调整方法为辅"。进入 20 世纪以后，劳动法、社会保障法、社会救济法等领域大量法律规范的出现，"社会法"的概念随之兴起，成为公法、私法之外的第三法域，也出现了所谓的"公法私法化""私法公法化"现象。

公法、私法的划分，以及宪法、民法、刑法、行政法、诉讼法等部门法的划分有其历史背景。近代以前的社会关系相对简单，一国实在法并不复杂。法律体系构建的主要方法论是结构主义。结构主义理论是建立在先验主义哲学基础上的，结构主义认为一切由人类行为构成的社会现象，表面上看起来杂乱无章，其实内蕴着一定的结构。这种结构支配并决定着一切社会现象的性质和变化。按照结构主义的观点，社会科学的任务就是探寻深藏于社会现象之后的内在结构。结构主义强调整体性研究和对事物内部结构的认识。基于结构主义的方法论，一国法律体系犹如一张"大饼"，而部门法（民法、刑法、宪法、行政法、诉讼法、商法等）各分得"一角"，它们互不统属，也不发生交叉关系。

随着社会节奏的加快，社会结构越来越复杂，结构主义忽视局部研究、外部研究、历史研究，以至于逐渐衰落。法律的复杂化，如环境法、科技法、社会法的出现，导致以往公法—私法的划分被突破，传统宪法、民法、刑法、行政法、诉讼法的部门法体系也面临重大危机。之所以如此，原因在于：（1）新生的法律门类几乎都要采用民法的、刑法的、行政法的、诉讼法的，乃至于宪法的调整方法，因此调整方法势必失灵；（2）新兴的法律门类大量采用行政管理措施，若从规范形式来看，可能会被归入行政法体系，甚至被当作部门行政法，如教育行政法、环境行政法、科技行政法、交通行政法、体育行政法乃至经济行政法。这一现象的诞生与现代行政事务和行政权力的膨胀有密切联系。但将它们都归入行政法，一方面会造成行政法的无比庞大，稀释行政法的核心内容和特征，另一方面也将法律文件、法律条文削足适履地符合行政法的原则和规则，或者被肢解，导致一部法律文件被拆分为行政法规范占主要，民法、刑法、宪法、诉讼法等相关法律规范各占一部分的局面。简言之，宪法、民法、刑法、行政法、诉讼法等传统法律部门划分思维很难适应现代法律发展的需求。

传统的法律部门划分基本可成立基于调整方法的独特性。法律的调整方法不外乎四种：民事方法、刑事方法、行政法方法、宪法方法。民事方法是意思自治。刑事方法是刑罚。行政法方法是"命令—服从"式规制。宪法方法是权力分配与制约等。上述四类方法是工具性、基础性的，不仅适用于相应的民法、刑法、行政法、宪法等领域，还广泛适用于其他领域。如民事方法可以适用于环境法、经济法、科技法等领域。再如对私有财产的保护，人们大多首先想到的是民法的调整范围。然而，刑法中的财产犯罪，行政法中对于侵犯财产的一般违法行为的惩戒，宪法中的所有制等，无不是对财产的保护。因此，对于特定社会问题，法律调整方法可能是多种并用的。

三、功能主义方法论定义环境法

（一）环境法诞生的功能主义逻辑

环境法并不是纯粹的理论逻辑，而是事实逻辑、历史逻辑。近代以来科学技术的进步，致使环境问题无论是发生频度、发生地域，还是严重程度、危害性等方面都呈现迅猛的增长态势。环境问题在既有的法律框架之下难以妥善解决，于是需要新的法律和制度。当此类新的法律和制度越来越多，一个新的法律领域——环境法就形成了。

环境法的功能是通过法律手段，或者以法律方式，预防和应对环境问题。环境往往具有物理边界的模糊性、不确定性以及环境的公共物品属性，环境污染具有典型的"负外部性"。首先，行为人有开发利用环境的激励——因为开发利用环境的经济收益归自己，却缺乏预防和应对环境问题的动力——因为环境问题的负面后果归社会共同承担。其次，由于环境受害者往往是多人，因此作为其中之一的受害者普遍存在"搭便车"心理，以致受害者和公众对于环境问题虽明知受害也放任不管，从而放纵环境污染和生态破坏。最后，从政府角度来看，尤其是经济欠发达的地域，经济发展和民生改善是最显而易见的政绩，较环境保护也更加容易取得成效。因此，政府保护环境，如果在经济不好的条件下，或者经济不好的地区，难度很大，动力不足。由于行为人和政府缺乏开展环境保护的动力，需要法律规范的介入。当预防和应对环境问题的法律越来越多，成为一个不容忽视的法律、政治和社会现象时，环境法便诞生了。这也体现了环境法之上的历史和逻辑相统一。

（二）法律预防和应对次生环境问题的方式

法律预防和应对环境问题需要从行为的角度入手。也就是说，从人的角度入手，法律不能调整动物、植物和自然界。法律只能以权利、义务、责任等方式对人的行为施加影响。

法律预防和应对环境问题可以采用民事方法、行政方法、刑事方法、宪法方法等法律方法，这些方法的使用是相互配合的而非凌乱、随意的。排除了经济法的方法，并不是否认环境问题可以采用财政税收、信贷支持、产业引导等方式，而是认为并不存在独立的经济法方法。经济法的方法仍然主要是行政的方法，只是大多比较宏观。环境法中诸如产业政策、国土功能分区、生态红线，以及排污交易、环境资源税费、水权、林权、碳汇交易等，都是非常重要也经常使用的手段。

环境法主要采用行政法的方法，但不能否认其他方法的价值。如对于环境侵权、环境犯罪等机制主要是事后的，因此有人对其加以抨击，认为民法的方法、刑法的方法是事后的，因而仍然是"先污染后治理"或者说"末端治理"，甚至以此否认环境侵权、环境犯罪等机制的价值。这是失之偏颇的。虽然从个案上看，环境侵权、环境犯罪等是事后的机制，但是环境侵权通过对受害者的赔偿，环境犯罪通过对行为人的刑罚处罚，能够发挥出威慑作用，而且环境侵权机制是无须过多外力干预就可以由受害人自主发动的，因为受害人可以获得赔偿等现实的个人利益。因此，畅通合理的环境侵权、环境犯罪制度是环境法的重要机制。切不可舍本逐末，否定环境侵权等而去追捧所谓的环境公益诉讼。

虽然环境问题主要是由行为人的生产经营行为所造成的，但是法律解决环境问题不能仅仅局限于对行为人的规制，环境治理必须将政府、公众纳入其中。

第二节 环境法的分类

一、实在法的环境法、自然法的环境法

实在法和自然法是法的基本分类。即使近代以来，历史法学、利益法学、规范分析学、法社会学、法经济学、语义分析法学等学派兴起，实在法与

自然法的分类仍然是法的基本分类。对应起来，环境法也可以分为实在法的环境法和自然法的环境法。

二、本国环境法、外国环境法、国际环境法、超国家环境法

（一）本国环境法

观察者本人所属国家的环境法，对于该观察者而言就是本国环境法。如对中国人而言，中国环境法就是其本国环境法，对于美国人而言，美国环境法就是其本国环境法。本国环境法对于观察者的实践意义最为重要，本国环境法也是法教义学的对象。

（二）外国环境法

与本国环境法相对应的是外国环境法，即观察者所属国家之外的其他国家的环境法。如对于中国人而言，美国、日本、俄罗斯等其他所有国家的环境法都是外国环境法。

外国环境法乃是统称，需要观察者进一步分为美国环境法、日本环境法、俄罗斯环境法、英国环境法、德国环境法等。

本国环境法与外国环境法都属于国别法的范畴，是对一国的国内实在法的环境法的称谓。

（三）国际环境法

国际环境法是与国别环境法相对应的概念，是指以国际条约或国际习惯的形式存在的环境法。但国际环境法的主要渊源是国际环境条约。除国际环境条约之外，不具有强制约束力的宣言、倡议书等也是国际环境法的补充渊源。

一国缔结或者参加的国际条约，或者直接适用于国内，或者需要转化为国内法。若属前者，则构成该国的法律渊源。若属后者，则尚不构成该国国内法的渊源。

从环境法的发展史来看，国际环境法对于国别环境法的影响很大，尤其是发展中国家和欠发达国家，其环境法的起步与建设往往受到国际环境法的影响。中国环境法的起步明显受到了 1972 年联合国人类环境会议的影响。里约热内卢人类环境会议提出的可持续发展理念对于中国环境法的发展也具有重要意义。

（四）超国家环境法

超国家环境法是指超国家的国际组织制定或者认可的环境法，它不同于若干国家之间通过签订国际条约形成的国际环境法，而是超国家的国际组织所制定或者认可的环境法，这种环境法可以直接用于组成该超国家组织的各个国家。目前，仅有欧盟环境法一种形式。虽然国际社会存在不少国际组织或者地区组织，如东盟、非盟、独联体国家联盟等，但是唯有欧盟具有制定直接适用于欧盟成员国的法律文件的权力。欧洲部长理事会、欧洲议会有权制定法律，欧洲法院、欧洲人权法院的判例法，是欧盟成员国的法律渊源。

超国家环境法既不同于国别环境法，也不同于国际环境法，而是一种特殊的环境法形式。对于欧盟成员国而言尤其值得注意。

将环境法分为国内环境法、外国环境法（国内环境法与外国环境法可以合称国别环境法）、国际环境法、超国家环境法的意义主要在于环境法学教学和研究。具体而言：第一，法教义学主要关注本国环境法，但环境法学的对象远远不只本国环境法；第二，观察本国环境法，需要外国环境法、国际环境法乃至超国家环境法进行对比；第三，部分领域可能涉及环境法的适用问题（国际私法），如环境污染侵权；第四，将环境法学分为环境法学总论、污染防治法学、自然资源法学、自然生态保护法学、国际环境法学是中国环境法教学和学术体系最常见的框架之一。但这种分类显然是不恰当的，因为分类标准不统一。环境法总论与环境法学分论是对应的。如果说环境法学分论勉强可以分为污染防治法学、自然资源保护法学、自然生态保护法学的话，国际环境法学却是与国别环境法学（包括本国环境法学与外国环境法学）相对应的概念，与污染防治法学、自然资源保护法学、自然生态保护法学无法并列。

三、污染防治法、自然资源保护法、自然生态保护法、环境保护法

以内容为标准可以将环境法分为污染防治法、自然资源保护法、自然生态保护法、环境保护法。这是环境法最重要的分类之一。应当注意的是，这一分类主要针对环境行政法，对于环境私法几乎不适用。

（一）污染防治法

1. 作为被污染的环境要素的污染防治法

环境虽然可以分为若干环境要素，但在立法上作为被保护的环境要素

的污染防治立法，主要是大气、水、土壤三类。相对应的是水污染防治法、大气污染防治法、土壤污染防治法。对于是否应当按照美国的称谓（即清洁水法、清洁空气法、清洁土壤法）的问题，本书以为，美国的称谓不仅可以避免污染源（入侵者）和环境要素（被污染者）的区分，而且体现了污染防治的目标导向——清洁的环境，是可取的。

2. 作为污染源的入侵者的污染防治法

污染源的入侵者可以分为三种类型：一是污染物质，二是污染能量，三是综合性的污染源。

污染物质的立法又可以包括两类。一是具有环境危害性、危险性的物质的立法，如农药管制法、化学品管理法、核物质管理法、危害臭氧层物质管理法等。这类法律不能被完全归入环境法的范畴，因为其中有大量的关于危险物质的生产、运输、储存、销售、处理等管理性规定，其中涉及环境污染的才属于环境法的范畴。二是从物理形态上的污染物立法，典型的如《中华人民共和国固体废物污染环境防治法》。

所有污染能量都是作为入侵者而存在的，如放射性污染防治法、电磁辐射污染防治法（上述二者可以合称"辐射防治法"，辐射主要有两种形式，一种是放射性物质的辐射，另一种是电磁辐射）、噪声污染防治法、震动控制法、光污染防治法、热污染防治法等。

综合性的污染源控制立法是针对某些活动会产生多种污染，对此项活动进行综合性控制，如畜禽养殖污染防治法。

（二）自然资源保护法

自然资源保护法是对保护自然资源、维持自然资源永续利用的法律规范的总称。自然资源保护法，主要有水资源保护法、土地资源保护法、矿产资源保护法、野生生物资源保护法、森林资源保护法、草场资源保护法、农业气候资源保护法等。

传统的环境法主要是污染防治法。但从法律史的角度来看，自然资源保护法比污染防治法的历史更悠久，而且条文、规范内容更加丰富。自然资源保护法作为环境法的分支，其正当性在于如下两点。第一，自然资源既是资源要素，也是环境要素，只是观察视角或者人对其利用的价值侧面不同而已。如水，其可以供发电、航运、灌溉、养殖等，此时其是自然资源。水被污染之后，人饮用被污染的水源而致病致死，乃是作为环境要素而存在的。第二，在很长的一段时间里，人们缺乏自然生态保护的观念，但是自然生态的保护又极其必要。如滥伐森林、滥采草原导致的草原退化，滥采矿产资源导致矿山环境退化，人们认为应当保护森林资源、草原资源、矿产资源等。于是在自然资源法中增设了自然资源保护的规范，从而形成了自然资源保护法。自然资源保护法既是自然资源法的一部分，也是环境法在污染防治法之外的扩充。

随着自然生态保护法的兴起，自然资源保护法的原有功能已经在很大程度上被替代。所有的自然资源都是自然生态系统的一部分，都需要按照生态系统和生态平衡的要求予以保护，自然资源保护被包含于生态系统保护之中。有必要科学区分某种要素对于当今人类主要价值是自然资源要素还是自然生态要素。对于主要属于自然生态要素，但以前归于自然资源保护的，应当逐步回归到自然生态保护法，如野生动物保护法、湿地保护法等。既属于自然资源保护法，又属于自然生态保护法的，如森林保护法、草原保护法、水法、土地法等，适合在统一的自然资源保护法中予以规定。对于主要属于自然资源的，如矿产资源，则应当归属于自然资源保护法。

（三）自然生态保护法

自然生态保护法是指预防和应对自然生态破坏问题的法律规范的总称。自然生态保护法主要包括生物多样性保护法（物种保护、生境保护、基因保护等）、自然生态区域保护法、生态退化行为应对法等。自然生态保护法是随着生态学的发展逐渐建立的法律门类。自然生态法诞生之前，自然资源保护法发挥着自然生态保护的功能。自然生态法诞生并逐渐完善以后，自然资源保护法的自然生态保护功能应当压缩。

虽然有些自然生态要素并不是自然资源，但自然资源必定作为自然生态要素而存在，因此可能造成自然资源保护法与自然生态保护法的混淆。我国环境法教学也存在此类问题，即将自然资源保护法与自然生态保护法混淆，或者将本属于自然生态保护法的内容误归入自然资源保护法，或者干脆取消自然资源保护法，或者干脆取消自然生态保护法。自然资源保护法和自然生态保护法的区别在于以下两方面。

第一，自然资源必定作为自然生态要素而存在。例如：水，既是水资源，也是水生态；土壤，既是土地资源，也是土壤生态；野生动植物，既是野生动植物资源，也是野生动植物生态；森林、矿藏、草原等，亦是如此。

自然资源和自然生态是从不同的角度来观察的。作为自然资源，观察者是以其对人的价值尤其是经济价值为观察角度的。如水作为自然资源，有发电、航运、养殖、灌溉、工业、旅游等多种经济价值。作为自然生态要素，观察者是以其作为生态系统的一部分，尤其是其所扮演的生态角色和提供的生态功能作为观察角度的。如水作为自然生态要素，具有调节气候、滋养野生动植物、充当生态循环媒介、维系生态系统平衡等功能。

自然资源与自然生态的概念之间存在张力。自然资源重在资源属性，势必着重于对其开发利用。自然生态重在其生态属性，而生态属性的保持和生态功能的发挥，则需要维持其原状，尽量避免和减少开发利用，减少人为干预。由此，在开发利用与封存维持之间就出现了冲突。或者说，自然生态保护恰恰是要约束人们对自然资源开发利用的冲动。

因此，自然资源保护法是以自然资源的开发利用为前提和归属的，也就是以开发利用为前提的保护，或者说以"永续利用"为目的的保护。从保护方式来看，自然资源保护法着重从开发角度对自然资源予以保护，包括前置许可、开发方式、补偿方式、自然资源税费制度等。简言之，自然资源保护法是以开发为目的的保护，寄保护于开发之中。自然生态保护法则是以自然生态的维持和保存为归属的，对其开发则是采取限制或者禁止的态度。自然生态保护法着重于对自然生态的改善和维持，尤其强调封存式保护。简言之，自然生态保护法是以保护和保存为归属的，是以限制和禁止开发为基本态度的。

第二，自然生态要素的概念大于自然资源。部分自然生态要素不被视为自然资源，如荒野本身很难被视为自然资源，但却是重要的自然生态要素。在我国法律中，荒野的概念尚未被广泛接受，但是滩涂、未利用地等概念已经存在。

自然生态保护法不仅仅要保护自然生态要素，而且可能要对特定自然生态系统施以保护，此种情形下可能无法或很难通过自然资源保护得以实现。如沙漠化防治法、水土保持法等，前者是对沙漠化的防治，体现在预防沙漠化、改善沙漠化区域的功能之上。而后者则是通过水土保持，防止水土流失，进而防范土地沙漠化、石漠化、荒漠化。

也就是说，自然生态保护法是不仅仅保护作为物质实体的自然生态要素（同时也可能是自然资源），也保护不具有自然资源属性的自然生态要素和特定自然生态系统，以及对特定造成自然生态退化行为、区域进行治理的法律。

第三节　环境法典

一、法典化之检讨

（一）形式法典化与实质法典化

法典编纂的直接原因乃是法律的重复、冲突、漏洞与陈旧，这也是法典编纂必须具备的法律基础，即拥有相当数量的本领域法律，而且多类多个法律、法规之间的重复、冲突、漏洞以及陈旧等问题需要得到解决。对此，常用的方法有法典编纂和法律清理。从宽泛意义上讲，世界范围内有两种意义上的法典化。一种为实质意义上的法典化，就某一或者几个特定调整对象，制定系统的、创新性的成文规则体系，奠定特定领域法律成长的逻辑关联和基础。这是大陆法系国家的一种主要立法模式。另一种为形式意义上的法典化。在普通法系国家，法典被认为是一种"汇编"或"重述"，立法者仅从法学研究成果中抽取出规则进行叙述。法典编纂主要意指实质性的法典编纂，形式性的法典融合了法典编纂与法律清理两种方法，其实质是法律清理，却以法典的形式呈现。单纯的法律清理则是定期或者不定期对本领域法律进行清理、甄别，废除失效、不正义的法律规范，修改过时、不完善的法律规范，填补社会需要的规范。

实质意义的法典化是对现存的本领域法律进行清理、提炼、整合，从而形成一个全新的法律系统，成为一部法典。实质意义的法典化并非对本领域法律的简单编排，其第一步是对法律之间的冲突、重复、漏洞进行有效处理。第二步是按照一定的逻辑规则对法律规范进行重新组织和编排。实质意义的法典化是社会需求、权力统一、理论催生、法律进步相统一的结果。也就是说，实质意义的法典化首先应当具备社会需求性，即具备了统一法典的社会需求，尤其是社会交往需求。其次是国家权力的统一或者相对统一，否则便不可能有统一的法典。法典的产生往往与社会的变革和政局的变化有关，历史上的法典大都产生于社会变革和政权更迭的初期，其背景往往是新的执政者要以法的形式表达其执政理念，并以之增强其权力或执政地位的合法性和权威性，还以之为手段扩大其权力和维护其权力的统一性。虽然法典的创建者可能以促进国家法制统一为目标，但若没有国家的统一，也不可能诞生伟大的法典。法典是"社会或政治改革的象征"。伟大的法典必定是长期且优秀的理论研究的结果，法典是理论的凝聚。法律之所以可能达成现代意义上的那种特殊专门的、法学上的提升纯化，唯因其具有形式的性格。法典虽然以"条文多、厚度大"的形式统一于一个文本之中，但是必定要以基本概念为元素，通过逻辑予以连接。而这都是优秀的理论积淀才能完成的。

实质意义的法典的方法论是理性主义和建构主义。它相信人类的理性不仅可以认识世界，更可以安排人类的生活。在自然法法典的理念之下，法典应是完整的，它覆盖市民社会全部领域；法典应是理性的，是从不证自明的预设条件中自然推演出来的；法典是普适的，甚至可以适用于所有时间、地点发生的一切人际关系和交易。法典的来源只有一个：普适而不变的实证法基础，即自然理性。实质意义的法典以大陆法系民法典为典型代表。一般认为，瑞典环境法典乃是实质意义上的法典。德国环境法典草案也是实质性的，但正是如此也才遭受多轮挫折而未能出台。

所谓形式意义的法典化，亦称汇编式法典化，即对本领域已存的法律进行汇编，将其集中到一部法典之中。汇编式法典化普遍地出现于英美法系，英美法系缺乏实质法典化传统，但是也认识到法律清理和法律汇编的价值，因此往往以法律汇编的形式组织成为一部形式法典。汇编式、重述式的法典关注的是实际的法律工作者或者说是法律从业人员。他们已经被推定具备了相当程度的法律知识，因此法典的主要目的是提供清晰、完备和具有可操作性的法律规范。但教科书式的法典预设的阅读主体则是普通人，正是因为普通人不具备法律知识，所以对法律规范的存在形态提出了更高要求。

形式意义的环境法典化在上述几个国家中占主要地位。之所以如此，原因可能有四点。第一，环境法并不如民法、刑法那样具有强烈的自生性、社会生活的广泛性和须臾不可离性。环境对人而言虽须臾不可离，但环境法却不是。因此，环境法典编纂的社会需求或者社会动力不足，从根本上制约了环境法典化。第二，环境法是一个新兴的法律领域，外部边界不够清晰，体系内的核心概念、原则、制度等仍处于生发、构建之中。第三，环境法学的理论研究仍不够成熟，尚不足以支撑实质性的法典编纂。第四，环境法所涉及的权力、利益争夺激烈，难以形成统一意见，从而阻滞了法典化进程。

（二）反法典化与解法典化

法典化不可忽略的现象就是解法典化或者反法典化。现代以来，伴随着理性主义和建构主义的衰落，人文主义、科学主义和解构主义的兴起，法典主义逐渐被反思和质疑，于是出现了反法典化、解法典化或者去法典化现象。反法典化乃是反对实质意义上的法典，认为人类的理性是有限的，人的本质不是理性，因此，以理性主义为方法论的法典无疑是痴人说梦。解法典化又称去法典化，乃是指法典之外大量单行法的频繁出现，或者法典被频繁修改，导致法典实际上被瓦解。法律的频繁修订和其清晰性、确定性的降低也助长了去法典化。尤其是现代美国的崛起，以及美国思想文化——实用主义、美国法律文化——判例法文化等逐渐占据统治地位，加剧了法典化的危机，因此有人提出"法典主义的黄昏"这一论断。

非法典化的根本原因乃是法典的理性一元性与现代的多元价值的冲突。法典理性便是一元主义的。法典以其宏大统一著称之时，也决定了法典的僵化。因为法律一旦制定出来，无论过了多久，总是与刚刚写就的时候一模一样，但人总是随着时间的改变而改变，现在的人总是与以前的人不一样。这样的变化永无休止，每时每刻都不一样，一点儿新手段，一点儿新事实，一点儿新结果，造成的影响就全然不同了。立法工作应该是固定地从大的方面和角度考量法律问题，从而建立丰富的法律原则，而不是到日常生活的细枝末节中去寻找解决方法。

法典难以灵活便捷地适应社会生活，尤其是现代社会人类生活节奏加快，一元主义价值观为多元主义价值观所逐渐取代。人类社会进入20世纪以来，社会生活的多样性、复杂性和速变性与传统意义上法典法的单一性、概括性和稳定性形成越来越鲜明的对照。现代立法者更为冷静和现实，他们倾向于用一种更灵活的形式来规制人类行为和加强社会调控。再者，法典的信息汇集功能的消逝。20世纪中期之前，信息传递速度较慢，主要依赖于纸质载体。法律文本也承载着法律信息，一部集本领域所有规则于一体的法典有着强烈的信息汇聚功能。然而，随着人类进入信息化时代，信息传递速度和便捷度迅速加快，法律检索变得极其容易，法典的法律信息汇集与检索功能几乎消失殆尽。

古典法典化运动所赖以立足的四个基本"范式"——法律单一主义、政治单一主义、演绎和线性理性以及漫长的时间性，如今都已发生了深刻的变革。基于对非法典化的反思，学者对法典编纂的最初功能和目标作出了修正。首先是民法典的制定再也不能因法律的公开性目标而正当化。其次，法典的完备性理想也必须予以抛弃或至少使之相对化。法律统一的法典编纂目标必须重新予以评价。最后，建立民族认同感的法典编纂目标也同样必须重新予以评价。中国环境法"适度法典化"这一观点随之而生。

二、环境法法典化与中国环境法法典化之争

（一）环境法典支持说

环境法典支持说的立论基础是我国分散型的环境立法模式。我国环境立法体系庞杂、数量庞大，法律、行政法规、地方性法规和规章、司法解释、规章以下规范性文件激增。与环境立法数量快速增长形成强烈反差的是，近年来我国环境质量总体恶化趋势尚未得到根本遏制，环境纠纷也在不断增加。上述反差的出现，与我国现行环境立法所采取的分散式立法模式密切相关。不仅如此，我国环境立法呈现分散立法模式，即缺乏基础性、综合性法律，各单行法各自为政。《中华人民共和国环境保护法》（以下简称《环境保护法》）虽名为统领，但无论立法主体还是立法内容都无法统领相关单行法，相关污染防治法、自然资源保护法、自然生态保护法等单行法之间各自为政，难以发挥制度合力，导致这一现象的重要原因是地方化、部门化。环境保护作为一项公共权力，立法应当摆脱部门利益、地方利益的困扰。但我国《环境保护法》作为基础性立法，只是从宏观层面按照环境要素和区域对环境进行划分，具体的问题实际上是由不同部门进行管理，从而造成环境保护公共权力被部门分割，在缺乏有效监管时会异化为公共权力部门化、部门权力利益化、部门利益法制化。因此有学者提出：环境法典可以系统解决我国环境立法存在的重复、冲突、遗漏、滞后等问题，并通过国家立法机关主导立法的方式，消除过去环境立法存在的局限。

肯定论者还认为，法典具有降低法律适用成本、提高法治水平、促进

法制统一的优势。上述优势可以在环境法领域内得以充分发挥。法典可以使环境法法律制度体系完备、内容协调、逻辑清晰，降低其适用成本；法典可以明确环境法在我国立法体系中的独立地位，提升环境保护的位阶；法典有利于将生态环境保护纳入经济社会发展全过程，从立法上统筹考虑环境资源的经济价值和生态价值，当环境价值与其他价值发生冲突时，保证环境法可以从效力位阶上与民商法、经济法等相互协调，实现保护优先的价值目标。

（二）环境法典反对说

反对环境法典的观点主要从两个角度入手，一是必要性，二是可行性。必要性角度是以反法典化和解法典化为主要论据。如有学者认为：环境法这一新兴法律部门不适宜进行法典化，环境法律制度具有分散性、复杂性、针对性和常新性的特点，企图通过制定一部完备的法典来实现对环境领域的法律调整与规制只能是一个乌托邦；法典化会阻碍环境法理念的更新、调整领域的拓展以及调整方法的改进；难以真正有效地涵盖与解决所有环境法律问题，完全统一环境法律制度，同时会给环境法律规范充分有效的实施带来许多问题。固化的环境法典无法顺应时代和社会的需求。固化是法典化的一大弊病，这一瑕疵加诸环境法会呈放大之势。环境法作为一个新兴的法律部门，调整领域和对象十分复杂、分散，调整手段灵活多样。同时，环境法具有很强的科学技术性，科学技术的进步对环境法的发展影响重大。这都要求环境法律具有常新性和灵活性。在这样一个瞬息万变的时代和利益、价值多元的社会条件下，固化的环境法典难以顺应时代和社会的需求。古典的法典之所以能够成立，乃是在于它一定意义上超越了时空，被技术化、概念化、体系化。古罗马的简单商品经济条件下的市民法在资本主义时代仍然具有价值。环境法是近代的产物，它严重地依赖于时空，其规则的制定和实施在对象、时间和空间上有很大的差异。

一般认为，环境法典编纂受制于以下条件：单行环境法律规范的发展状况；环境法范畴体系的发展情况；环境法学的研究水平；环境法制实践发展水平；环境保护实际对环境法法典化的要求；一国当时的政治环境。不少学者认为，我国环境法典编纂的历史条件尚不具备，至少不完全具备。历史规律需要重视，社会现实更不能忽略，尤其对"个性"如此之强的环境法，对于如何将其体系化，我们不能轻易得出法典化的结论，因为目前需要反思、沉淀、探索的东西实在太多。从理论准备上看，环境法典的编纂是建立在深厚的理论研究基础之上的，它要求术语的精确定义和完善的学科理论体系。我国环境法理论与实践尽管发展迅速，但尚未达成环境法的理论共识，对相关术语的理解千差万别，难以形成研究范式，无法进行相同语境下的学术对话与交流更遑论制定环境法典。有学者为了让环境法典的编纂变得可行，设计了"先分头进行，再综合成型"的思路，即制定出《污染防治法典》《自然资源利用和保护法典》《生态保护法典》，为后来的综合性的环境法典的制定积累成功的经验。

（三）环境法适度法典化说

在环境法典的支持论与反对论的中间，尚存折中论，即适度法典化。当今国际社会，法典的严苛、完美的标准不断软化，不再追求传统法典全方位的严格标准，允许在一定程度上符合相关标准，这相对于传统法典来说是松散的、一定程度的法典化。环境法适度法典化的观点认为，结合中国环境法的基本现实，制定一部完全意义上的环境法典是难以实现的。首先，基于中国环境法所处的发展阶段，一部环境法典对所有的问题、事项都能够作出明确的规定是不可能的。其次，环境法典固然可以把有关领域的内容都予以最大限度的涵盖，但不可能面面俱到，不可避免地要在许多方面采取抽象性和选择性的规定。

实质法典与形式法典的划分具有相对性。没有绝对的实质法典与形式法典。法典的本质是抽象与逻辑。从形式法典到实质法典是一个不断迈向抽象与逻辑的过程，不可能有终极的最高归纳。即使是形式法典，其编排体例也体现了抽象与逻辑。实质的法典也只可能无限接近但无法抵达最高抽象与逻辑。由此也就反驳了所谓"适度法典化"这一称谓。任何法典都是"适度法典化"的结果，既不是绝对的形式法典化，又非终极的实质法典化，而是一种中间状态。"适度法典化"这一表述乃是口语表达，缺乏客观性、确定性，与法的确定性、可预测性要求相悖。

诚然，我国环境立法体系存在诸多弊端，环境法典编纂具有一定的必要性。但是法典化并非解决弊端的唯一途径，亦非最佳途径。不能忽略我国环境法发展出现的新现象对法典化造成的难度和提升的成本。环境法这一法律部门的常新性和针对性等不仅提高了立法成本和修改成本，甚至有可能对规则的更新造成更大的阻碍。对于全球化的后现代社会，法律形体的变化并不重要，真正重要的是实质问题。环境法的实质问题在于对与环境有关的公权力的监督、规范和制约，而这一问题远非编纂一部环境法典就能够解决。法典编纂固然是立法者、法律学者的丰功伟绩，但是法律不是用来摆着看而是要被运用的。学者和立法者的丰功伟绩代替不了社会的需求和法治的规律。从未来看，我国环境法立法仍然应当坚持环境基本法（或者框架法）＋单行法的模式。以法典化为代表的理性主义、形式主义并不是当今国际社会法律发展的潮流。相反，"太阳系式之立法模式"具有强大的开放性与生命力，不仅能够维护基本法的稳定性，也能够发挥单行法的灵活性。鉴于中国环境法法典化是庞大的话题，这里为避免过多的个人见解对读者造成误导，对此话题不再做深入介绍。

第四节 环境法体系

一、环境法体系的概念

（一）学说检讨

法律渊源的环境法体系论。我国环境保护法体系是指由调整因保护和改善生活环境和生态环境、合理开发自然资源、防治污染和其他公害而产生的社会关系的法律规范所形成的有机统一体。或者说，环境保护法体系是由保护和改善生活环境与生态环境，合理开发利用自然资源，防治环境污染和其他公害的法律、行政法规和规章所组成的统一体。环境法的体系由宪法中的环境保护规范、综合性环境保护基本法、环境保护单行法、环境保护纠纷解决程序法、环境标准、其他部门法中的环境保护规范、国际条约构成。该观点沿袭了法理学的法律体系观点，尤其是对中国法律体系划分的方法。法理学上的法律体系不同于特定部门法的体系，不能直接套用，且此类划分与环境法的渊源相互重叠。既然有环境法的渊源之说，那么这种以法律渊源的简单并列作为环境法体系的做法是不可取的。

立法模式的环境法体系论。这种观点认为，西方国家环境法体系主要有三种模式，即美国的基本法模式、英国的整合化模式、法国的复合法典化模式。这种观点有其合理性，因为一国环境法体系之中，一般都有核心规范、单行规范、相关规范三个部分，这三个部分之间的组合方式就会形成具有特色的环境法。但此观点也存在明显的不足。第一，此观点将环境法体系视为制定法体系，然而英美法系的判例法也是重要的法律渊源。由此也说明了以制定法作为环境法体系的预设是不合理的。第二，上述三种模式是对环境法立法模式的归纳。环境法立法模式首先应当分为集中立法与分散立法。集中立法又可分为统一的法典法统领、综合性环境法（包括环境基本法、环境框架法、环境政策法、环境保护基本法等形式）统领两种模式。分散立法是集中立法的对立面，是指缺乏统一的法典法和综合性环境法，由各环境单行法组成的体系。立法模式的分析框架在立法学上具有价值，却并非环境法体系所应当采取的方法。因为环境法体系应当以环境法律规范为标准，而环境法律规范以规范对象为标准最合理。其原因是：首先，法律部门的划分标准乃是调整对象，类比之，作为法律部门的下属要素的法律规范，采取规范对象的标准属于"平移"；其次，以规范对象作为标准是基于结构主义与功能主义的结合——结构功能主义，即法律部门的构成元素——法律规范，其功能集中体现在规范对象之上，以规范对象为标准协调了二者之间的关系。

环境行政的环境法体系论。这种观点认为：环境法的体系可以分为整体性环境法、污染防治法、自然资源保护法、自然生态保护法、特别方面环境管理法、环境标准法、环境责任和程序法。该观点不足之处在于将环境法局限于环境行政法，因为上述分类就是对环境行政法的划分。

规范属性的环境法体系论。这种观点认为：环境资源法律体系（简称环境法体系），是指由相互联系、相互补充、相互制约的有关环境资源开发、利用、保护、改善及管理的法律规范和其他法律表现形式所组成的系统。它包括有关环境资源开发、利用、保护、改善及管理的制定法、普通法和法律认可的司法判例等。按照不同标准，它可以分为法律规范体系、法规体系、现行体系、目标体系和学术体系等类型。环境法律规范体系包括宪法中的环境资源法律规范、环境资源刑事法律规范、环境资源民事法律规范、环境资源行政法律规范、其他法律规范、专门性的环境资源法律规范。这种观点是对第一种观点的扬弃，表现为按照主要部门法将环境法拆解还原成为环境宪法规范、环境民法规范、环境刑法规范、环境诉讼法规范、环境国际法规范等，而不是简单地按照法律位阶来确定环境法体系。这种观点也存在不足。

第一，环境法规范不应当按照其所寄予的法条或者规范性法律文件来还原，而应当按照规范属性还原。也就是说，构成环境法体系的并非宪法中的环境法律规范，而是环境宪法性规范（或者简称环境宪法规范）。宪法中的环境法律规范是一种简单的形式分析，而环境宪法规范则体现了功能主义或者属性的分析，虽然大部分环境宪法规范寄身于宪法典之中。第二，环境法体系是环境法律规范体系，不包括所谓的法规、现行体系、目标体系、学术体系等，否则就将环境法体系泛化了。第三，仍然将环境法律体系理解为实在法体系。

（二）环境法体系界定

第一，环境法体系的组成元素是环境法规范。法律规范包括法律概念、法律规则、法律原则，它们构成了法律的基本成分。环境法规范包括自然法的环境法规范和实在法的环境法规范。然而人们往往忽视自然法的环境法规范，将环境法规范等同于实在法的环境法，这是失之偏颇的。自然法的环境法与实在法的环境法之区分构成了环境法体系的第一层级。

第二，实在法的环境法体系大致相当于目前人们讨论的环境法体系，即一国现行有效的环境法律规范体系。法律体系与特定部门法体系是两个有所联系但也有较大区别的概念，不能将法理学上法律体系的概念及其理论直接挪用到部门法体系之上。因为法理学上的法律体系是由部门法构成的体系。部门法却不再有更下位的部门法。构成部门法的乃是法律规范，故应从法律规范的角度来分析部门法的体系。

部门法的构成有形式和内容两个角度。以大陆法系民商分立之下的民法体系为例，从形式上看，民法体系包括民法典、民事单行法、附属民法。从内容上看，民法体系包括民法规范、物法规范、债法规范、亲属法规范、继承法规范、人格权法规范、智慧财产法规范。不会有人说民法体系包括宪法中的民事规范、民法典、其他法律部门中的民法规范、国际法中的民法规范。形式上的部门法构成是部门法的立法体系。内容上的部门法构成则是部门法的规范体系。

第三，环境法体系是按照一定的逻辑有机联系起来的整体，而非环境法规范的零散摆放，由此呈现出体系化。环境法体系并非环境立法本身就呈现出来的样态，而是经由研究者加工形成的。环境法体系的目的是更好地认识和适用环境法。环境法规范之间的有机联系的形成，以规范之间客观联系为前提，以研究者通过对规范的梳理和整合而形成的（或发现的）逻辑为工具。环境法体系既具有客观性也具有主观性，是主客观的统一。说它具有客观性，是由于环境法规范之间具有客观联系。环境法规范之间的客观联系来源于它们都是功能的同一性，更来源于立法者根据需要对环境法的安排。说它具有主观性，乃是环境法体系是对规范进行整合而形成的，而不是立法的简单、原始呈现。正如法律体系不等于立法体系一样，环境法律体系不等于环境立法体系。立法体系更加形式化、层级化，更加要求对立法位阶的尊重。法律体系则更加实质化、逻辑化，是理论研究的产物，是研究者按照一定的逻辑和标准将环境法律规范组合整理的产物。法律体系体现了法的本体论、认识论与方法论的统一。

第四，环境法体系应当按照何种方式、逻辑、标准予以整理、组合，才最符合体系化的要求呢？按照系统论的观点，系统强调整体与局部、局部与局部、整体与外部环境之间的有机联系。系统应当满足对象的完整性、内部的周延性、认知的科学性与便利性。社会系统论的观点认为，社会系统基于"生活世界"而发生，强调"主体间性"，因此需要打破原有的"原子论"式的陈述方式，即孤立、静止地分析社会系统各元素的方法，回归"关系"。"主体间性"即摒弃主体—客体的对立，将人根植于活生生的世界，承认人与人之间的异质性，人的交往通过对话和沟通实现。因此，社会系统需要回归到"生活世界"，也就是关系的角度。法律体系包括环境法的体系，属于社会系统的一部分，对其分析仍然应当回归到关系的角度。

二、实在法的环境法包括环境私法与环境公法

（一）实在法的环境法体系

公法与私法的划分标准有着多种学说，如利益说、隶属说、主体说等。本书划分公法、私法的基础依据是：采用何种方式规范和制约公权力。提出该标准的理由是基于下列自然法的观念：法是规范和制约公权力的，法律始终需要对权力抱以警惕态度。该标准具体而言是：直接从来源、主体、程序、责任、监督和制约等方面规范和制约公权力，从而为公权力划定内部的直接边界的，乃是公法。通过维护私主体的意思自治，巩固私权利和私法自治，防范和抵御公权力的入侵，从而划定公权力的确立外部负面边界的，乃是私法。这一标准尤其适用于现代法律。

环境法亦是规范和制约公权力的法。环境私法规范乃是维护私主体在涉及环境方面的意思自治，防范和抵御公权力的入侵。环境私法规范最主要的是环境侵权规范。环境公法规范乃是对国家在涉及环境方面的公权力的来源、组织、程序、责任、监督和制约等方面予以直接规范，防范公权力的肆意扩张。

对实在法的环境法的基本分类是环境私法与环境公法，二者又可以进一步被分为实体规范与程序规范。环境私法主要是环境民事实体规范与环境民事诉讼规范。环境民事诉讼规范可以进一步划分为环境民事私益诉讼规范和环境民事公益诉讼规范。环境公法规范根据对象不同，可分为环境宪法规范、环境行政法规范、环境刑事规范。它们进一步分为实体规范和程序规范。

（二）基本环境法律关系与实在法的环境法体系

在实在法的环境法体系中，最基本的乃是环境私法规范与环境行政法规范。此两种法律规范是基本法律关系所对应的法律规范。从生活实践来看，最容易被理解的环境社会关系便是"行为人—受害者—行政主体"三者的"等腰三角形"关系。不难发现，两种最基本的环境社会关系：一是行为人与受害人之间的民事关系，主要是侵害关系，调整此类关系是民法，主要是侵权法。二是作为行政相对人的行为人、作为行政相关人的受害人，与行政机关之间的行政管理关系，调整此类关系的是行政法。由此诞生了环境法的两大基本领域：环境民事规范和环境行政法规范。

三、环境私法规范包括环境民事规范与环境民事诉讼规范

（一）环境民事实体规范

与环境有关的民事实体规范主要体现在以下几个领域。

1. 环境物权法规范

（1）对自然资源用益物权、特别物权或者准物权的取得的环境保护、资源保护等条件，以及权利人开发利用自然资源的限制，主要是环境资源保护的措施，如对动物保护的规定。（2）不动产相邻关系规范，主要是不可称量物入侵。

2. 环境侵权法规则／损害赔偿法规范

环境侵权法乃是最重要的环境民事实体规范。由于环境权一般不被私法（实体法）所承认，因此，环境侵权法主要局限于对人身权、财产权等民

事权利侵害的救济。环境公益的损害通过环境侵权法只能实现有限救济。

3.环境合同规范

环境合同规范主要体现在环境委托治理合同之中。与一般的服务合同相比，环境委托治理合同在责任方面存在特殊性，在其他方面仍然遵守合同法的普通规则。

4.私法中的环境保护原则

环境保护可能会作为民法一般原则而在总则中出现，如我国《民法典》规定："民事主体从事民事活动，应当有利于节约资源、保护生态环境。"该条款被称为我国民法的绿色原则。

（二）环境民事诉讼规范

1.环境民事私益诉讼规范

由具有直接利害关系的私人（自然人、法人或者其他组织）向实施污染或者破坏环境的行为人提起的民事诉讼，即为环境民事私益诉讼。环境民事私益诉讼规范对应的实体法为环境民事实体规范，主要是环境侵权规范、环境相邻关系规范等。

环境民事私益诉讼与普通民事诉讼相比，主要在证据规则方面有所差异，如实行因果关系推定、举证责任倒置。此外，在禁止令、先予执行等方面也可能存在特殊规则，从而形成具有一定特殊性环境民事私益诉讼规则。

2.环境民事公益诉讼规范

环境民事公益诉讼便是无实体权利依据而维护环境公益的独特举措。由不具有直接利害关系的私人（自然人、法人或者其他组织）向实施污染或者破坏环境的行为人提起的民事诉讼，即为环境民事公益诉讼。环境民事公益诉讼虽然被归入民事诉讼体系之下，但与普通民事诉讼的规则有较大不同，包括管辖、当事人、证据、诉讼请求、审理和判决、执行等各个环节均有其自身特点。因此有一种意见认为，公益诉讼应当作为与民事诉讼、行政诉讼、刑事诉讼相并列的诉讼形式，予以专门立法。

在我国，《民事诉讼法》《环境保护法》《海洋环境保护法》以及《最高人民法院关于审理环境民事公益诉讼案件适用法律若干问题的解释》《最高人民法院最高人民检察院关于检察公益诉讼案件适用法律若干问题的解释》构建起了我国环境民事公益诉讼的规范体系。我国环境民事公益诉讼包括两大类：一是由社会组织提起的环境民事公益诉讼，《环境保护法》第五十八条规定了社会组织提起环境民事公益诉讼的条件；二是由法律规定的机关提起的环境民事公益诉讼，检察机关有权依据《民事诉讼法》就生态环境等提起民事公益诉讼，行使海洋环境监督管理权的部门依据《海洋环境保护法》有权代表国家对破坏海洋生态、海洋水产资源海洋保护区的责任人提起损害赔偿诉讼。

2019年6月，最高人民法院发布了《关于审理生态环境损害赔偿案件的若干规定（试行）》，规定了一类新的环境诉讼类型生态环境损害赔偿诉讼。生态环境损害赔偿诉讼是"不同于环境民事公益诉讼和普通环境侵权责任诉讼的一类新的诉讼类型"。其最大的特殊性在于：第一，原告是政府，且仅有两类，即省级、市地级人民政府及其指定的相关部门、机构和受国务院委托行使全民所有自然资源资产所有权的部门；第二，被告是私主体即造成生态环境损害的自然人、法人或者其他组织；第三，诉讼请求是赔偿生态环境损害；第四，在法律适用上，生态环境损害赔偿诉讼尚无实体法律依据，上述司法解释乃是直接依据，上述司法解释没有规定的，参照适用《最高人民法院关于审理环境民事公益诉讼案件适用法律若干问题的解释》《最高人民法院关于审理环境侵权责任纠纷案件适用法律若干问题的解释》等相关司法解释的规定。也就是说，最高人民法院对于生态环境损害赔偿诉讼的性质的态度，倾向于民事类诉讼而不是行政诉讼。它也不同于行政诉讼法中的行政执行之诉讼。

四、环境宪法规范、环境行政法规范、环境刑法规范

（一）环境宪法规范

环境宪法规范有两种表现形式：一是在宪法法典（前提当然是成文宪法国家）中的环境条款；二是单独的环境宪法文本，如法国环境宪章。

环境宪法规范主要有四个方面的内容：一是国家环境政策的宣示；二是政府的环境保护职责；三是人的环境权利；四是人的环境保护义务。

环境宪法诉讼规范是自然人、组织认为其环境权利受到国家机构及其公职人员的侵犯，或者认为政府没有履行宪法规定的环境保护职能，而向法院（广义的宪法法院，包括宪法法院、宪法委员会等形式）提起的诉讼。由于环境宪法的规范相对较少，宪法诉讼的程序具有稳定性、统一性和权威性，

因此，几乎不会出现专门的环境宪法诉讼规范。宪法诉讼本身是一个较为复杂的话题，我国不存在宪法诉讼，对于环境宪法诉讼规范本书不再深入讨论。

（二）环境行政法规范

1. 环境行政实体法规范

环境行政实体法规范可以从实在法与自然法两个角度来理解。从实在法角度看，凡涉及行政主体运用行政权力对行为人已经实施或者可能实施的污染或者破坏环境的行为实施监督管理，如处罚、税费征收、排污许可、环境影响评价、现场检查等，均属于环境行政实体法规范。从自然法角度看，对涉及环境的行政权力的来源、主体、程序、责任、监督等予以直接规范的即为环境行政实体法规范。从世界环境立法史来看，绝大多数的环境专门法，包括综合性环境法（环境基本法、环境法典）、污染防治单行法、自然资源保护单行法、自然生态保护单行法等，主要是行政法规范。正是如此，人们往往认为环境法就是环境行政法，或者将环境法作为行政法的分支，视其为具体行政法。这忽略了环境法不仅包括行政法规范，还包括私法规范、宪法规范、刑法规范。虽然开展环境保护工作需要行政机关的监管活动，但是行政法规范仅仅是环境法的一部分。

广义的环境行政实体法规范可以分为环境行政主体规范、环境行政行为规范、环境行政救济规范。环境行政救济规范包括环境行政诉讼规范。

2. 环境行政诉讼规范

环境行政诉讼规范包括行政相对人、行政相关人诉行政主体的诉讼，行政主体诉行政相对人的诉讼，以及环境行政公益诉讼。

（1）行政相对人、行政相关人诉行政机关

对于行政机关实施的与环境有关的处罚、许可、强制、征收、检查或者税收减免、补贴等行政行为，行政相对人认为损害其合法权利的，可以向法院起诉。这是最常见的行政诉讼。我国行政诉讼法上所谓行政诉讼主要就是此类诉讼。此种意义上的环境行政诉讼包括两类：一是行政相对人（行为人）诉履行环境监督管理职权的行政主体的行政诉讼；二是行政相关人诉履行环境监督管理职权的行政主体的行政诉讼。

（2）行政主体诉行政相对人

一些国家行政机关并不是对于所有违法行为都有权直接予以管理，对于部分违法行为，需要向法院起诉违法行为人，通过诉讼的形式实施监督管理。在英美法系国家，一些重要的执法权力，比如对违法活动制裁的权力、对义务人实施强制的权力也没有完全赋予行政机关，而由政府管理机关和司法机构共同行使。政府执法机构认为公民或法人违反法律，应当向法院提起诉讼，请求法院对违法行为决定处罚，而不是自行直接实施处罚。这种诉讼方式与我国的行政诉讼方式有所不同。

（3）行政公益诉讼

一般意义上的环境行政公益诉讼，是指与案件没有直接利害关系的公民、法人或者其他组织（公众）以具有环境监督管理职责的行政机关为被告的诉讼。作为环境公益诉讼的两大类型之一，环境行政公益诉讼占有比环境民事公益诉讼更加重要的地位。之所以如此，原因在于：第一，环境民事公益诉讼的原告往往需要垫付较高的诉讼费，特别是鉴定评估费用，而行政公益诉讼的诉讼费较低，也很少出现需要评估鉴定的情形。因此，环境民事公益诉讼不可避免地存在较多经济障碍，而环境行政公益诉讼则具有长期继续的可能性。第二，环境民事公益诉讼存在道德风险，即原告可能与被告、被告的竞争者、公众等私下交易，损害被告或者公众利益。因此，环境民事公益诉讼是一把"双刃剑"，它既可能保护环境公益，也可能会妨碍企业的正常生产经营活动，乃至于放纵环境污染等。环境行政公益诉讼发生道德危险的可能性则要低很多，因为即使行政机关败诉也不必支付高额的损害赔偿费用。而且行政机关接受民众的诉讼监督，也是民主之所需。因此，法律应当更多地倾向于环境行政公益诉讼，对环境民事公益诉讼应当采取审慎的态度。第三，环境民事诉讼的滥用可能会浪费司法资源，并事实上引起行政机关不作为。司法是国家提供的有限资源，是公平正义的最后一道防线。法院需要审理的案件量过多，司法资源就会被挤占，司法质效就可能会下降。对于行为人实施或者可能实施的污染或破坏环境的行为，行政监管应当先于司法诉讼介入，而不是相反。行政公益诉讼符合此理，公众通过提起行政公益诉讼，促使行政机关依法履行监督管理职权，有效配置国家资源。而民事公益诉讼则相反，公众通过民事诉讼首先发动司法程序，而将行政监管抛诸一旁，从而违背上述行政先于司法的原则。行政公益诉讼体现了现代法制发展方向。

（三）环境刑事规范与环境刑事诉讼规范

环境刑事规范是对与环境有关的犯罪与刑罚的规范，环境刑事规范可以是刑法典中的环境刑事规范、特别刑法中的环境刑事规范、附属的环境刑法规范。如我国的环境刑事规范主要规定的环境监管失职罪也属于环境刑事规范。

环境刑事诉讼规范乃是环境刑事规范所对应的程序规范。刑事诉讼法具有统一性，环境犯罪的诉讼一般严格按照统一的刑事诉讼法执行，极少见特殊的环境刑事诉讼程序规范。但是，在环境犯罪特别法中，可能出现环境犯罪诉讼程序规范。

第二章 环境法的合需求性与合道德性

第一节 环境法的合需求性

一、民法应对环境问题

（一）传统民法应对环境问题的机制

民法应对环境问题的机制主要是侵权（主要是环境侵权）、物权（包括所有权机制、不动产相邻关系、物的使用限制等）、合同（主要是委托治理合同）等。上述几种机制的排列顺序是从重要性，或者说在法律实践中的关注度、使用频度，并没有完全按照民法的物权、债权的顺序罗列。

1. 侵权（损害赔偿）

民法在应对环境问题最常用的机制便是侵权。侵权行为作为债的发生原因之一，原本在英美法系使用，其英语表达为"tort"。大陆法系，则往往称之为"损害赔偿之债"。侵权行为在环境问题上的应用主要是环境污染侵权，即行为人向环境排放污染物质或者能量，导致他人人身损害或者财产损失的，应当承担侵权责任。生态破坏侵权也属于侵权法体系，但其法律适用有争议。

侵权法具有填补、惩罚、预防、正义维护等功能，也就是说，侵权法不仅能够补偿受害人的损失，而且能够通过损害赔偿等责任的承担，使加害人遭受惩罚，从而对受害人本人以及社会产生威慑，使他们自觉避免类似侵权行为的再次发生。在填补、惩罚和预防之中，最终维护公平正义。

具体到环境问题，排污者因为排污导致人身财产受到损害，他（或她）就要为此承担停止侵害、排除妨碍、消除危险、恢复原状、赔偿损失、赔礼道歉等责任。尤其是赔偿损失，由于环境的公共性，受害者往往人数众多，所涉财产损害额度也很大，因此赔偿额度一般都较大，对于排污者而言是一笔非常大的负担，甚至可能直接导致其破产。由此，就可以发挥侵权法的预防功能，抑制行为人的排污冲动。

2. 物权

（1）权属机制

为环境资源设立权属机制，其理论前提是"公地悲剧"（The Tragedy of the Commons）。英国经济学家哈丁说："在共享公有物的社会中，每个人，也就是所有人都追求各自的最大利益。这就是悲剧的所在。每个人都被锁定在一个迫使他在有限范围内无节制地增加牲畜的制度中。毁灭是所有人都奔向的目的地。因为在信奉公有物自由的社会当中，每个人均追求自己的最大利益。公有物自由给所有人带来了毁灭。""公地悲剧"在西方经济学界引起了极大的反响。之所以发生"公地悲剧"是当资源或财产产权不明晰，或者属于公共所有时，每一个人都有使用该资源的冲动，因为使用该资源的收益归自己，但是缺乏保护该资源的动力，资源破坏的结果由公众承担。所以公有地上，人们争相利用，却无人保护。当自然资源的决策人物忽视或者低估环境污染和生态破坏给社会带来的代价时，就会出现环境问题。因此，一旦把公地私有化，该资源的所有权人就会考虑对该资源的持续利用，从而有节制地利用该资源、积极保护该资源。物的归属机制促使所有权人保护私有财产，从而达到环境保护的目的。

所有权机制并非通过直接限制物权人不要排污，而是通过私有化，促使权利人为自己的利益去保护环境。物权归属机制是一种内化机制，与行政法的外部强制机制有很大不同。

（2）对物的使用和处分的限制

物权是对物直接支配的权利。"物权者，支配物之权利也。"尤其是所有权，所有权人对自己的物，得以占有、使用、收益、处分等方式进行全面支配，不受他人干涉。然而，从环境的角度来看，所有权人在使用、处分物（尤其是自然资源）时，可能会造成自然资源的破坏和环境的污染。所有权的公法限制主要体现为行政法等公法基于公共利益的保护，而针对所有权所作出的各种禁止性或者限制性的规定，尤其是基于城市规划、环境保护、生态平衡、耕地保护、野生动植物保护，以及对危险或有害健康的工业的限制等需要，现代各国对所有权及他物权的形式颁布了越来越多的管制性法规。

3. 合同

合同机制的运用不在于从源头减少环境污染或者环境排放，而是在污染治理、能源节约等方面使用。特别是污染委托治理服务合同，在污染集中治理方面发挥着关键作用。按照我国《环境保护法》的"三同时"制度，要求每一个排污企业都要建设、运行自己的污染处理设施，并处理其产生的污染。但这种分散处理方式无疑会使得很多企业的污染处理成本很高，出现"守法成本高、违法成本低"的问题，进而刺激违法行为的发生。因此，污染集中治理、污染治理委托服务合同便有了用武之地。污染委托治理合同属于民事合同。诸如此类还有能源节约合同、碳减排合同等。

（二）侵权机制应对环境问题的不足及调适

1. 侵权机制应对环境问题的不足

就实体而言，传统民事侵权行为构成需"加害行为、损害后果、因果关系、主观过错"齐备。在环境污染侵权之上，同时具备上述四个要件的难度过大。就程序而言，根据民事诉讼法的举证责任一般规则——谁主张谁举证，原告需要对侵权责任的构成承担举证责任。侵权机制对于环境问题在法律实践中运用得最多，传统民法的侵权机制对于应对环境问题也存在诸多不足。

（1）环境污染侵权构成要件过于严格

损害后果方面。从实体上讲，损害后果要求是对已经造成人身损害、财产损失或有造成人身损害、财产损失之虞，由此决定了：①即使存在环境污染，但尚未有造成人身损害、财产损害的现实后果或者紧迫危险之时，侵权机制几乎难以发动；②侵权机制无法对环境本身所遭受的损害施以有效救济。从程序来讲，原告起诉侵权必须准确列出所受损害，而环境污染所致损害往往具有隐蔽性、长期性，具体损害结果的确定具有相当大的难度（正是如此，环境损害司法鉴定中，既有损害结果鉴定，也有因果关系鉴定），污染受害者往往难以准确列出遭受损害的具体数额，因此容易导致案件不符合程序法上的立案（受理）条件。

加害行为方面。加害行为，是指侵害他人民事权益的，受意志支配的人之行为。加害行为具有客观性、违法性。客观性是指加害行为是客观存在而非虚幻的。违法性是指加害行为违反了法律。合法行为所致损害不会导致侵权责任而是由受益者给予受损者补偿。具体到环境侵权，很多合法的排污行为亦会导致人身损害或者财产损害，之所以如此，表面上看是因为政府法律、标准较为宽松或者存在漏洞，实质上则是因为政府和社会追求经济增长而牺牲环境资源。在程序上，相比一般侵权行为，环境污染导致损害的受害人更加难以证明排污行为的客观性，因为排污行为与受害人之间存在环境媒介，行为人与受害人之间的空间距离往往较远，加之排污者为了逃避追究，往往会采取隐蔽措施实施排污，对于受害人而言，寻找排污口、证明排污行为的实施，均非易事。实践中，新闻记者为了获取排污证据而遭受人身威胁或者被人身攻击的例子屡见不鲜。

因果关系方面。加害行为与损害后果之间的因果关系是侵权法的理论和实践难点。因果关系不仅归属于侵权行为法基本规定内容，且构成了其他几乎所有赔偿责任构成的基础。通常认为，侵权法上的因果关系分为责任成立上的因果关系和责任范围上的因果关系。对于因果关系的判定，加害行为与损害后果之间因果关系一般采用相当因果关系标准。因果关系更是环境污染侵权的难点。首先，排污行为与损害后果之间的因果关系链条相比于一般侵权行为更长（行为人向环境排污—污染到达受害者所在地域—该地域环境被污染—受害者因暴露在被污染的地域而受害）。每一个环节都需要证明因果关系，才能最终得出排污行为与损害后果之间的因果关系。其次，排污行为与损害后果之间的因果关系难以在科学上严格确立。我们知道，油漆含有致癌物，在具体案件中却不易判定喷漆行为与周围居民患癌之间的因果关系。再次，部分环境问题与损害后果之间的因果关系并无确定的结论，更不用说现实发生的具体案件。为了解决环境污染与损害后果之间的因果关系难题，往往需要鉴定。但是大多鉴定也只会作出盖然性判断，而非绝对判断。更何况对于同一案件中的因果关系，不同的鉴定机构、鉴定人员的鉴定意见可能会不一致甚至相悖，给司法判断造成难题。

主观过错方面。过错责任被誉为民法三大原则之一（其他两项为所有权神圣、意思自治）。侵权行为的构成以过错责任为原则，以无过错责任、公平责任为例外。主观过错属于主观心理状态，乃主观因素，其需要依赖于外部客观因素尤其是加害人的行为加以判断，因此主观过错的判定逐渐呈现客观化的倾向，乃至于将主观过错等同于违法性的主张。检验过错标准的客观化，是民法理论发展的必然。环境污染乃是经济社会发展的伴生物——排污行为是附随生产生活而产生的副产品，没有为了排污而排污的，否则便是投放危险物质了。因此排污并不像杀人、纵火、抢劫之类行为具有自然之恶性，因为排污的过程也可理解为生产生活的过程，理解为维持人的生产和发展、创造社会财富的副产品的过程。所以，除排污者故意采取偷排、违法排污、超标排污等情形之外，很难确定行为人具有主观过错。因此，以过错为要件势必导致环境污染侵权责任构成极难，对受害者极为不利。

（2）其他方面

除责任构成之外，侵权机制应对环境污染还存在以下不足。

第一，事后救济。侵权责任机制主要是一种事后机制，是污染的损害后果已经现实发生或者有发生的紧迫危险的情形之下方可启动。而且对于提起诉讼之时仍然在发生的排污行为，环境侵权机制并无有效的停止方式。因此，侵权机制对于环境污染的发生虽然具有一定的预防功能，但这种预防是抽象的预防、总括的预防，而不是现实的预防、具体的预防。

第二，责任承担。"讼累"乃是诉讼机制因程序性、权威性、严格性、形式性难以避免的后果。环境侵权诉讼往往旷日持久，而受害者由于遭受人身损害，往往陷入"等钱救命"的地步。即使原告胜诉也难以解决当下其所需要的医疗费、丧葬费等。

第三，诉讼时效。诉讼时效，又称消灭时效，是指权利人于一定期间内不行使请求权即丧失请求法院保护其权利的权利。环境污染导致人身损害、财产损害，其后果的发生往往具有潜伏性、隐蔽性、长期性，甚至损害后果会通过遗传而加诸后代。再加之原告对环境污染侵权的举证难度大，因此往往需要更长的诉讼时效。而一般侵权行为的诉讼时效时间普遍较短，难以满足环境污染对更长诉讼时效的要求。

第四，事实层面。作为加害人的排污者往往是企业，甚至是具有较大经济影响力和一定政治地位的企业，而受害者往往是普通老百姓，甚至是经济条件较差的贫苦老百姓。因为经济优越者，一般会搬离污染地域以躲避污染危害。由此就形成了排污者与受害者之间强弱悬殊的地位。更有甚者，政府可能会或隐或显地支持、包庇排污者，进一步加剧了受害者的弱势状态，造成了他们在诉讼上的不平等性。

2.侵权机制应对环境问题的调适——环境侵权的特殊规则

（1）构成要件的宽松

民法降低侵权行为构成要件的严格性，使得环境污染导致他人损害能够不那么困难地构成侵权行为。分析如下：

第一，损害后果方面。传统民法通过侵权机制所能救济的是民事权利，而且主要是人身权、财产权，难以实现对环境本身的修复和救济，也无从建立对环境污染的事前介入机制。故有学者认为，应当将环境权（或者环境权益）纳入民事权利的范围，从而实现民法（主要是侵权法）对环境的有效救济②。环境公益诉讼机制的建立使得原告（我国民事公益诉讼的原告主要是社会组织和法律规定的机关，行政公益诉讼的原告是检察机关）的诉讼请求中可以包括修复受损害的环境，赔偿环境损失（生态服务功能下降的损失）。从而实现了对环境本身损害在损害后果方面的扩展。

第二，加害行为方面。传统民法要求加害行为的客观性、违法性。前者很难有所松动，但是在环境污染上，后者可以放松甚至是放弃。日本对于违法性的判断，一般采用所谓的"忍受限度论"，即事业活动超过引起了超过忍受限度的损害时，就是权力滥用，从而构成违法。不要求排污行为的违法性，其机理与环境污染侵权无过错责任相同，即将环境污染侵权责任作为危险责任。在危险责任理论下，无论行为是否违法、行为人是否有过错，只要造成损害，都要承担赔偿责任。除非该损害是由受害人故意造成的。

第三，因果关系方面。由原告举证证明排污行为与损害后果之间的因果关系的难度很大，但是因果关系是不可废弃的，否则就违背了基本的正义原则——人对自己行为的结果负责。

第四，主观过错方面。为了降低环境污染侵权行为构成的主观过错方面的标准，主要有两种途径。一是进一步将主观过错客观化。将主观过错的判定付诸排污行为的违法性，此即日本公害法理论上的"新忍受限度论"。新忍受限度论主张违法性与过失一元论的观点，认为综合来看被认定为超过忍受限度构成违法的加害行为引起公害时，不必再去寻找加害者的过失，就可以认定侵权行为的成立。二是主张环境污染侵权是特殊侵权，实行无过错责任。支持环境污染侵权的无过错责任的理由主要是高度危险责任，此外法律经济学上认为,谁防范意外的成本低,就由谁承担防范意外的责任。

（2）其他方面作出有利于受害者的调整

第一,为了应对侵权机制难以有效救济环境本身的问题,环境公益诉讼得以建立。公益诉讼发源于古罗马。其发展至现在,美国有公民诉讼,德国有团体诉讼,日本有民众诉讼等。公益诉讼最常见事由之一便是环境污染。我国《民事诉讼法》《行政诉讼法》确立了公益诉讼机制。环境公益诉讼使得即使仅有环境污染,亦可通过诉讼机制实现对环境本身的救济,并对私益诉讼中无法救济的环境本身施以救济。公益诉讼虽然是诉讼机制,属于程序法,但排污者的责任构成、责任承担等仍然是按照（或者比照）侵权法的私益诉讼来实施的。环境民事公益诉讼中,原告请求对环境被污染以后,至环境生态服务功能完全恢复之前的期间内的生态服务功能损失赔偿,该赔偿金获得以后,用于保护环境,也是对环境本身的救济机制。此外,为了应对起诉之时排污行为仍然在持续的情况,"禁止令"制度得以采用。禁止令是指原告在起诉时可以向法院申请,由法院发布禁止令,禁止正在进行的排污行为。环境保护禁止令制度本身也存在一系列问题。首先,禁止令滥用可能会侵犯被告的合法生产经营权利,为此就需要申请人提供担保,巨额担保却给申请人（原告）设置了门槛,造成禁止令制度事实上被虚置。其次,一旦原告败诉则要因禁止令而对被告承担赔偿责任,这对于污染受害者（包括环境公益诉讼原告）而言是很难接受的。之所以会出现以上问题,是由于禁止令制度本身就是利弊参半的,即使在英美法系,其也只适用于可能存在紧迫的人身危险的情形。

"复种补绿"的责任承担方式:在环境案件中,存在着不少被污染或者破坏的环境已经完全或基本丧失了恢复原状的可能性,法院无法判决被告承担"恢复原状"责任方式,但是创新了"异地补绿"的责任承担方式,即责令被告在其他领域实施环境绿化活动,实现了对环境本身的救济。

人民检察院在履行职责中发现破坏生态环境和资源保护、食品药品安全领域侵害众多消费者合法权益等损害社会公共利益的行为,在没有前款规定的机关和组织或者前款规定的机关和组织不提起诉讼的情况下,可以向人民法院提起诉讼。前款规定的机关或者组织提起诉讼的,人民检察院可以支持起诉。

第二，对于责任承担方面存在"远水不解近渴"的问题，民事诉讼法上"先予执行"制度，即原告可以向法院请求在判决作出前先予执行医疗费等救急费用。但先予执行的实现难度往往较大，因为先予执行制度本身存在一定的风险，容易造成不公。因此，"远水不解近渴"的问题在私法上难以解决，需要从公法角度入手。

第三，环境污染侵权更长的诉讼时效。由于环境污染损害后果的隐蔽性、潜伏性、长期性，环境侵权损害较之一般侵权行为需要更长的诉讼时效时间。

第四，为了缓解环境污染受害者相对于排污者的弱势地位，在诉讼法上建立了支持起诉、团体诉讼、减免诉讼费等制度。环境公益诉讼制度对于"搭便车"效应也有一定的缓解作用。

（三）物权应对环境问题的不足及调适

1.物权应对环境问题的不足

（1）所有权机制（明晰产权）应对环境问题的不足

首先，并非所有的环境要素都具备赋权的条件，只有自然资源才可具备赋以所有权的条件。如空气、环境服务功能等，由于物理边界难以确定，因此难以清晰权属。由此也说明了，只要解决了资源的权属就可以解决问题的观点，在法律和法学上是不成立的。

其次，即使可以被私有（被赋予所有权）的自然资源，如水、土地等，也因为社会公正的基本要求，使得无法完全被私有化。因此，对私有财产的扬弃，是人的一切感觉和特性的彻底解放；但这种扬弃之所以是这种解放，正是因为这些感觉和特性无论在主体上还是在客体上都成为人的。土地、水等是有限的生存资源。从正义的角度来讲，虽然不同的人可能占有不同的土地、水等资源，但是要保障每个人都满足其生存要求所需的土地、水。如果彻底私有，很可能导致穷人无立锥之地、无解渴之水。这也正是社会主义公有制的优越性的理论依据之一。

再次，即使自然资源私有，仍然存在自然资源被破坏的问题，如自然资源所有权人、用益物权人过度开发利用土地，或者破坏性开发土地、矿产、水流等。环境的公共物品属性或者说环境的生态服务功能发挥与私有之间存有内在张力，因此不可能一概"私有了之"。

（2）相邻关系（不可称量物入侵）应对环境问题的不足

首先，传统物权法上相邻关系的成立，前提是不动产的位置相互毗邻。环境污染除部分非营业型活动产生的污染与受害者之间存在位置毗邻之外，大部分导致严重后果的污染是长距离的、非地理位置相互毗邻的，此情形并非严格意义上的不动产位置毗邻关系。

其次，以相邻关系应对环境污染主要适用于尚未造成人身损害的妨害。这种基于环境保护的需要而对相邻关系的规定，主要是针对没有构成环境污染但损害了相邻权利人的私害行为的。这种观点有其合理性，但是不严谨。因为即使构成了环境污染，仍然可以适用相邻关系处理。但是，由于相邻关系属于物权法的领域，其权利请求主要是停止侵害、排除妨碍、消除危险、恢复原状、赔偿物的损失等，物上请求权无法请求人身损害赔偿，也无法就非相邻不动产的其他财产损害请求损害赔偿，因此以相邻关系解决环境问题主要适用于尚未造成人身损害、财产损失或者仅有轻微人身损害、财产损失，请求停止排污行为的情形，对于造成严重污染，受害人请求人身损害、重大财产损失的，就很难以相邻关系为依据。也就是说，相邻关系应对环境问题其一般适用三种情形：一是非经营性行为所排放的污染；二是没有发生严重的人身损害、财产损失；三是原告的诉求并非人身损害赔偿，而是停止排污。

相邻关系应对环境问题既然存在明显的不足，那其价值何在呢？虽然相邻关系应对环境问题有其局限性，但其相对于环境污染侵权机制亦有其优势，即受害者（原告）举证责任较低。在相邻关系中，受害者只需证明遭受妨害（排污到达了其所在区域，并且超过了忍受义务的范围，对其行使不动产权利造成损害或者有紧迫危险）即可，无须像侵权之中证明排污者的过错、违法性等，从而大大提高了原告获得救济的可能性。

2. 物权应对环境问题的调适

（1）所有权机制应对环境问题的调适

首先，建立自然资源或者特定环境要素上的准物权、特别物权，如取水权、森林碳汇权等从而为这些自然资源、特定环境要素明晰产权提供私法机制。

其次，明确自然资源产权人合理开发利用自然资源的义务，主要在不得过度开发以及对开发利用方式的规范。自然资源的产权人不仅包括自然资源所有人，也包括用益物权人。

最后，针对环境污染的负外部性特征，试图将环境自净能力予以权利化、准物权化，创制排污权、环境容量使用权等。但这种努力主要是理论探索，在立法和制度构建上未有明显成效。

（2）相邻关系应对环境问题的调适

为了有效应对环境问题，"公法上的相邻关系"得以产生。在19世纪末以前，相邻不动产利用上的利益冲突主要是采用私法（民法）的方法予以调整。进入20世纪以后，随着大工业社会的形成，基于土地资源、水资源以及其他自然资源的合理运用、环境保护和生态平衡、耕地保护和城市建设规划等公共利益的需要，土地利用越来越多地受到公法的限制，由此形成了所谓公法上的相邻关系，即不动产相邻各方的权利义务直接依据环境保护法、建筑规划法、土地管理法等相关法律、法规而产生。公法上的相邻关系不仅是公法发展的结果，更是民法积极应对环境问题等而作出的调整。

首先，对相邻关系的事项范围进行了合理的扩大，将环境污染直接规定为适用相邻关系，使得相邻关系不仅仅直接适用于给水排水、通风采光、通行等方面，而且直接为环境保护相邻关系提供规范依据。其次，对不动产毗邻作扩大解释，不要求不动产地理位置的相邻，而是扩大至足以发生影响即可。所谓"相邻"，并不要求两个不动产在空间上直接衔接，只要两个不动产的适用足以发生相互影响即可。对毗邻做扩大解释为环境污染适用相邻关系提供了条件。

二、行政法应对环境问题

（一）行政法应对环境问题的机制

1.两种意义的行政法

实在法学对行政法的定义，更加强调行政法的形式，是基于行政权力行使行为（行政行为）的视角，是关于行政审批、行政处罚、行政强制、行政征收和征用、行政给付等的法律规范。此意义上的行政法，可以视为管理行政相对人的法律。如有学者认为：行政法，就是规定公共行政管理活动、调整行政关系的法律规范（包括规则和原则）的总称。从自然法的角度则认为，行政权力的运行规范并不必然是行政法。行政法定义的第一个含义就是它关于控制政府权力的法。无论如何，这是此学科的核心。行政法的本质不在于法律规定了行政手段、行政措施，而是从来源、主体、程序、责任、监督等层面对行政权力予以规范和制约，否则就会犯法律工具主义错误，甚至把行政法理解为政治（政府）统治的工具。我们所说的行政法是管理行政机关的法，而不是由行政机关制定的法。自然法学对行政法的定义是基于对行政权力的规范和制约的观念。行政法的学科旨趣，在于探讨行政应如何受到法的约束，以确保人民的基本权利。现代行政法是对控制行政权力的法已经成为通说。实在法角度理解的行政法乃是"形"，而自然法理解的行政法才是"神"。现代行政法越来越发展成为"形"与"神"的统一，对于政府运用行政权力管理社会的行为予以规范和约束，即过程上表现为行政权力的运用，目的上表现为对行政权力的规范和制约。

既然行政法可以从实在法与自然法两个角度来理解，因此（甲）采用行政手段应对环境问题，亦即监管行为人的法律，与（乙）规范和制约对与环境保护有关的行政权力的法律，二者应该进行对立统一的观察。

2. 行政措施的运用以管理行为人

从直观上看，环境问题乃是不合理的环境资源开发利用行为导致的。故应对环境问题需要对行为人可能导致或者正在导致环境问题的开发利用行为予以监管，此即形成了环境行政管理行为。法律对环境行政管理行为的规定构成了行政法应对环境问题的最直观，也是必不可少的方面。为应对环境问题可能采用的行政手段既有宏观方面的，也有微观方面的。宏观方面如产业政策、规划、（土地、水、电力等）使用引导、财政税收引导、信贷引导、补贴和优惠等；微观方面如许可、申报、登记、处罚、税费、强制、命令、指导、裁决等。

任意翻开中国《环境保护法》、日本《环境基本法》、美国《国家环境政策法》、瑞典《环境法典》等都不难发现，这些规范性法律文件的主要条文是行政性规范，而且大多是对行为人的行政规制措施或对政府履行环境保护职能的要求。尤其是前者，在大陆法系环境法中更是占主要地位。不仅如此，以行政措施应对环境问题的条文往往在一国的综合性环境法、污染防治单行法、自然资源保护单行法、自然生态保护单行法中占据绝大多数。过去欧陆之环境法大多系基于公法之基础而建构，我们亦是如此，盖系将环境保护视为"国家"之任务。所以，现代环境法主要条款是行政性规范。因此也难怪有人把环境法作为部门行政法对待，或将环境法理解为环境行政法。

3. 规范和制约与环境保护有关的行政权力

以往人们大多只看到了行政措施应对环境问题的作用，即对相对人的监管，忽视或轻视行政法规范和制约行政权力对于环境保护的功能，在环境保护方面存在着需要对公权力予以规范的三个方面事实（三种情形）。

一是行政机关在保护环境之中的权力行为，如排污许可、环境税费征收、环境行政处罚等，可能会滥用权力，这与一般行政法的理论、规则一致，因此也容易受到关注。

二是行政机关应当履行环境监管职责，却怠于履行职责，即行政不作为。环境法上行政不作为包括两类。一类是传统行政法上的，应当履行法律规定的职责（尤其是做出具体行政行为）而未履行或者履行职责不充分。另一类是宪法规定提供良好环境公共产品的职责，此职责与传统的行政不作为规制有所不同，它以结果为标准而非仅仅以行为为标准，即政府履行法律规定的环境保护职责需要实现既定目标，而不仅是履行了环境保护执法行为。最典型的表现就是政府必须对本行政区域环境质量负责，确保环境质量不下降。

三是可能导致环境问题的行政权尤其是决策权行使行为，如政府决定设立工业园区、决定本行政区的产业政策等。这与行政法的一般原理和规则有较大区别，因为它具有很强的宪法属性。环境问题表面上看是行为人导致的，而其背后往往有权力的影响。若能够发现行政权力的滥用、不作为与环境问题的深刻联系，就可以发现行政法（当然还有宪法）在环境保护方面还大有可为，而不只是对环境行政权力的规范和制约。权力尤其是决策权力的滥用、违法使用会导致区域性、长期性环境问题，构成环境问题发生的深层次原因。为此，必须对可能导致环境问题行政权力行使行为予以规范和制约。

（二）行政法应对环境问题的不足

1. 监管行为人的行政法应对环境问题的不足

（1）行政权力的分工负责属性与环境的整体性

行政管理的天然属性首先是地域分割（"块块"）。世界被分割为若干国家，国家又分为大大小小的各级行政区域。行政主体应当在其行政区域范围内实施行政措施，超越地域范围便是越权。其次是事权分割（"条条"）。任何行政权力都需要按照事权予以分割，尤其现代以来，行政事务越来越繁杂，行政权力和行政组织迅速扩张，行政权按事权越来越细化。行政部门各管一块。分工负责是促使行政主体履行职责的基础，否则便会发生"大锅饭、养懒汉"问题。但过分细碎的条款分割也容易导致多头管理、扯皮推诿。这在环境治理上就体现得很明显。

环境具有整体性特征。各环境要素相互联系、相互影响。环境要素可能同时是资源要素、生态要素、财产要素。环境问题的产生与前端的生产生活行为直接相关。因此，环境治理尤其需要整体主义思路，重视合作、共治。行政权力的行使地域、事权等分工负责与环境治理的整体性便存在冲突，这也正是环境治理出现诸如"九龙治水"似的困局。

（2）愈发偏重于生态环境局的行政管理

环境保护愈发偏重于生态环境局的行政管理，而生态环境局的主要权限仍然是污染治理，这使得环境保护逐渐沦为末端治理。环境保护关系国计民生，关系国家经济、社会稳定、民生幸福等，事涉矿产、能源、资源、产业、就业、社会稳定、环境治理等多个领域。环境保护事务需要各主体共同参与，需要运用多种手段。然而，现代环境保护愈发倚重政府的资金投入和行政支付，尤其是将重担压于生态环境局这一部门的环境行政管理活动，前端的产业、能源、经济等部门往往置身事外。公众参与和公民责任（如绿色出行、垃圾分类、能源节约等）也往往陷入可有可无、缺乏刚性的境地。生态环境局作为政府的职能部门之一，纵使其权力增长再迅速，也主要限于污染治理，此即末端治理。更进一步讲，面对经济增长、民生提高、污染往往无处不在的局面，生态环境局难免处于"事多人少权力不足"的困境。也就是说，即使在污染治理方面，环保局也无法做到尽善尽美。

（3）行政法律关系的封闭性阻挡了公众进入

行政法律关系一般表现为"行政主体—行政相对人"的关系，在部分行政法律关系中，还可能会出现"行政机关—行政相对人—行政相关人"的法律关系。上述两组行政法律关系中，都存在一个核心要素：直接利害关系（包括行政相对人、行政相关人）。这决定了行政法律关系是封闭的，相对人、相关人、行政主体之外的其他人难以进入。在环境问题上，不仅存在着行政主体、行政相对人、行政相关人，还存在着广泛的公众。公众在事实上属于相关人，但不满足"有直接利害关系"的要求，这使得公众被排除在行政法律关系的相关人之外，无法参与到环境保护事务中来。

从世界环境保护史来看，环保具有很强的"草根"性。20世纪中期以来发生的"环保运动"促进了环境保护思想的传播、推动了环境保护事业的开展，环境保护不仅成为民生需要社会潮流，也成为政治旗帜和国家形象符号。公众群体以及具有公众色彩的环境保护社会组织在环境保护活动中扮演着积极、重要的角色。政府可能帮助启动供给的进程，国际组织可能帮助稳定公民的应得权利。但是，其余的一切都是本国的和国际上的"非政府组织"的任务。行政法律关系的封闭性阻挡了公众进入环境保护活动，不仅使环境保护失去了群众动力，更使得行政权力的行使、行政职责的履行缺少了公众监督，这也是导致与环境保护有关公权力得不到规范和制约重要因素之一。

2. 规范和制约行政权力的行政法应对环境问题的不足

（1）对环境行政执法权的规范和制约不足

面对环境治理中必不可少的行政权的运用，要防止行政权的恣意。然而，面对肆虐的污染，人们往往认为环境保护需要强有力的环保局，需要更大的自由裁量权。尤其在我国，人们往往片面地看到了环保部门"顶得住的站不住、站得住的顶不住"，使得人们并不将环境行政权力的规范和制约作为一个重要事项对待，反而认为行政机关需要更加灵活、便利地开展环境行政执法活动。建设生态文明需要强化政府环境责任，需要强势政府。人们忽略了环保部门也可以恣意擅权"分分钟搞垮一间厂"，因此无论在思想观念还是制度建设方面，对环境行政执法权予以规范和制约都有所不足。

（2）规范和制约与环境相关的行政权力行使的欠缺

总体来看，导致环境问题发生、环境治理难以施展的其他政府部门乃至政府的决策是否符合环境保护的要求、法律规定的履行环境保护的职能是否履行、其承诺的环境保护质量目标能否实现等都没有纳入法律的范围。也就是说，法律要规范一切公权力行使人（不仅包括政府，还包括立法者以及公权力人员），其行为包括宏观决策行为（如立法、制定规划、计划、政策等）、微观决策行为（建设工业园区、引入投资项目等），还包括法律规定的环境保护职责是否履行、承诺的环境保护目标是否实现等。行政法对于与环境保护有关的行政权力的规范和制约仍然欠缺。此为行政法应对环境问题的最本质，也是最突出的弊端。

（三）行政法为更好地预防和应对环境问题所做的调适

1.为缓解环境保护行政管理的不足而进行的调适

（1）建立环境保护执法机构体系

为了强化环境保护管理，政府建立专门的环境保护机构体系，该体系呈现出组织扩大化、权限强化的趋势。传统行政法以约束或控制政府权力为核心，对于行政机关的自由裁量权作出较为严格的限制。而环境污染问题广泛复杂，各种因素相互作用，地区、时间、气候等差别甚大，使得国家的环境管理必须具备科学性、区域性和灵活性特征，需要较大的是视情置管的权力。的确，环境治理需要较为强大的政府环境保护组织和较多、较强的管理权力。为有效应对环境问题，建立专门的政府环境保护机构体系是必要的。

从职能定位来看，环境保护机构大都经历从"咨询联络—污染防治—污染防治和生态保护一体"的过程，其职权从最初的以处罚、收费为主，发展到由许可、强制、给付、命令和禁止等组成的权力体系。

（2）环境保护部门合作、区域合作

为了减轻行政管理条块分割给环境保护带来的负面效应，法律确立了综合治理原则，推进环境保护的部门合作、区域合作。对于综合治理，以往人们将其理解为治理方法、手段上的综合。其实，综合治理的首要内容便是环境保护的"多元共治"，即各相关主体之间的合作与共同参与。具体到环境保护行政管理，便是统筹协调、部门合作、区域合作。

首先，推行环境保护的部门合作，强化环境保护部门的统筹能力。为了缓解"条条"分割给环境保护管理带来的负面效应，法律要求相关政府部门间不仅要分工负责，而且要沟通合作。一是建立较高级别的环境保护部门间沟通机制或机构，协调相关部门开展环境保护工作，如环境保护部级联席机制、环境保护委员会等。二是强化生态环境局的权威性和统筹能力，使其能够有效组织协调其他相关部门开展环境保护工作。多年以来环境保护机构"大部制"改革的呼吁，其理由便在于此。从环境保护机构发展情况来看，除了中国，世界还有很多国家的确存在"环保大部制"的趋势。三是就某一特定环境治理事项开展专项联合活动，如畜禽养殖污染治理、环境保护宣传教育等。四是建立信息沟通、共享机制，避免信息沟通不畅带来的重复执法、执法漏洞等问题。五是由于不同部门之间的执法权限不同，需要建立执法衔接机制，使得环境保护事务在不同部门之间畅通运行。如环境污染防治中的行政处罚与刑事犯罪的衔接、对排污企业的罚款处罚与对企业法定代表人的拘留处罚的衔接等。

其次，加强环境保护管理的地域合作。为了缓解"块块"分割给环境保护管理带来的负面效应，法律要求不同地域的政府加强合作，即所谓的"联防联治"。在国际层面，首先表现为国际环境法的诞生与发展。《联合国人类环境会议宣言》提出了"只有一个地球""共同但有区别"原则等。尤其是在气候变化领域，共同但有区别责任成为基本原则。在国内层面，环境保护跨区域合作已经成为重要机制，我国《环境保护法》《大气污染防治法》《水污染防治法》等专门规定了跨区域的污染治理机制。此外，流域、区域一体化治理得以推行。环境保护地域合作往往面临着以下障碍：一是不同地域的经济社会发展水平存在差异，社会文化也可能存在差异，由此导致环境保护之上的利益、标准和态度有所不同，区域协调与合作本质上是利益的妥协，要求某些地方牺牲其利益往往具有较大难度。二是为了推进地域合作，往往需要更高权威（一般是中央政府或者联邦政府）予以协调或者建立专门的区域合作机制、机构，但是央地的分权（联邦与州就表现得更为明显）使得中央也不便于过分干涉地方事务。由此带来了区域合作之上不仅存在不同地域的差异性和利益主张，而且也掺杂了央地之间的元素。三是市场机制也不失为地域合作的一种可行方法，因为它满足了各方的利益需求，典型如市场性的生态补偿，但市场机制的适用空间是有限的。

（3）环境保护公众参与

环境保护公众参与是增强环境保护力量的重要机制，也是推进环境民主、规范和制约与环境保护有关的公权力的重要措施。公众参与既是环境法的基本原则之一，也是环境法上的重要制度。公众参与作为一种制度化的民主制度，应当是指公共权力在作出立法、制定公共政策、决定公共事务或进行公共治理时，由公共权力机构通过开放的途径从公众和利害相关的个人或组织获取信息、听取意见并通过反馈互动对公共决策和治理行为产生影响的各种行为。公众参与是直接民主的形式，它弥补了代议制民主（间接民主）的不足，也符合哈贝马斯"商谈民主"的理论。有学者指出：公众参与不仅有利于公民、法人和其他组织在具体行政行为中维护其权益，推进政策的顺利执行，还能保障社会公正、监督公权力的行使、培育公民人格和公民社会。公众参与作为直接民主的实现方式，与代议制民主相互结合，共同推进环境治理。环境保护公众参与与环境法共同构筑了环境保护的民主与法治体系。

环境是公共产品。行为人实施的环境污染行为或者环境破坏行为，不仅有遭受人身损害或者财产损失的直接受害者，还存在遭受间接损害、纯经济损失的受害者，遭受现实或者潜在环境损害的受害者，以及没有利害关系的纯粹的"路人"型公众。他们都被包括在"公众"这一概念之内。公众在传统行政关系之中并无存在空间，在环境社会关系中却普遍存在。公众的地位类似于受害者，其立场、态度与受害者基本相同，因此将公众作为受害者背后的群体，其原因有二。第一，公众与行为人之间往往也发生民事社会关系，但是法律承认环境权的毕竟是少数，因此公众与行为人之间的民事社会关系难以被民法所涵盖，因此公众对环境只能以利益的形式而存在。这种利益恰恰不是通过实体权利——环境权，而是通过程序——公益诉讼来维护的。公众对行为人的公益诉讼乃是环境民事公益诉讼。第二，公众与行政机关会发生行政社会关系。相比于私法领域，公众与行政机关的行政管理关系并非仅是行政公益诉讼关系，虽然行政公益诉讼是维护公众与行政机关关系最重要的机制。公务行政管理本身就具有一定的公共性，对于公众尤其是具有一定利害关系的人群（包括间接受害人、纯经济损失受害人、暴露在被污染环境中的人群、潜在受害者人群等），行政法已经提供他们介入行政法律关系的途径，即请求行政机关依法履行职责。因此，这部分人群在行政法上不宜与民法之上等量齐观。

2.行政法为缓解对公权力制约不足而进行的调适

（1）环境保护机构组织法

行政主体法、行政行为法、行政责任法是行政法的基本分类方式之一。行政主体法是从行使行政权力的主体——行政组织、行使行政权力的人员进行规范的法。行政法则同行政组织法的规定相联系。行政组织法应以其固有的行政法的形式适用于职务和工作人员的确定，尤其是应使行政机关的组织本身可被视作一个通过国家施加作用于个人的法定形式。为了从源头上规范和制约环境行政权力，环境组织法非常必要。广义的环境保护机构组织法是指对一切行使环境保护权利的机构、人员进行规范的法律规范的总称。无论其是否以"环境××组织法"命名。

环境保护机构组织法不仅为环境保护执法、行政管理的组织、人员、权限、经费保障等提供法律依据，更对环境保护权力行使者的组织、机构、人员、经费来源等进行了规范和约束，避免了环境保护组织肆意扩张。我国一些地方生态环境局人员严重超标，与缺乏环境保护组织法不无关系。

（2）环境影响评价制度

环境影响评价制度之发端，便是对政府政策、法律的环境影响评价。环境影响评价制度不仅在于评价行动的环境影响，而且在于强迫行政机关重视其行为的环境后果。环境影响评价制度是一种强迫行动的手段。通过要求行政机关遵守环境影响评价程序迫使它们在决策过程中考虑和照顾环境价值。环境影响评价的对象，指的是联邦政府的立法建议或其他的对人类环境有重大影响的重大联邦行动。按照这一定义，环境影响评价的对象是联邦政府的行为。在我国，环境影响评价反而失去了其原本的规范和制约行政权力的功能，蜕变为政府监管行为人的手段，因而战略环境影响评价（仅有规划，而且影响最大的国民经济和社会发展规划并未进行环境影响评价）迟迟得不到实质性开展。

环境影响评价制度是对政府行使可能影响环境的决策行为的重要规范和制约方式，也是体现规范和制约公权力以保护环境的最重要机制之一。最近以来，我国对于环境影响评价制度改革的一种意见认为，应当将建设项目环境影响评价逐步取消，归入排污许可，同时强化战略环境影响评价。这一思路符合环境影响评价制度初衷，也与对环境保护相关公权力的规范和制约的行政法治精神相契合。

（3）环境行政公益诉讼

任何一个政府都不应该没有批评者。从形式上看，行政是国家行政主体对公共事务的组织和管理活动。从本质上看，行政是对公共利益的集合、维护和分配活动。环境是公共产品。环境行政公益诉讼是没有直接利害关系的公众对行政机关提起的诉讼，它是督促政府履行环境保护职责的重要工具。当行政机关不依法履行职责时，由适格主体（主要是没有直接利害关系的主体）提起对行政机关的诉讼，督促行政机关依法履行职责。此即行政公益诉讼机制。公益诉讼是公众参与的重要形式，行政公益诉讼则是体现了公众参与的核心精神——民主,体现了法治的核心理念——对公权力的规范和制约。从理论上讲,环境行政公益诉讼可以针对行政机关实施的环境保护行政执法行为,也可以针对行政机关在环境保护方面的渎职行为,以及行政机关实施的可能导致环境问题的公权力行为。

环境行政公益诉讼是环境民主的重要实现方式,但是由于行政公益诉讼往往会使政府疲于奔命,引发滥诉和恶意诉讼,因此不能无限制地放开行政公益诉讼的原告资格。我国《行政诉讼法》建立了检察机关提起行政诉讼制度,严格意义上的行政公益诉讼制度尚未建立。

应当看到,现代行政法为应对环境问题而作出的调适,构成了环境行政法最重要的内容,也是其区别于一般行政法的特征。经过调适之后的原则和规则,不仅属于行政法,更属于环境法。

第二节 环境法的合道德性

一、环境法的合正义性

(一)代际正义产生的背景

代际正义理论并非凭空产生的,而是有其深刻的社会背景和其相应的学术体系背景。

1.代际正义的社会背景

从 20 世纪初开始到 20 世纪中叶,工业化和都市化进程导致环境污染逐渐加重;因城市人口不断增多,污染损害也大面积扩展。50 年代以后,出现农药和放射性物质等的污染,其他公害,如噪声、振动、恶臭等也有所加剧。环境污染造成一系列的公害事件,而每一次公害事件都造成大批人的非正常死亡和患病。与此同时,环境破坏也在日益加剧,热带森林的大量采伐使许多生物物种灭绝或者濒临灭绝,沙漠向人类居住区不断推进,草原大量开垦而形成的黑风暴席卷美国、苏联和欧洲。

在美国国内,可以认为其现代化的进程史就是一部人们疯狂征服自然而又遭到自然疯狂报复的灾难史。北美殖民者用他们的辛勤劳动创造了令人称道的物质文明的同时,也极大地改变和重塑了北美的自然环境,造成了惊人的自然资源浪费和严重的环境灾难。这些主要表现在三个方面。第一,森林资源严重浪费，森林急剧减少，依赖森林的物种变迁加剧，生物多样性受到严重威胁。第二，草原大幅萎缩，草原沙漠化的同时，导致 20 世纪 30 年代美国西部最为严重的生态危机——沙尘暴频发。第三，工业化和城市化进程中污染物肆无忌惮地排放，严重污染了大气、水体和土地，进而导致疾病流行，影响人们的健康。这种状况在 20 世纪中期达到最高峰。

2. 代际正义的学术体系背景

在罗尔斯公平的正义理论体系中，代际正义是作为公平的正义理论完整解释的构成部分而被提出和强调的，在体系设置上，其处于"制度"—"分配的份额"—"代际正义"之下。

对于代际正义的解释，首先必须了解罗尔斯阐释公平的正义时的理论工具——原初状态和无知之幕。罗尔斯通过为"原初状态"增加限制条件，使后代和未来世代也成为"无知之幕"之后的缔约方，从而为代际正义的实现提供了可能。罗尔斯在解释原初状态时，曾指出原初状态中的几个特征，即正义的环境、正当概念的形式限制、无知之幕及契约各方的合理性。关于无知之幕，罗尔斯指出，原初状态中相互冷漠的各方除了有关的社会理论的一般知识外，不知道任何有关个人和所处的社会的特殊信息。这时，各方运用博弈论中"最大最小规则"是恰当的，即选择那种其最坏结果相比于其他选择对象的最坏结果来说是最好结果的选择对象。

另外，理解罗尔斯的一般正义观和两个正义原则对于代际正义也是相当重要的。鉴于本书之旨趣及篇幅所限，在此不赘。

（二）代际正义的基本内涵

罗尔斯阐述代际正义的切入点是制度能否体现正义的两个原则。罗尔斯认为，该问题依赖于被制定的社会最低受惠值的水平，进一步地，确定社会最低受惠值处于何种水平又与代际正义相关。

关于如何确定社会最低受惠值的标准，罗尔斯首先批判了两种观点，即依照国家平均财富而定和依照习惯的期望而定。罗尔斯认为，依照国家的平均财富而定的标准存在两个问题，即不够精准和忽略了相关因素。依照习惯的期望而定的弊端在于没有提供标准说明什么时候的习惯的期望本身是合理的。基于此，罗尔斯指出，社会最低受惠值应当考虑到最少受惠者工资因素的情况下，最大限度地提高其期望这一点来确定，即最低受惠值水平应当依照差别原则来确定。

那么差别原则下恰当的期望值又是如何呢？在差别原则的运用中，恰当的期望就是那些关于最不利者的延伸到其后代的长远前景的期望。具体包含两个方面的内容：第一，保持文化和文明的内容，完整地维持已经建立的正义制度；第二，在每一代的时间里，储存适当数量的实际资金积累。在阐述该内容时，罗尔斯假设了一个正义的储存原则，并经分析认为，虽然该原则不能精确得出，但并不能因此而排除该原则的应用，因其可以用来阐明有意义的伦理约束的界限。

接下来罗尔斯插入了关于功利主义原则在确定社会最低受惠值时的问题。依照功利主义的要求，较穷的世代为了以后要富得多的后代的更大利益作出沉重的牺牲，这将会导致极端情景的发生。

关于正义的储存原则的确定，在契约论以原初状态的视角看来，彻底的无知之幕之下他们必须选择一个能分派给每一个发展水平以一种合适的积累率的正义的储存原则，该合适的积累率将适用于每一代人。

契约方法确定正义的储存原则具有以下几个方面的特征：第一，原初状态的观念达到了人所皆同的结果，既然没有人知道他们属于哪一代，那么从每一代人的观点，以每代人的立场来考察这个问题，从而达致人所皆同；第二，当一个合适的储存率保持下去，每一代人（可能除了第一代人之外）都可以获得好处；第三，维持了一个正义的社会状态，使其成为积累的整个过程的目标。

罗尔斯指出，差别原则不使用储存问题，后面世代人没有办法改善第一代人最不幸的遭遇，代与代之间的互惠交换是一些实质性的交换，亦即在原初状态中设计的储存原则时所能作出的补偿性调整。

罗尔斯最后指出，通过最少获利的一代的观点来确定储存原则，可以将正义的储存原则和两个正义原则联系起来。储存是通过把那些旨在改善最不幸者的后代的生活水准的政策作为政治判断，并因而放弃一些直接收益而达到的。储存原则在代际限制了差别原则的范围。

总之，罗尔斯代际正义理论是对传统正义观的超越和发展。不同时代的人和同时代的人一样地相互之间有种种义务和责任，现时代的人不能够随心所欲地行动，而是受到原初状态中将选择的那些用以确定不同时代的人们之间的正义的原则。

（三）罗尔斯代际正义理论与可持续发展观

正如罗尔斯所指出的那样，"它（代际正义）使各种伦理学理论受到了即使不是不可忍受也是很严厉的考验"。代际正义的理论突破引发了全球范围内的关注，产生了广泛而深远的影响。

作为超越传统正义观的代际正义观是对人类步入 20 世纪以后人类生存状况的深刻反思和积极应对的结果。当历史的长河奔腾到 20 世纪，人们惊奇地发现，周围的世界如此绚丽多彩、变化万千，让人有些目不暇接。特别是第三次科技革命广泛而深入地开展，社会经历了并还在经历生产力和生产关系，经济基础和上层建筑等多层次的变革，人们认识和改造世界的能力有了翻天覆地的变化，接踵而至的是人们征服自然的欲望越来越强烈和环境危机的日益严峻。人们不禁感到，基于人类的生存和发展利益的需要，必须保护生态环境，节约利用自然资源，而代际正义观则正好为这种意识提供了有力的正当性论证和实效性评价标准，并为人类未来发展指明了道路，即可持续发展。

公平性是实现可持续发展的重要原则之一。强调本代人之间的公平和代际公平。，强调本代人之间的公平和代际公平。可持续发展的核心在于处理好三组关系：当代人与当代人之间的关系、当代人与未来世代人之间的关系、人与自然的关系。人和自然的关系是直接矛盾，在某种意义上也可以说是表象——其原因在于，关系只存在于人与人之间，不可能发生在人与物之间，人与物之间最终必然反映人与人之间的关系，不过单从可持续发展的文义表达来讲，就是要保护环境，节约资源，亦即人和自然的和谐。当代人与未来世代人之间的关系是本质矛盾，体现着可持续发展的根本要求，也是代际正义思想指导下的可持续发展观的本质体现，但未来世代人尚不是现实的存在，所以这种关系只能通过约束当代人之间的关系最终得以实现。可以认为，当代人与未来世代人之间的关系是根本点，当代人与当代人之间的关系是着眼点，而人与自然的关系则是落脚点。处理好这三组关系的关键在于确立代际正义观的主导地位。为了子孙后代和我们平等地享有环境和资源，当代人与当代人之间必须和谐共处，减少污染物的排放，节约使用自然资源，为子孙后代提供一个合理的储存。

当然代际正义也并非一味为了后代人的利益而牺牲当代人的利益，罗尔斯在批判功利主义时曾经指出过该问题。可持续发展不是否定当代人发展，其所主张的是既满足当代人自身正当需求又不牺牲后代人的利益，使每一代人机会平等。

环境和资源危机是阻碍人类发展的基本问题之一。以代际正义观为指导，走可持续发展道路，唯有如此才能实现人类的永续发展。可持续发展不仅仅是哪一个国家或者某一个地区所关心的问题，而是要全人类携起手来共同努力才能真正实现的。

（四）代际正义与法律变革

1. 代际正义与环境法

代际正义理论对于法律的影响是显而易见的，直接表现为大大促进了新的法律部门环境法的产生。国内外法学界很多学者都在强调代际正义的重要性，并且把该正义作为讨论后代人权利、可持续发展等问题的伦理基础。代际正义渗透到政府和广大民众的意识中，促进了国家和社会环境意识的觉醒，而环境意识的觉醒又是环境法诞生的直接动因。人们之所以要保护环境，重要的原因之一是环境不是当代人的环境，它是一个跨越时间的维度。环境是祖先遗留下来的，当代人使用后，还要遗留给后代人。正是出于代际正义的考虑，当代人在使用环境、利用资源的时候，必须有所节制，不能恣意妄为。如果将后代人本应享有的环境资源利益因为当代人的恣意挥霍而享受不到，那就是不正义的。

代际正义还是环境权的重要理论支撑。环境权是环境法的核心和基础范畴。建立环境权理论体系，必须以代际正义理论为支撑。环境权的权利主体不仅仅有当代人，还有后代人。环境权的义务主体包括当代人，当代人应当对后代人承担义务。

2. 环境法对代际正义的促进

环境法的产生和发展也促进了代际正义。环境法通过诸如可持续发展等原则和若干制度等保护了环境，为实现代际正义提供了法律保障。环境法的发展还突破了代际正义，在此基础上还产生了种际正义，它超越了人类在当代和未来之间实现正义的意蕴，要求人与其他物种之间的正义。

代际正义是正义理论的重大创新，对人类的思想认识和社会生活产生了积极影响。代际正义直接催生可持续发展观，并推动了法律的变革。当然，正义观也是不断发展的，在代际正义的基础上产生了种际正义，要求放弃人类中心主义而采取生态中心主义。

二、环境法与平等、人权、秩序

（一）环境法与平等性

平等的观念是人与生俱来的，"物不平则鸣""不患寡而患不均"等无不表达着平等观念的天赋属性。甚至有科学研究显示，猴子也有平等观念。古今中外众多思想家就平等进行过论述。平等包括形式的平等和实质的平等。亚里士多德认为正义可以分为普遍正义和个别正义。而个别正义又可以分为分配正义和矫正正义。分配正义是指求得比例的相称，指不同地位、不同身份的人们按等比比例原则办事，即不同品德的人们在社会上享有不同的政治权力、不同的社会荣誉和不同的财产数额。分配正义对应实质平等原则。矫正正义就是人们之间的平等关系，它表现为对于属于交换物品范围的东西进行平均的分配。这种平均主义，要运用到诸如契约、买卖、赔偿损失、司法审判等方面。这是一种"等差比例"。这种正义是以人的等价性为依据的。

矫正正义对应于形式平等。所谓形式平等，是指忽略主体间差异的平等，是起点的平等。如民法认为，人格始于出生，终于死亡，人的人格完全平等。人格平等是一种形式上的平等。洛克就说："根据自然，没有人享有高于别人的地位或对于别人享有管辖权，所以任何人在执行自然法的时候所能做的事情，人人都有权利去做。"形式平等的基本要求是平等对待，形式平等与平均具有某种天然联系。但是平均主义却容易导致实质不平等。所谓实质平等，则是指考虑主体间差异性，在分配层面而发生的结果的平等，其基本要求体现为三个方面：相同情况同等对待；不同情况区别对待；比例原则。

那么区别对待如何从结果上衡量呢？这就是第三个原则比例原则。比例原则最早源于行政法，但是已经发展成为法律领域广泛适用的方法性原则。比例原则可以具体为三个方面。一是层次性，即由若干"条件—结果"横向层面组成的位阶（层次）体系。如我国《大气污染防治法》规定："对造成一般或者较大大气污染事故的，按照污染事故造成直接损失的一倍以上三倍以下计算罚款；对造成重大或者特大大气污染事故的，按照污染事故造成的直接损失的三倍以上五倍以下计算罚款。"这就体现为对造成大气污染事故罚款的层级体系：分为一般、较大层级和重大、特大层级，分别对应直接损失一倍以上三倍以下罚款、三倍以上五倍以下罚款。由不同位阶（层级）组成的体系，是比例原则的基本要求。二是对应性，即条件与结果之间存在适当的对应关系，在消极后果方面一般是体现为：过错—后果—责任的对应，在积极后果方面一般体现为：贡献—结果的对应。前者是条件，后者是结果。条件与结果具有相称性，或者呈现一定的比例关系。我国《宪法》第三十三条第二款规定："中华人民共和国公民在法律面前一律平等。"三是一定的自由裁量权及对自由裁量权的必要限制。由于层次性和对应性的存在，必然要求决定者拥有一定的自由裁量权，否则层次性便失去了任何价值。但另一方面，自由裁量权的滥用又可能导致平等的丧失和正义的堕落，因此，又必须对自由裁量权进行必要的限制。

平等原则在环境法上可以具化为：第一，公民之间具有平等性，不允许存在特供水、特供空气、特供食物，除非是通过自由市场交易获得；第二，人人都享有开发利用环境资源的权利，不因为其出身、阶级、经济水平、政治地位、受教育程度等不同而区别对待，行为人的环境资源开发利用权应当受到平等保护；第三，行为人与环境暴露者之间人格平等，并不因为行为人的经济能力、社会财富贡献能力等，就高人一等；第四，环境暴露者之间的人格平等，应当受到平等对待，享受平等保护，不允许有环境之上的城乡、农工、受教育程度、性别等差别对待；第五，区域平等，不同区域之间可以根据本地经济、社会、环境、文化等状况采取适合本地的经济社会发展策略，也可以采取严格程度有所不同的环境法律和标准，但不得实施污染跨区域转移，也不得将污染企业、产业转移至经济社会发展水平较低的区域；第六，当代人应当为后代人预留其发展所必需的洁净的空间、资源能源。

平等最终需要司法的维护。就像任何社会机构一样，我们的法庭也有它的缺陷，但在这个国家中，我们的法庭是最伟大的平等主义者。在我们的法庭中，一切人都是生来平等的。也就是说，立法上的形式平等与实质平等以及分配正义与矫正正义，都需要在司法层面得以维护。环境法上的平等，都需要以司法为最终保障。

（二）环境法与人权

环境法体现了尊重和保障人权的要求。一是人的生存和发展须臾不可离开的新鲜的空气、洁净的水源、以一定面积清洁土壤为基础的立体空间。因此，清洁的空气、水体、空间，都是维持人生存、生命、健康等必要条件，也就构成了生存权的必要内容。环境法防治大气、水、土壤、噪声、辐射、热、光等污染，从而维护环境的健康，确保人的生存，从而实现对生存权、生命权、健康权、财产权等人权的保障。二是水、土壤、能源资源等，不仅具有环境要素的属性，而且具有自然资源的属性。上述自然资源，对于人的生存来说，是不可或缺的，即使国家对水、土壤、矿产资源等的所有权予以垄断，仍然应当保障自然人为了生存和基本的发展，可以免费获得一定数量的水资源，或者以较低的价格获得水资源，而不必经过许可。对于土地资源，政府应当保障公民为了生存而获得基本的土地保障。对于部分能源矿产，则应当尊重原居民的开发利用权。这些都体现了环境法对作为人权的生存权的保障。三是环境权。一种学说认为，环境权属于人权，或者说是由人权衍生的权利。环境法对于环境权的承认（或者说逐步承认）以及环境权的法律实践，也体现了对人权的尊重和维护。

（三）环境法与秩序

秩序是法的基本价值之一。柏拉图认为秩序与正义密切相关，他认为从事属于自己本身的工作，而不去旁骛许许多多其他的事情，这就是正义。罗马时代就有"诚实生活、不害他人、各得其所"的谚语，萨维尼认为该法谚是康德意义上的"道德律令"。秩序是人得以便利生存的基本条件，是重要的社会规则确定原则。虽然秩序不等于正义，但秩序的存在或多或少地符合正义的价值。因为在一种确定的秩序之下，必定有确定的规则，而规则的遵循则体现着生活的便利和冲突的减少。但是秩序本身也可能会成为非正义的事物。

老子说："道法自然。"秩序不仅仅存在于人与人之间的社会，而且也存在自然界、存在于人与自然之间。作为德国古典哲学集大成者的黑格尔哲学，就是沿着"逻辑学—应用逻辑学"而展开，应用逻辑学则是从"自然哲学—精神哲学"而展开。它们遵循着同样的逻辑——辩证法，即否定之否定。人与自然的关系同样体现为一种秩序。人和自然的关系，也体现为一种辩证的逻辑。"人和环境之间存在什么关系"将是环境法的立足点之一。人与环境是辩证统一关系，人产生于环境，环境对人具有决定性，人对环境具有影响性，环境与人在辩证的"否定之否定"中不断发展。

1. 环境对人的决定性

环境与人的关系首先表现在环境对人的决定性，而不是人对环境的影响性。人须臾也不可能离开环境，但环境可以独立于人而存在。环境不仅先于人而存在，而且即使人类灭绝，环境依然继续存在。因此，人与环境的相互关系，首先是环境对人的决定性。

环境对人的制约作用主要有三个方面。（1）人产生于环境，是环境的一部分。（2）环境为人的生存和发展提供空间、资源和美的享受。因此，环境提供生态服务功能，可以分析为四个方面的价值。第一，环境为人提供生存所必需的空间。人生存在地球上，需有容身之地，需要占据一定的空间——该空间不仅指土地表面的一定平面面积，而是一个立体空间。该空间伴随着人的活动而移动。该空间在民法上表现为住宅。在环境法上表现为占据一定的物理空间，而无论该空间的大小以及是否排他地属于该自然人。地球所能提供的生存空间是有限的，因为地球的地表面积是固定的，土壤、水、大气等生存资源也是有限的。人的生存空间受两个因素的影响。一是地表环境。人的生存空间优劣与地表土壤、水、大气的质量成正比。环境污染或者破坏会造成人的生存空间减少或质量下降。二是人口。人的生存空间与人口数量和分布密度成反比。人口数量越多，人口密度越大，可能会带来人的生存空间被挤压。环境为人提供生存空间，以前很多人对此功能没有过多关注。而空间恰恰是人生存的前提。这也决定了环境法与人口控制法、国土整治法等的密切关系。第二，环境为人提供生存所必需的物质资料。人需要水、空气等生存资源，环境提供的这些生存资源，一般都是免费的。因此，获取清洁的水、呼吸洁净的空气，是人的生存权，是基本人权之一。第三，环境为人的发展提供必需的物质资料。人不仅要生存，还要生存得好，这就是发展问题。环境为人的发展提供动植物、矿产资源等物质资料。这些发展资料虽然是环境无偿提供的，但个人获取往往是需要付费的。因为上述发展资料往往被政府垄断或者私人所有（土地所有权人）。第四，环境为人提供精神愉悦的材料。前三个方面表达环境的经济价值。人的本质并非肉体的存在，而是精神的存在①。人类从环境中得到美的享受，为人的思考提供自然素材等，因此环境不仅具有经济价值，还具有美学价值、伦理价值、教育价值等。

（3）环境容纳和消解人在生存和发展中产生的废弃物质和能量。人不仅从环境获得有用的空间、资源和美的享受，而且环境还容纳和消解人在生存和发展中产生的废弃物质和能量。人类从环境获取生存和发展的物质资料，经过利用后必然产生残余的废弃物质或者能量。这些物质或者能量并不能储存于人体，而是弃之于环境，环境以其环境容量和自净功能，容纳和消解废弃物质或能量。当然，环境对废弃物质和能量的容量是有限的，环境的自我修复功能发挥是有一定条件的，简言之就是污染物质和能量的排放不能超过环境的自净功能范围，否则环境质量就会下降，进而损害环境本身和生存与环境之中的人、财产、动植物等。

2. 人对环境的影响性

人类对环境具有影响性。如前所述，一方面，人类开发利用生存和发展资源，在此过程中必然会对这些资源的数量、质量产生影响。如化石能源逐渐枯竭、矿山环境恶化、大城市病等。另一方面，人类向环境排污，如果不加节制，超过环境容量或者是超过环境自净能力，就容易导致环境污染和生态破坏。

人类的活动对环境的影响，根据产生的结果不同可分为积极影响和消极影响。积极影响就是尊重环境规律，有节制地开发利用，保护环境乃至提升环境质量，包括：①有节制地开发利用自然资源，维护自然生态平衡；②在环境自净能力范围内排污。消极影响则是违背环境规律，不按环境规律办事，使环境恶化，包括：①无节制地掠夺自然资源；②违反环境规律，超浓度、超总量地向环境排放污染物，导致环境状况恶化。产生这两种不同影响的客观原因在于，人类对环境的影响能力具有历史性、时间性，人类对社会的影响能力随着社会生产力和科学技术及认知水平的提高而提高。而根本原因就在于，人类的行为是否尊重自然规律，是否有节制。

3. 环境与人的关系链条

被影响的环境，再作用于人，如恶劣的环境会导致人体死亡、疾病。而后，人在认识到环境对人的决定和影响性后，保护和改善环境，防治环境污染和环境破坏，从而再次对环境造成影响。因此，环境与人类之间呈现关系链：①环境提供人类生存和发展的空间、资源，人类向环境排污，人是从环境中产生的；②人类对环境的影响伴随着生产力和科技的提高不断增强；③被影响的环境反过来又对人类造成影响；④人类认识到人与环境必须和谐相处，因此采取保护和改善环境的措施。

人与环境是对立统一的，不过特定时期表现有所不同。如在原始社会，更多表现为环境对人的制约作用以及人对环境的服从与畏惧，因为彼时人改造环境的能力有限。近代以来，人对环境的影响能力加大，表现出人对环境的影响性、人的对立明显。现代以来，人类意识到人与环境的关系，努力保护环境，追求人与环境的和谐，较多地体现为统一关系。目前人类社会对世界的主宰建立在错误认识宇宙的基础之上。主要的错误是人类与环境分离了，以及在地球健康恶化的时候人类仍然能繁荣发展。

环境法的产生与发展也可以看作人与环境关系的产物。有学者认为：环境法以实现双重和谐的发展机制为最终目标，和谐必然成为整个环境法的主导精神。环境法体现了人与自然的和谐，而这种和谐就体现为自然与人的相处模式，体现自然秩序。

三、自然法的环境法

（一）自然法与实在法

1. 自然法观念的发展

自然法观念在欧洲文艺复兴之后得以大兴。尤其是在法国启蒙运动中，启蒙思想家伏尔泰、孟德斯鸠、卢梭等都主张自然法或者自然神论。法国大革命时期颁布的《人权和公民权宣言》就是自然法、自然神论的重要成果，其中充满了天赋人权的自然法观念。自然法学所采用的最重要的方法就是价值分析法。实在法是随着实证分析法学派的兴起而被视为法的唯一内涵。

2. 实在法与自然法的概念

自然法的定义众说纷纭。按照考夫曼的见解，自然法包括两种：一是从自然之"非人为性"而生的自然法，在古希腊，这就是"习惯自然法"；另一种是"事物之本质"的自然法，符合"事物本质"的法律就是自然法。无论是哪种意义的自然法，都是相对国家制定或者认可的法律而言的，是基于人类的生活本性而发展出的规则，是符合自然或者本质的规则。

实在法是现行有效的法律，也就是国家或者超国家组织制定或者认可的法律规范。实在法包括国内法、超国家法（如欧盟法）、国际法等。实在法概念的本质乃是具有政权权威性、现实有效性、规范形式性的社会规范。

实在法不等于制定法。认为实在法就是制定法的观点主要流行于大陆法系。在英美法系，制定法之外的判例法也属于实在法。如果实在法对自然法的规范予以规定或者认可，那么该自然法规范不仅属于自然法规范而且也是实在法。但是，即使实在法没有认可或者规定自然法的规范，甚至直接否定自然法规范，也不影响该自然法规范的成立与效力。某些自然法规范具有永恒性，如不得强迫自证其罪。某些自然法规范会随着人类生活的变迁发生改变，但是这种改变必须经过较长时间或者社会发生剧烈变迁。

3. 自然法与实在法的关系

自然法学派、实证分析法学派、新自然法学派对自然法与实在法的关系的认识有很大差异。实证分析法学派不承认自然法，也就无从谈论自然法与实在法的关系。自然法学派认为自然法高于实在法，实在法不能违背自然法。当实在法违背自然法时，实在法是无效的。新自然法学派采取了相对温和的态度，并不绝对地认为自然法高于实在法，而是认为实在法与道德关系密切，应当符合正义的要求。自然法具有解释、评价、填补实在法的功能，如果适用实在法会导致明显的不正义的结果，则应当适用自然法。

自然法与实在法的争论集中体现在"恶法非法"抑或"恶法亦法"问题之上。自然法认为恶法非法，因为恶法虽然具有法的形式，但是违背了自然法，因而不是法，人们不必遵循。实在法则认为恶法亦法，因为善恶的判断并没有统一的标准，实在法只要在制定主体、制定权限、制定程序方面具备合法性，就是有效的，在它被修改或者废止前，人们应当遵守。以富勒、罗尔斯、德沃金等为代表的新自然法学派，不再坚持实在法之上、永恒的自然法，转而认为法律与道德密切联系，认为实在法应当遵守正义法则。

随着人类社会对民主法治的普遍推崇，实在法体现出越来越吻合、吸收自然法的趋势，以自然法否定实在法的情形越来越少，因为这样会动摇法律的权威，进而危及政治和社会的稳定和秩序。法律原则体现了自然法与实在法的融合，是新自然法学派的重要理论成果。

（二）实在法的环境法与自然法的环境法

1. 何谓实在法的环境法与自然法的环境法

所谓实在法的环境法，是指以实在法形式表现的环境法，即国家或者超国家组织制定或者认可的环境法规范。最重要的实在法的环境法是国家制定的环境法规范，如美国《国家环境政策法》《清洁水法》《清洁空气法》《综合环境反应补偿与责任法》等，日本《环境基本法》《土壤污染防治法》《水污染防治法》《循环型社会促进法》等，我国《环境保护法》《水污染防治法》《大气污染防治法》《土壤污染防治法》《水法》等。

所谓自然法的环境法，是指以自然法形式表现的环境法。自然法的环境法以承认自然法为前提，自然法的环境法是以环境法应当怎么样为终极问题的。自然法的环境法应当是人的行为规则，并且是符合人的本性、自然本性、环境本性的，符合正义要求的行为规则。因此，自然法的环境法必然要使用价值分析的方法。

区分实在法的环境法与自然法的环境法有助于解决古代是否有环境法的问题。一般认为，环境法是伴随着近代以来严重的环境问题而出现的，因此环境法是现代的产物。古代没有环境法。事实上，无论是中国还是外国，在古代都曾出现防治环境污染、保护自然资源的法律规范。然而，这些规范仅仅具有"形"的特征，并不具备现代环境法的"神"，即以政府和行为人作为主要规范对象。因此即使在实在法层面，也难称之为现代意义的环境法。但是从自然法的意义上看，人性的相通性使得自然法意义上的环境法具有跨越历史的功能。也就是说，自然法意义的环境法在古代存在，近代以来也存在，而且具有颇多共同性。

2. 自然法的环境法之枚举

（1）可持续发展

可持续发展是指既满足当代人发展需要，又不对后代人满足需要的能力构成危害的发展。可持续发展观是人类社会面对经济社会发展与环境资源等矛盾，在摒弃"零增长""先污染后治理"等道路后提出的发展理念，从当代人与后代人关系的新角度提出的解决思路。可持续发展理念已经得到国际社会的普遍认可，不仅体现在很多国际文件中，而且国内环境法也普遍承认可持续发展理念。如我国 2014 年修订的《环境保护法》第一条就将可持续发展列入其中。

可持续发展应当作为自然法的环境法，其原因有三。第一，可持续发展具有当今人类社会的普遍共识性。第二，它体现了代际正义的正义观，符合正义的基本理念。第三，可持续发展理念已经被众多的国际文件、国际法和国内法所承认和接受。

（2）人与自然和谐共生

所谓人与自然和谐共生，是指要认识到人与自然是生命共同体，人是环境的产物，环境对人具有根本的制约性，人要尊重自然、顺应自然、保护自然。"人与自然和谐共生"的思想在古代就已经有完整表达，它具有超越时间的自然法意义。"人与自然和谐共生"的要求有三。第一，环境对于污染的消纳能力和自净能力有其限度，不能超越该限度排放污染。第二，自然资源是有限的。对不可再生的资源，应当节约使用并积极寻找替代资源。对可再生资源，应当合理开发有效保护，维持其自我繁育能力。对非耗竭性自然资源，应当积极开发使用，提高资源效率。第三，人是生态系统中的一环，生态系统中物物相关，自然生态的退化最终必将影响人类的生存和发展。马克思指出，人应当"合理地调节他们和自然之间的物质变换……在最无愧于和最适合于他们的人类本性的条件下来进行这种物质变换"。总之，对于环境，人类应当持以"节制"的观念，摒弃"杀鸡取卵""竭泽而渔"的做法。

"人与自然和谐共生"作为自然法的环境法，其原因有三。第一，人与自然和谐共生不仅存在于古老文明之中，而且符合现代生态学的理念。第二，人与自然和谐共生符合环境伦理的基本观念。第三，人与自然和谐共生是环境保护的基本理念，也是环境法的基本理念。

（3）原初居民的环境资源权益保护

原初居民的环境资源权益保障，与现代以来社会学、人类学研究对于原初居民群体研究密切关联。原初居民的环境资源权益保护是指对于原本享受环境或者自然资源的原初居民，当国家对环境或者资源施以封存或者对开发利用行为人附加义务时，不得改变之前利用该环境或者自然资源的原初居民继续享有的地位。

第一，主张原初居民环境资源权益保障，主要是适用于国家、政府需要对环境或者资源予以封存，或者对开发利用行为施加管制的情形。

第二，原初居民的环境资源权益保障的内涵是，即使国家对环境或自然资源予以封存，或者对开发利用行为施加管制，原来享受该环境或者资源的人，其继续享受的权利不受到褫夺。如将水资源收归国有，但是自然人为了生存和日常生活而免费取水的权利并不受影响。不得因为国家将水资源收归国有，自然人就不能再为了生存而取水。再如政府将一片山林划归自然保护区或者国家公园予以保护，但是原来就在此片山林为了生存而进行狩猎、采集的牧民、农民继续狩猎、采集的权利不受限制。

第三，原初居民的环境资源权益保障必须具备一定的条件。①原初居民乃是自然人，不包括法人、非法人组织。②必须是原初的自然人，也就是在国家、政府采取封存或者施以管制措施之前就已经享用该环境资源的人，而不是在此之后。③原初居民享用该环境资源主要是以生存为目的，或者以日常生活为目的，而不得以营利为目的。④原初居民的环境资源权益受保护的限度是以原有的享受方式、频度为限，即不得超越其原先享受方式、频度。

（4）生物多样性保护

生物多样性是指生物（包括动物、植物、微生物）及其环境形成的生态复合体以及与此相关的各种生态过程的总和。生物多样性包括生态系统多样性、物种多样性和基因多样性三个层次。生物多样性保护是基于生态平衡，人是生态系统的一环，生态系统物物相关律等提出了自然法则，其内容是：人应当保护生物多样性，人保护生物多样性可以从物种、基因、生态系统三个角度入手。

生物多样性保护是自然生态保护法的自然法依据。正是自然生态保护法使得环境法继承和超越了污染防治法，真正成为立体型的环境法。

环境法的合道德性首先体现为环境法的价值属性。如前所述，法学从根本上是规范学科，价值分析与价值判断是法学的灵魂。环境法合乎正义、平等、人权、秩序等价值，决定了环境法在道德层面具有正当性。道德与法律的关系最终必然具象到自然法与实在法。因此，环境法应当引入自然法的观念。环境法的体系包括自然法的环境法和实在法的环境法。由此，环境法不仅具备形式合法性，也获得了实证的正当性。

第三章 环境法中的人

第一节 人的模式预设

人的问题是社会科学共同关注的问题，对"人"的不同观察视角和对人性的不同预设决定了不同学科的基本理论倾向，故人性假设为基本理论的前提，具有逻辑起点的地位。法律对于人性的假设，既包括对于人的本性的预先判定，也包括对人的行为目的的预设。

一、人的模式存在之惑——人性预设

（一）预设的理论意蕴

预设这一概念，最早是由德国哲学家弗雷格于1982年提出的。对其概念之界定，语言学、逻辑学以及哲学存在较大分歧，并未形成一致观点。由于本书仅在语用意义上使用该概念，故只在语用意义上做相关分析。预设是指"在双方具有共同知识背景下，说话人说出一句话时头脑中预先假定当然存在的命题"。由此概念可以分析出预设具有如下特征：①预设成立的前提是基于同一认知环境，作出预设者应当假定自己所言指的对象必须是接收该话语者能够理解的，只有说话者与接收话语者同时处于同一认知环境，这个预设才成为可能，才不会存在"此山即彼山"的失误；②预设的形成必然经过更深层次逻辑推理，虽然并非人们说出去的每一句话都应当有意义，但人们总是努力避免做无意义的事，这是人的智慧，因此，预设的形成必然经过思维的加工，避免成为话语的捐献；③预设包含了说话者的信念，当作出一个预设时，说话者先假定所预设的事物与人是存在的，并将其作为潜在命题，因此预设带有先验性；④预设赋予命题三值逻辑，预设摆脱了二值逻辑，而是赋予了命题三值逻辑，即真、假、待定。例如，甲告诉乙美国天皇即将访

问欧洲，该命题中预设了美国存在天皇，但实际上并不存在，但其仍然是一个预设。由于预设具有三值逻辑特征，即处于逻辑真伪不明状态，因此，预设的作出需要在同一语境下，经过缜密的逻辑推理和一种意念的确信，才具有较大的语用价值。

在社会科学研究中，基于对社会理论研究与应用的反思，转而诉求于预设的重要性。因为预设给了同一领域研究者和平对话的场域。一个理论的提出，研究者们不再局限于判断对错，而是考究它的合理性，这是预设三值逻辑的价值所在。因此，预设与学术研究具有亲和性。但这并不意味着在学术上的预设没有价值，而是内隐于人对待知识和生命的终极立场。在理论层面已经确定，但实质性问题仍未解决的情境下，需要精确地界定一般性的预设实际上是一个什么东西。在自然科学，如物理、化学或天文学之中的预设，注重强调预设本身的意义，不注重结果，因为一个关乎人类永久福祉的预设，在很大程度上是无法证明的。在法学研究中，由于法律规则与法律制度是先在给定的，法律思想也被认为是妥当的，法理与方法论又是受到学科限制的，故预设有被认为不合时宜之嫌。但是，就学术研究来说，学者仍然需要追问：法律规则与法律制度内是否隐含有某种预设？这种预设是否恰当？社会人文科学中，任何先在性都不能自治地预设其自身的正当性，一切又都要从一些预设的诘问开始。

（二）人性预设

所有的社会科学均与人性有着密不可分的内在关联，都以人性预设为基本理论前提，人性预设在一个理论体系中往往具有逻辑起点的地位。法律是一门实践科学，不管人性预设是否为法学家和实务界所意识到，这种预设是切实存在的。不同的人性假设导向不同的法律理念和制度设置。"法律上的人"（亦称之为"法律人"）就是法学领域中基本人性预设的分析范式。

对于人性的预设，是法律对于人的本性的一种预先判定。思想史上比较有影响的人性预设主要有"经济人""政治人""文化人""道德人""社会人"等。人性是复杂的，不仅仅就是善、恶二分，人性预设对于人性的区分和侧重带来了根本的差异。霍布斯的"人"是一种孤独的、反社会的自然人，因而必须授予国家权力来规制人的反社会性；洛克则以自然性和社会性的统一来看待个人，人们在自然状态中可以和平共处，在政治社会中自然权利也可以保留；而哈耶克将"无知的人"作为其立论的基础，用以对抗国家或社会对公共事务的垄断。这几种理论对于人性的理解各不相同，它们产生于不同的时代，追求不同的价值。不同法律部门的人性假设寄寓着不同法律部门顺应不同的时代背景对于人性的侧重，对人的行为目的的希求，展现不同法律部门的独特价值取向，引导不同法律部门的制度设置。

（三）人的行为目的预设

对于人的行为目的的预设是人性预设的基本出发点，其具有先验性，是对于人性某一方面的取舍和判断。对于一个理性的人而言，其行为必须假定一定的目的和行为效果。比如，亚当·斯密就将"经济人"视为最大限度地追求财富的人，这种人有能力为实现这一目的之诸手段的相对效能作出判断。法国学者罗西瑙在"政治人"的假设中论及，个人的取向选择既是其个人经验及其社会属性的产物，也是占优势地位的现实的产物，无论现实情况如何变化，各种类型公民的取向选择问题总可能会相互交汇于一体，尽管某些客观条件可能对某种平衡的和民主的公民身份有利。

二、人的模式内涵之惑——概念廓清

（一）人的模式概念阐释

何为人的模式？一种观点认为，人文社会科学中的人的模式，是指整个人类、人的群体或个体在社会生活中所呈现出来的总体映像或者图像，是对现实生活中具体的人的形象的抽象，也可以表达为人的理想类型。另一种观点认为，人的模式是指在对人的行为观察、分析的经验基础上，通过人性以及外在环境等方面的假设所确定的人类行为的一般形式。分析上述两种观点可以看出：①人的模式是思维的抽象；②这种抽象以现实中的人为原型；③都是作为学科分析方法而提出的。差别之处有二。其一，前者认为人的模式只是通过对人的类型"素描"而得出的模糊的图像，人的原型可以是个人、人的群体甚至整个人类；后者认为人的模式是通过对个人行为的观察，基于人性基础的分析而得出的，人的原型只包括个人。只有个人才能做出选择和行动，集体本身不能选择、也不能行动，把集体当作进行选择而提出的分析是不符合通行科学准则的。因为在个人视野中，社会总体仅仅被看作个人作出选择和采取行动的结果。其二，前者认为人的模式即人的理想类型；后者将这两个概念区别开来。

通过分析上述学者的观点与分歧，便于这里对人的模式概念之界定。人的模式是对现实社会存在的所需认知场域内的人的原型进行思维描述并类型化的思维模式。如果以观念的形态摹写或描述了原型的某些特征、性质、规律的抽象，就称之为思维模式。首先，这种思维模式仍以现实存在的人为原型，将原型根据一些标准作出分类，便于直观认识与辨别。其次，这里的认知对象不仅包括单个的人，也包括人的集合。因为作为人选择的结果——集体，仍然有进行分析并类型化的价值。最后，人的模式与理想类型是存在区别的。对人的种类概念虽然可以加以观察，但它并不出自观察，它出自哪里呢？出自反思。因此，理想类型是出自对人的模式的反思。

（二）人的模式之外观与内核

1. 人的模式于不同场域中形态各异

在学科场域上，不同的学科会呈现不同的人之形象。较为典型的如经济学上的"经济人"预设；政治学中的"政治人"预设；伦理学上的"道德人"预设；传统法理上的"法律人"预设。而在更为具体的学科上，例如在法学的部门法中，也有关于现代民法上的人的模式预设，"循环经济法上人的模式预设。同时在同一学科场域中对人的预设也存在分歧。例如，民法又有身份法和财产法之分。因此，不同的学科会选择具有解释力的人的模式来解构或建构学科体系。人的模式的竞争与冲突也体现出其理论的局限性，它只是对某类学科中心问题所表现出的现象的一种思维抽象，无法体现或描述整个学科的全貌，这种抽象只有在特定视角下才具有理论解释力。例如，如果将经济学中的"经济人"置换为"道德人"预设，则在市场交易中，交易双方或大部分参与交易者都专门利人，毫不利己，如此，当下的市场秩序就会瞬间解体，经济学整个赖以存在的理论大厦将顷刻崩塌。

当所有的学科都将目光同时投入到人的研究上来时，基于不同的研究视角、内心信念，其对人的模式的描述必将因为学科场域的不同而呈现出差异。尽管人的模式是思维抽象的，但这并不意味着在任何场景下对它的抽象都会得出一致的对人的认识。特别是在每一学科内部研究对象、研究方法、研究目的差异的基础上，得出相同的研究结果更是不可思议的，那将预示着知识的消解和学术的死亡。

2. 人的模式以人的行为为基础

与人有关的研究总是要从对人的行为剖析入手，作为静态人，是没有办法对其进行抽象预设的，只有当人有行动，才会体现出个体的差异，这种差异包含了其行动的一切内外部动因。通过分析其如何行动、为何行动，在认识其行动背后的动机的基础上，抽象出人的模式。而最保守的切入点乃是对人性的分析。人性从根本上决定并解释着人类行为。透过人的行为观察人性，通过将不同行为者的人的类型化来预测同一性格的人在相同环境下的相同行为。因此，人的模式预设的成立有如下几个基本条件。首先，个人本性的统一性。必须承认，每一个人都是有差异的，这取决于其成长环境、受教育程度等。这种差异是后天得来的，通过参与社会的交往而获得的生存的技术，不但塑造了自己，也影响了他人。但对于人先天来说，人的本性是一致的。正如我国传统文化中的"性相近，习相远"的，它实则是对人初始本性统一性的承认。尽管后天存在的差异，但差异正是与统一性相对而言的，没有统一性就不存在差异性。其次，人的自身的开放性和行为类似性。行为的开放性意味着个人并不是与社会隔绝的，其行为的意义在一般人看来是可以理解的，这是与它的身份状态相关的，每一个人都参与社会行动而获得身份认同。而行为的类似性一方面源于人的本性，另一方面源于生活内容的类似性。比如在文明社会中，我们必须假设其他人都是像自己一样友善的，至少不会故意地伤害，如此才会有日常的生活行动，才能够舒展人的本性。

（三）人的模式预设与理想类型辨析

"理想类型"是马克斯·韦伯在人文社会科学方法论上的巨大贡献。基于对学问的精确性研究，为了避免一个概念具有数个互相矛盾的意义，实现理论研究的严密与严谨，韦伯寻找出了这个重要的途径。所谓理想类型并非对现实性的还原性描述，而是以理性的选择，将一些特定的反映社会本质属性而非一般属性的现象加以集中构造，源于人对研究对象的主观选择。理想类型研究的是社会生活的主观因素，也就是无法通过实证社会学理论或被该理论所忽视的那些独特而又需要重现的文化因素。理想类型具有如下特征：①它是一个乌托邦。这体现在与客观实在的比照上。②它是对特定现象进行的构造。韦伯认为，在已经存在的那些"规律性"现象中，认识路径和意义都已经被给定，而那些不太重要的特殊现象常常会被忽略或因循给定的路径给予解释，这样为概念的混淆埋下了伏笔。因此，为了准确地认识一个概念，将此概念区别于彼概念（一个一般性概念），选取一些碎片化的观念或片面强调一些观念，将它们具有关联性的地方通过一个内在无矛盾的观念图式安排在一起，呈现出一个虚构的概念类型，并与现实中的概念的理解思想进行对比，实现区别呈现。③理想类型的构造具有主观性。每一个学者都会从不同的视角依据不同的方法选取不同的观念来构建具有解释力的理想类型，每一种理想类型又都存在于无数变动而又个性迥异的头脑中。

1. 人的模式预设的价值判断与理想类型的价值无涉

模式预设是对已存的客观实在通过有意识的描述给予自己的价值判断，形成某种确信的观念，可以验证实在。当我们预设一个模式的时候，我们应当有独立的价值判断，并不是因为模式本身需要承载价值，而仅仅作为观念的抽象，需要进入实践中验证，作出取舍，哪些是可欲的，哪些是不可欲的，必然涉及价值判断。作为理想类型，尽管也是理论之抽象，但韦伯认为理想类型只负责产生观念，不负责判断。作为从实在中得到验证的模式，也是可以通过对一些概念的再抽象和提高而成为理想类型的组成部分。这也就意味着，在理想类型中的价值无涉只是一种努力与可能。

2. 人的模式预设与理想类型间的选择

研究方法的选择在一定程度上决定了研究理论的价值，因此，在选择方法上如何谨慎都是不过分的。由于人的模式预设需要回到具体的应用领域进行验证，在一定程度上具有实证研究的意义。而理想类型只是典型化的观念，研究者只负责建构，无须经过实践验证。因此，当我们以实践之目的需要了解研究对象中对人做何想象的时候，无法采用理想类型作概念区分并进行实证检验，必得诉求于人的模式预设；当人的模式预设得到验证或基于对人的模式反思的基础上，重新进行理论建构，或者建构另一种关于人的形象之时，为了区别概念和赋予学术反思独特的意义，采用理想类型的方法。但是这两种类型化方法本质上并不是截然分开的，有时候会在同一个研究领域中交替使用，以求达至最详尽的研究结论。

第二节　环境法中人的模式预设

建构一个合理的"人的模式"实质上是创造了一种分析和预测人的行为的有力工具。因此环境法中"人的模式"便成为其理论架构和制度设计中不可或缺的基本预设。法的时代性呈现与人性的时代性演变是一个相互作用的过程，因为法律的价值是为了满足并规范人性，而人性的变化也从根本上催动着法律价值的调整。环境法中人的模式预设往往决定着其基本理论的基本倾向，制约着其基本理论的性质品格。

一、法律中人的模式

（一）从现实中的人到法律中的人

欲剖析法律中人的模式，必须准确解读现实中的人。而每一个现实中的人，都是独一无二的，他们有不同的性别、年龄、身高、性格、爱好，不同的喜怒哀乐，不同的理性程度。没有两个完全相同的人。法律不可能去研究每一个人，但法律的内在普遍性却要求其必须提供的统一的行为规则，将人的行为及后果整齐划一地规定下来。因此，法律必然会从现实生活中寻找和发现不同类型的人的行为动机和手段的共性，并结合社会道德和习惯对人潜在的类型进行塑造，将共性的行为方式抽象出来，通过权利义务的分配，将所有人都纳入法律的规制路径下，完成从现实中的人到法律中的人的脸谱转化。因此，法律以经验的人为基本单位和参照物，通过对人性的判断抽象出人的模式，通过权利义务赋予其法律人格，即为法律中的人。

简单来说，法律中的人是一种依存于法律（否则难以维持社会秩序）、参与法律（包括法律的制定、执行及进行其他法律活动）及受制于法律的人。人存在于社会之中，更存在于法律之中，受到无所不在的"法律之网"的浸染，人的生活很大程度上都是法律所规定的。所以，现实中人们的行为必然受制于法律或者不可能游离于法律世界之外，正是这样复杂的法律生活促使我们拟制抽象出法律的世界。但是这种抽象并非来自想象，而是来自经验世界与理论世界间的碰撞和启发。法律中的人的抽象形态也并不是一成不变的，而随着时间空间的不同显现出不同的样态。拉德布鲁赫在《法律上的人》

一文中就论述了法律中的人从古代法上到近代法上的人之形象的变迁历程。法律上的人不仅存在着纵向变迁，也存在着横向扩张。比如最为典型的法律拟制人是法人。法人最初形态是人的联合或团体，但不是所有的团体都能成为法人，只是被承认具有权利能力的那一部分团体，才可以称为法人。所以，正是基于法律主体资格的获得，法律上的人才成为可能。

同时，法律中的人也不仅仅是作为静态的概念符号存于法律上的，而是通过行为宣示自身的存在。人只有在某种特定的行为或不行为方面才从属法律秩序；至少所有其他的行为或不行为方面，他与法律秩序就毫无关系。而法律人格也正是通过人的独立行为产生意义的。因此，法律上的人不同于生物学意义上的人的特质在于，凡法律上的人必为行为自主的人，行为自主的可能性空间，则构成了人的人格的内容。而法律上的人的行为，则源于对人性的判断，直接关系到法律中人的模式预设。

因此，从现实中的人到法律中的人，人完成了身份角色的转变，是一个在身份上的华丽变身，抛去了经验感觉上的喜怒哀乐，获得了权利义务的加冕，从有生命肉体的人，变成了模糊抽象的模式人，成为自然世界和法律世界中有尊严的存在。

（二）法律中人的模式预设

法律上的人的形成是人之模式预设的前提条件。首先法律中的人已经隐含了对人性的判断，对人的行为的预测和后果的规定无不打上了人性的烙印。既然人都是存在于法律场域上的人，被规定了的法律人，所能体现其人格者只有行为，那么，不同人的行为如何形成抽象的人的模式呢？对同一法律规定而言，并不是所有人都以同种方式做出相同的行为。对于法律中的个人来说，其行为缺乏稳定性。由于人类行为的常态与固定性是法律人模式建构的基本条件，如果人的行为都是不可预计的，法律人模式的预设就成了镜花水月。但是，单个人行为的不稳定性，并不意味着众多人或作为类的人的行为都不可预测。法律制度的设计与法规的设计都来源于立法者对现实中的人的行为及行为动机的想象和预设。这种预设是通过抽象出人身上最突出的带有共性的东西对人进行预设，而这种共性的东西就是人性。

二、环境法中人的模式预设的方法路径

随着人从生活场域进入法律场域，完成身份转变，成为法律上的人，现有的环境法将如何对人进行全面认识及通过何种方法来预设人的模式呢？

方法是指主体在认识作为客体的客观世界和事物，揭示其本质并阐述其一般规律的实践活动中，所遵循的一套原则、程序和技巧，或者可以简单地认为，方法就是在已知结果的前提下，找到原因的方式和过程。不同的学科有不同的研究方法，自然科学与社会科学所遵循的研究方法必然是有差异的。因为任何一门科学的发展，都或多或少与其研究方法的正确性存在关联。方法和方法论也存在差异。如果将方法看作解决问题的手段的话，方法论就是关于这种手段的理论说明与概括。所以方法论是一个学科形成系统的研究方法。虽然法学能否称为科学一直受到质疑，但不能否认法学有其独特的研究方法和方法论。

环境法学研究大致只存在方法，而并没有形成方法论。这主要源于环境法从一开始都是问题解决性的法，以解决严重的环境问题为导向的，其手段必然是技术性的，大多来源于环境科学和其他法律学科，缺少原生的理论的供给与滋养，无法形成系统的理论体系。当环境立法越来越多，而环境问题也日益严重之时，终于促使了环境法学者的反省，并逐渐意识到其与作为研究环境法发展规律和为立法提供指导的环境法学，理论研究滞后有重要关联。于是，这也迫使环境法学者将研究领域转向方法论层面。

环境法中整体主义方法具体表现在对环境问题的看待和治理模式上。环境问题最初以法律形式规定下来，并没有得到政府和民众的足够重视，在经济发展的浪潮中，对环境的诉求也并不突出。此时的环境治理模式主要是政府主导下的对各种环境问题的统一治理。这种污染在先、治理在后的模式无法使环境问题得到遏制，于是出现了政府对多个对环境有影响的主体分别进行法律规定。于是在法律规定中对人的模式预设上，也充分考虑了各个主体的行为动机和方式。但是在具体的行为模式预设上，并不是从个人出发考虑整个主体的行动，而是从各个整体（主体）的行动可能性出发来规定个体，甚至将每一个具体的个体都忽略在环境主体之中了。环境法上将最重要的三方主体设定为"政府、企业和公众"。其中，政府属于监管主体企业属于主要受监管和规制的主体，公众则属于环境立法、执法的参与主体。而人的模式预设正是通过将政府、企业存在于社会中的人以整体的视角看待，从而得出其在环境法中的模式图像。

三、环境法中人的模式预设

（一）政府的"道德人"预设

"道德人"预设是应用经济学中对政府行为的解释，强调政府对市场经济的适度干预，政府不再是守夜人角色，而成为具有理性和利他行动的"道德人"。"道德人"理论认为政府的活动就是向社会提供公共物品，增进社会福利，因而政府官员都是公正道义的"道德人"，他们的动机和行为与社会公共利益必然是一致的，政府行为目标就是社会福利函数的最大化。从上述定义不难看出，对道德人的认定仍然是基于对组成政府机构中个体的人性的预设，但是在行为上，都是以政府作为主体来承担责任，个人的意识被统一在政府或其部门的意志之中。这种预设自然延伸到作为政府组织的整体。"道德人"特点为：表现出毫不利己、专门利人的道德品质；个人利益服从社会公共利益；"道德人"理性要求其重义务、重自律。

而在环境法上，作为环境法调整对象和环境监管主体的政府，同样也是以"道德人"的形象预设出现的。政府作为环境法律主体一直是主导着环境问题走向的。从环境问题最初作为政治问题到环境问题解决方式的法律化，政府是最有力的行动者。政府对环境问题的治理观念也从以保障经济发展为主、先污染后治理模式到如今的环境问题优先、预防为主模式。应当肯定，这种观念转变以及在观念指导下的行为中隐含了政府的德性。

环境是公共物品，或者说具有公共物品属性，需要由政府进行管理和保护。在法律制度设计上，预设了政府的整体的道德性。政府在行使职权的时候没有自己的利益，个人利益或部门利益应当服从社会公共利益。在传统观念中，政府垄断公共事务的管理活动，政府的权力触角延伸到包括私人领域在内的一切领域。这种政府家长式的干预在一定程度上保证了政府的权威，但同时也造成了公众对政府的依赖。于是人们总希望政府越善良、越人道越好；总希望政府稳固，达到人类一切设施一般可能达到的稳固程度；总希望政府存在下去，只要它的存在能够保证人民得到公正、安全和自由，只要它的存在不让任何个人利益凌驾于社会利益之上，以创造公共幸福为目的。政府被预设为道德的实体，不考虑自己的利益，而以公共利益和其成员的利益为存在理由。因此，"在人们的观念中，公共利益不仅拥有法律上的合法性，也同时具有道德上的正当性"而在环境保护领域，政府制定环境政策、环境法律以及行使环境管理权都是以公共利益为导向的。这种"道德人"预设集中体现在法律文本中。

（二）企业的"经济人"预设

"经济人"预设是经济学上最为典型、最为成功的人的模式预设，亚当·斯密系统自提出后，不断被经济学家修正和发展，也不断地被其他学科借鉴，用以解释人的行动问题。关于何为"经济人"，学界并未有定论。有学者对自古典经济学、新古典经济学以来"经济人"的发展变化进行了梳理，将"经济人"内涵归纳为三个命题：①自利，即追求自身利益是驱策人的行为的根本动机；②理性行动，它能根据市场情况、自身处境和自身利益所在作出判断，使所追求的利益尽可能最大化；③"经济人"追求自身利益最大化的行动会无意识地、卓有成效地增进社会的公共利益。这三个命题也是经济人特征最一般的表述。首先，"经济人"是自利的，这里包含着基本的人性假设，即人都有利己心，都会首先考虑自己的利益。其次，"经济人"的行为方式是理性的。其理性突出体现为在行动中追求利益的最大化。最后，"经济人"理性行动的结果，会无意识地增进公共利益。由于"经济人"假设本身是一种理论上的抽象，正是这种抽象使它产生了对市场经济下人的行为模式的较强的解释力。"经济人"作为社会中普遍存在的现象，因为人类对社会福利最大化的追求和偏好，使其超越了单纯的经济领域而成为广泛应用的一种思维方式和行为模式的概括。

企业作为公众和政府的最主要监督管理对象，应当在环境法中对其行为动机和方式进行全面的预设。通过梳理当下环境法中对企业的具体性规定中的行为方式预设，不难发现环境法中企业仍然是以"经济人"模式出现的。

（三）个人的"社会人"预设

环境法是以环境问题为导向，以环境伦理为归宿的法律。环境问题的产生在很大程度上是由于人们价值观的扭曲，因为正是人们对环境的看法指导了其针对环境的行动。人类认为自己是万物的主人，可以随心所欲地安排整个世界。这种人类中心主义的价值观导致了人与自然的根本对立。环境法虽然对人类中心主义进行了若干反思，但其并没有从根本上摆脱这种价值观的影响。例如，作为环境法基本理念之一的可持续发展仍是人类中心主义价值观的体现。人类不走下自封的神坛，就无法正视自然的独立价值，也就不存在人与自然的关系。因此，环境法上的人仍然只是处于社会关系中的人。

"社会人"模式预设，更多是将人归入社会关系中的研究，认为人是社会的存在，存在于与他者的交往关系中。由于社会在时间和空间上都无限地超越于个人，所以人只有在社会中存在才是真实的，从观念上说，人未在任何一个时空点上存在过。法律也是在社会中对人进行观察，离开了社会，法律将是不可理解的。所以法律是关于人的规则，更是关于社会的规则。人的一切活动都可以在社会的进程中得到解释。从个人的存在到个人的发展都打上了社会的烙印，人的独立自主意识被这种社会性湮没。在个人行动上，"社会人"预设个人的利益应该服从社会利益、公共利益。在人的本性上，人的社会性高于人的自然性，无论何时都应当注意到个人是属于社会的。但是人的本质并非只有社会性，更不是将社会视为可以脱离个人而存在的意义中心或者个人相对于社会并无价值而言，而是认为，人的本性是自然性与社会性的对立统一。所以，正如人无法否认自然性一样，人也无法否认社会性，但应当以社会性为主。

环境法中"社会人"预设，首先，体现在对环境法调整人与自然的关系的怀疑上。学界主流观点仍认为，人与自然的关系问题，实质上就是人与自然关系背后人与人的关系问题，这是因为，离开了社会，既不会有人的生成，也不会有人化自然的生成，更不会有人与自然的关系。将人与自然的关系同化为人与人的关系，来回避自然作为主体的不适格问题。其次，环境法遵循传统法理将人规定在社会关系上。体现在权利义务关系中，则是注重个人的义务，忽视个人的权利；注重个人普遍的社会性，无视人的个性；只见关系，不见人。例如，在环境法法律文本中预设了人的保护环境的义务，但并未赋予个人相应的环境权。在法律上，权利与义务是相对应的，权利使人成为独立的人，只有作为独立的人，才能够承担义务。法律上对个人的考虑似乎遵循着这样一种逻辑，即个人是存在于社会的，社会环境质量的提高必然带来个人对环境审美、环境清洁等需求的满足。如果承认这一点，就意味着承认每一个人都是同质的、对环境的需求都是整齐划一的，人的个性湮没于社会的共性之中，而这恰恰是"社会人"的极端体现。最后，由环境法的性质而体现出来。环境法是不同于公法和私法的第三法域，其属于社会法性质，以实现社会公共利益为目标，对私人过度追求经济利益进行防范。由此而产生个人利益与公共利益的对立。虽然社会法调整的人并不必然成为"社会人"，但在对个人利益服从公共利益上的要求是一致的。

第三节　环境法中人的模式之困境与反思

从"道德人"到"经济人"，再到"社会人"，即为人类不断对自我社会实践领域和心灵生态进行建构，此过程是人类生命价值与伦理形态的优化过程。对环境法上人的模式进行反思，重塑其人格模式假设，以期完备其人性基础、符合其时代需求。

一、环境法中人的模式之困境

（一）整体主义视角下的人的模式难以预设个体行为

从上述"人的模式预设"来看，大体坚持整体主义方法，以政府、企业、公众三方主体作为预设对象，着重分析三者如何行为，而没有具体考虑到三方主体下的个人如何行为。究其原因，一方面在于整体主义方法认为个体在整体中无关紧要，抑或整体的目标涵盖了个体的目标，个体不需要单独考虑，两者是不存在冲突的；另一方面在于个体必须从属于整体，个体不具有独立性，是整体的一部分，因此从整体出发，对整体的行为预设，自然包含了对个体的行为的规定。

在利益的考量上，整体主义承认有一种超越个人需要或个人利益的社会利益，并导致个人利益、社会利益以及公共利益的对立。在这三种利益的衡量上，主张公共利益优先，个人利益服从社会公共利益，个人利益并不在利益梯度考量的范围之内。由此带来的后果是，整体主义视角下对人的行为动机和方式的预设无法完全涵盖其组成部分的个体。而人的模式是从每一个个体组成的行为规则中抽象出来的，没有个体的支撑，人的模式预设就会出现形象失真。这反映在具体的环境法律中，则表现为现有的环境法中对政府、企业、公众等主体的行为预设，无法包含组成这三方主体的每一个个体，使得现有的法律对个体的行为预设的缺失，导致环境法无法对每一个具体的人形成全面的行为预测。

（二）"道德人"陷于公益与私益之两难

"道德人"预设了政府是以维护和保障公共利益为存在目的的。但是在政府的行动过程中，并非只有公共利益存在，而是出现了公共利益和私人利益（政府部门利益）的冲突，在这冲突与取舍之间，政府的"道德人"预设便陷于两难困境。首先，政府由多个个体组成，每一个人都不可能是大公无私的。现代法理有四个基本的哲学预设，即人是具有尊严的；人是理性的；人存在的独特性；人是自利的。基于人的理性和自利，每一个人都会一直处在利益抉择的尴尬境地中，个人并不会因为自己是政府中的一员而改变这种本性，甚至处在更为激烈的利益抉择矛盾中。因此，在考虑作为整体的政府时，必然先要考虑作为其组成部分的个人。其次，政府由多个职能部门组成，在环境法律制度、法规的制定中，各个部门必然首先要求表达自身利益，在部门之间进行利益博弈和分配，并不是每一个职能部门都先考虑环境利益或公共利益。因此，很难确信对自身利益如此热衷的部门能够先考虑公共利益。最后，政府或其组成部门及组成成员容易存在利益合谋和被利益俘获。当认为政府的目的是保障公共利益之时，必然假设了政府还会追求其他利益，因为不存在利益的竞争，无法看到政府在利益抉择中的最终选择，则无法体现出其道德性。

（三）"经济人"加速了人与自然的对立和分离

"经济人"无疑是迄今为止对市场经济条件下人的行为预设最为成功的模式之一，对市场经济的制度建设和现象解释提供了较强的解释力。其他学科大都接受了用"经济人"模式来分析个人行为的这一普遍思路。在环境法中，尽管对企业的"经济人"预设认识到了企业的自利、有限理性和利益最大化等关键特征，但是没有考虑到隐藏在这些预设之后的前提条件，那就是环境资源的有限性。"经济人"预设根本没有考虑到现有资源的有限性，而是以资源的无限索取为基础的，每一个人都追逐自己的利益，使个人利益的充分实现成为经济社会发展的动力。但是个人利益的实现是以自然资源的消耗为代价的，而有限理性的特质注定了企业无法或很难认识到自身逐利过程中对生态环境所造成的损害。因此，从根本上来说，"经济人"的成功是建立在对自然资源的无限掠夺的基础上的，其加速了人与自然对立和分离。

环境保护法是对环境资源加以保护的法律，而对企业"经济人"的预设则没有考虑到自然资源的禀赋，忽视人与自然的关系，必然会使法律的实施陷入困境。例如，尽管我国对企业的排污作出了较为严格的规定，但是没有就企业对资源的利用限额作出限制。

（四）人的社会性与自然性无法在"社会人"统一

环境法不仅仅是为了解决环境问题，其根本目的在于保护社会中的每一个个体的健全发展，是解决关于人的问题。人的健全发展也并不总是与社会的发展进程同步，因为社会前进有一种巨大的惯性，处于社会中的个人总是会被这种惯性抛出或禁锢与社会发展的轨道，出现了个人与社会的差异性发展。"社会人"的模式预设在一定程度上能够有效解释个人与社会发展的关系，但是在环境法中还应当考虑到处于社会关系之外的个人，即在考虑人的社会性的同时，也应当考虑到人的自然性。

人的自然性是人与生俱来的，并不因为成了社会中的人、具有了社会的某种角色，就消失殆尽。人需要从自然中获取最原始的生产生活资料，就避免不了对自然的依赖；人需要更好地生存，也就避免不了对自身自然本性的释放。人的社会性与自然性构成了健全的人的形象，但是"社会人"预设则过度地依赖人的社会性而忽视人的自然性，必然会使处于社会中的人产生某种人格的扭曲，选择性地忽视自然本性，将自己塑造成为一个如浮萍般的流浪者。

二、对人的模式预设之反思

（一）对政府作为"道德人"预设的反思

首先，政府的德性并不等同于人的道德性。将政府抽象为一个行动中的法律的主体，是符合传统法理逻辑的，是法律人格泛化的结果。这种人格泛化来源于法律的拟制，是为了法律上的某种需要而存在的。作为拟制的主体，在一定程度上并没有主体的全部人格，是不健全的主体。政府的"道德人"预设实质上是预设了政府是有德性的，这种德性体现在其行动中及法律文本中则是积极履行环境管理与治理义务，为环境管理对象和公众服务而不求回报。但这种义务并不是来源于它道德的自觉，而是来源于法律对其权力的限制。环境保护法作为环保领域的基本法，根源上是一部限制政府权力的法律。权力的毒性可以让一个道德的人沦落，而对权力的限制似乎是保持道德性的重要途径。因此，一个良好的政府应该尽职尽责地保护其民众免受环境问题的侵害，这是人们对政府最低限度的德性要求。因此，这种德性并不是内在于作为法律主体的政府的，而是可以与其分离的。那么它存在于哪里？存在于组成政府人员之上，但个体的道德性无法强加于政府。作为不健全的主体，是无法承载道德的意义的。只有个体的道德才是真实的，由个体组成的整体的道德，只能是一种观念形态。

其次，作为"道德人"的政府更多地依赖他律，而非自律。尽管"道德人"的行为更多是自律的，但是，对于政府来说，其本身是一个需要他律的主体。当道德性与权力集中于一个主体的时候，对权力的规范与制约应当成为必要，此时的"道德人"的自律应当让位于法律规则的强制性规定，只是在法律规定的范围内还存在部分自律的空间。

（二）企业作为"经济人"预设之反思

首先，从环境法将企业作为重点的监管对象可以看出，法律对作为"经济人"的企业的防范甚深。造成企业与其他主体在法律上对立的原因正是企业的"经济人"属性的体现。企业的自利性促使其不断追求经济利益，但是如果企业的经济利益没有损害到他人的利益，则完全可以交由市场自主调节。由于企业的有限理性，在相关信息不对称情形下作出的选择超出市场调节的范围，则进入法律规制的领域。具体表现为在生产过程中将环境污染的负担转嫁给政府和公众，使不特定主体承担了这种外部不经济却没有得到相应的补偿，势必呈现出法律上的不公平状态。从这个意义上说，对作为企业的"经济人"进行法律规制有相当的合理性。也应该看到，对人性的预设的目的是为了通过人性判断人的行为，对人进行法律规制，实现法律的调整功能。环境法上预设了企业的经济人属性是为了通过对企业行为的控制实现环境保护的目的，同时又不会抑制其追逐利益的本性，即避免将经济发展与环境保护对立。故此，环境法对"经济人"的本性不能采取过激的态度，这表现在法律上则是环境法应当用更多的经济惩罚手段来调整企业的行为，而不是行政或刑事的手段。

其次，由于企业不等于法人，并不是所有的企业都是独立的"人"，独立承担责任。环境法上之所以将一方主体表述为企业而不是法人，正是基于对非法人的组织比法人组织更难以管理，其对环境的危害程度更大的考虑。但是"经济人"是理性的，这种理性突出表现在进行排污活动中对支出收益成本的考虑，也就意味着它将因污染环境所受到的惩罚和所获得的收益进行权衡，追求利益最大化。而企业由于没有独自承担责任的能力，抗风险能力较差，它主要考虑的是机会成本。只要排污没有发现就意味着外部性成本成功转移。所以企业是一个更加自利的人的联合体。

最后，企业也并不总是人的联合体，其中也有个人企业和其他的由个人形成的经济实体。这类企业的行动本质上还归于个人的行动。作为个人的"社会人"也存在个人利益，如果说个人利益一旦以企业的形态表现出来就具有"经济人"的属性，这明显是荒谬的。

第四节 环境法中人的再认识

环境法中人的研究必须在反思"主体人"思维模式的基础上主张一种同时承认各种承载主体的主体性和能动性的"生态人"理念。只有作为其承载主体的政府、企业和社会团体以及自然人的法律地位被确认，这些承载主体之间的利益调和和精神互动才能实现。

一、环境法中的人的存在场域

（一）作为环境法目的中的人

环境法的目的是指立法者在制定一系列法律制度与规范时所想要达到的社会效果。因此，目的是一个主观概念，可以存在于每一个人脑海中，或者说每个人都可能对环境法的效果有所希冀。目的总是关联着价值，或者说是价值指引着目的的选择。但是当有多重价值存在的时候，必然会存在序位上的竞争，人们往往会选择最可欲的价值作为理想中的立法目的。例如环境污染与破坏直接损害人的身体健康，有学者强调应该以保障人体健康为环境法的目的；基于对自然环境被破坏的忧虑与人类生存状况恶化的检视，有人主张环境法目的是优先保护环境；基于对整个生态系统的伦理关怀，有学者主张环境法目的应该是保护整个生态系统的整体性价值。而对于那些处于次要位阶的价值，人们也会进行抉择，要么舍弃，专注解决自身最关切的需求；要么承认其他次要价值，将其作为主要目的的衍生目的或间接目的。

价值可以是多元的，目的也必然不止一个，故此环境法的立法目的必然是一个调和众多目的理念的多元目的。当然，多元目的也一直遭受到很大的质疑，反对者主要认为作为应对环境问题而产生的环境法不应该背负过多的发展经济的负担。但是制定良好且运行良好的法律，必然是人性化的，让多数人感觉到自身需求得到尊重的法律。因为法律是需要被认可和被执行的。得不到全体民众广泛而实际认可的法律从来没有成功过或持久过，原因很简单，人类普遍的经验已经证明，不为相当一部分人接受的法律永远也得不到执行。由此可见，环境法的目的必然是符合全体民众或至少是相当一部分人对法律价值的期许。

（二）作为环境法调整对象中的人

法律的调整对象是法学研究的基本问题，每一个部门法在研究法律的调整对象时，必然要在继承传统法理研究格式基础上找出其较传统法学或其他部门法学的特别或新颖之处，以此立论，来建构部门法学研究体系。由于法学是人学，所有的法律都是关于人的法律，构成现代法律体系的制度与理念都是围绕着人而展开的。这是因为人是最能集中反映和概括法的现象的普遍本质和联系的法学范畴，它在现代法学的范畴体系中具有原生的地位，而所有其他范畴相对于人这一原生的范畴而言，都只有派生的意义，它们只有在与人这一最高范畴相联系并以其为前提时，才可能在现代法学体系的建构中取得相对独立的意义。故此，人应当作为法学研究的逻辑起点。

故此，权利义务关系作为法律所调整的社会关系的本质内容，实则是人与人的关系。而所谓社会关系只不过是人与人之间的行为互动或交互行为，没有人们之间交互行为就没有社会关系。法律通过影响人们的行为来实现对社会关系的调整。社会关系是法律调整的行为所形成的结果。基于此，考察法律的调整对象应当从人的行为入手。但由于人都是有独立意志的，每个人都潜在地具有为自己的权利顽强抗争而不屈服于他人的品质，因此法律应当对什么样的人如何行动作出预设，或者说要对受到此种法律引导的人将会如何行为作出预测，从而形成的法律规范和制度才有实然效力。而对于作为独立部门法的环境法来说，对于调整对象中人分析更具有理论意义。

环境法学作为一门新兴学科，其理论研究较为薄弱，学科体系并未完全建立，其理论架构很大程度上因循传统部门法学学科格式，其理论制度则是借鉴国际或域外环境法。在这种背景下，讨论环境法的调整对象必然无法摆脱传统法理的陈述范式，同时也必然要通过理论创新来强调作为独立部门法的独立性。因此，对环境法的调整对象是什么的研究存在分歧也就是必然的了。

关于环境法的调整对象，学界尚未形成一致的观点。主流观点认为环境法调整人们在开发利用、保护改善环境过程中形成的社会关系，即环境社会关系。以蔡守秋教授为代表的少数学者认为，环境法不仅调整人与人之间的关系，还调整人与自然的关系，两者共同构成环境社会关系。多数观点可以概括为狭义的环境社会关系论，少数观点可以概括为广义的社会关系论。将人与人的关系与人与自然的关系当作对应而同质的关系问题进行分析，将它们一同纳入社会关系的分析框架是否恰当，首先面临的难题就是如何突破传统法律关系所坚持的法律关系只存在于主体之间的论断。回应这个诘难较有代表性的观点为，环境法调整人同自然的关系与自然是主体或客体无关，并不能根据法律调整人与自然的关系就认为自然已经是法律关系的主体了。主体的称谓只是源于人对自身地位的怀疑，一种精神上的自我陶醉。但是这样的回应显然没有从法理上颠覆传统法学的主客二分模式，仍然无法使人与自然的关系成为独立的关系范畴。也有学者从法律关系的发展角度认为，法律关系的主体并不是一成不变的，在不同的社会形态或同一社会的不同发展阶段，权利主体都曾发生过质的变化。从扩大法律关系主体入手，赋予自然主体地位。但这也不是问题的核心，主要的问题在于自然成为主体之后如何处置。因此，这只是一厢情愿，并不意味着随着主体的扩大，自然就能理所当然地成为主体，这仅仅是一种理论的可能性。更有学者从主体、客体概念本身入手，认为主体、客体概念有着特定的含义，任意改变其含义将会使法学体系陷入逻辑混乱的境地。但概念的内涵和外延并不是一成不变的，通过创新赋予概念更丰富的含义才是概念生命力所在。

既然对人与自然的关系中的"关系"的同质性建构、"自然"的主体性同化都很难取得突破，同时又不能无视人与自然关系存在的客观性，何不将视角投向处在这种关系中的人呢？关系是由人主导的，也是只对人产生意义的。作为社会中的人，也并不是一成不变的。人是追求发展的人，而现实社会总是存在着对人性发展的某种压抑。当人无法将这种压抑向同类倾泻的时候，便会向异质性的自然倾泻，这也就造成了人与自然的对立。环境法正是需要通过调整人的行为使得发展中的人更为健全，从而使整个环境法体系的建构实现尽可能的自治。而作为环境调整对象中的人，无疑承担了这一重要功能。

二、环境法中人的发展路径

（一）人的时间场域扩张从现世的人到未来的人

人作为环境法的目的，同时也作为环境法的调整对象，是环境法的中心概念。虽说环境法价值理念并不是全部关于人的，但最重要的部分是关于人的。因此，关于环境法对人的发展的理念的看待就显得至关重要。

传统法上，法律通过对人的财产和身份的固化，将人规定为只存在于现世的人。一切的法律基础或是确定与保护人的私有财产或是判定人的身份和随身份而产生的权利义务关系。不可否认，传统法在确定人的地位与保障人的尊严上有不可替代的意义，同时也是人类自身从产生自我意识以来所能达到的最高的独立性主体地位。但也正是基于这一点而产生的现世中的人极端地追求自身物质的满足，竭尽所能攫取资源供自身享受，目光狭隘而急功近利的心态与行为，遭到了环境法学的猛烈抨击。其在环境价值与伦理上集中表现为人类中心主义。基于对人类中心主义的反思与修正以及受到来自生态中心主义和深生态中心主义的影响下，可持续发展作为一种观念的折中被提出来。可持续发展的观点对人的现世界限实现了突破。该理论认为：我们不仅需要满足当代人的利益，让当代人在良好的环境下生活，但又不能过分地在资源利用上涸泽而渔，也要保障后代人能够在良好的环境下生活，或至少不让后代人生活得更差，甚至人类还有义务保障人的世代延续，这种义务并非来自法律，而是来自人作为"类"存在的基本使命。这种悲天悯人的情怀并不是仅存在于环境法法学家的臆想，而是作为环境法律规范被大部分国家所接受。

我国环境法虽然没有明确规定对未来的人权利的保护，一方面是源于环境法受传统法理论限制，例如一旦提出对未来人的权利，必须要解决"后代人是谁，他们的利益是什么，如何主张权利"等难题。另一方面是环境法本身理论研究的薄弱，制约了研究的深度与广度。但是问题是随着解决问题的办法而生的，人在时间场域的扩张已经成为环境伦理上的共识，正走在法律化的路上。

（二）人的空间场域扩张——从占有隔绝到生态共享

人是社会中的人，但首先是自然中的人。自然界孕育了生命万物，人自诩为其中最有智慧的存在。随着单个人自主意识提高，人组成自由的联合，以最快速、最便捷地从自然中获取每日的必需品，实现了生活质量的极大丰富。当生活资料出现剩余，则产生了分配。分配必然关联利益，而在利益的争斗中，必然形成部分人对部分人的统治，以保证既得利益者的稳固，同时也给利益弱者保护。当科技革命后，技术大幅度进步，人猛然发现，其实不需要人的联合，单个的人凭借先进的技术手段也能完成对自然资源的开发，获取生活资料。这一发现使得人的欲望犹如洪水猛兽般不可遏制起来。但是为了最大限度地掠夺资源，人又重新组成了人的联合体，以技术为手段，对自然环境资源开始了新一轮的掠夺。随着产权的确定，私有财产受到保护，这种狂妄自大的情绪更是蒙蔽了人的理智，人们选择性地遗忘了与自然的共生性，并促成了人与自然的根本对立。随着人的足迹遍布自然的每一个角落，自然界也成了人化自然界，昔日习惯了统治别人和反抗被统治的人，都一致性选择了将这个昔日的"供养者"变成"附庸者"，实现了人对昔日高高在上的作为"神"膜拜的自然的统治。而这统治的方式就是对自然生态的肆意破坏和污染。

人的空间场域扩张正是建立在人对自然统治的反思上的、一种精神或伦理上的、开放与统治的消解。生活在社会中的人需要一种社会秩序，而这种秩序正是源于通过社会关系将人紧密联系在一起，塑造一致的行动，甚至一致的思想。而传统法律通过财产和人身的量身定做，将人的一切目的都导向获取更多的财产和社会身份认同上，是在塑造社会认同感中走得较远的法律。作为在反思力量下产生的法律，革命的环境法必然要承担着"消解人被异化"这一使命。环境法提出人与人的关系基于社会关系存在，而人与自然的关系则基于人突破无所不在的社会关系网的束缚，让人潜在的自然性向生态性方向延伸。如果承认人的自然性与社会性是在对立统一中此消彼长，存在着不可控的极端，人的生态性则成为平衡和稳固这一极端的重要属性。更为重要的是，环境法倡导自然是人类最宝贵的财产，作为同时存在于社会和自然中的智慧者，人类已经认识到了从占有隔绝走向生态共享才是守护这一份财产的重要途径。

三、人的模式再发现："生态人"生成

（一）"生态人"是对整体主义视角下环境法中人的模式预设之反思

通过一定的方法探讨或者去发现隐藏在法律背后的人是什么样的，必然是要穷尽目光去观察到每一个人是什么样的。法首先应该接受人的真实的样子，并且预计到他的一切特性，但是同时，法又不能到此止步不前，它不能干脆让人的一切本能、直觉和激情放任自流。因此，认识人是什么样的，通过什么样的方法认识人，是环境法理论的任务；将人塑造成什么样的，是立法者的任务，但也要以理论研究成熟为前提。基于对环境上人的模式预设的反思，提出了当下环境法中政府作为"道德人"、企业作为"经济人"、个体的"社会人"模式预设的可取之处与不足，认为环境法上对人的预设必须随着理论认识和人的自身发展而呈现出更合理的样态，即"生态人"模式。人的模式并不是一成不变的这一基本事实已被法学研究者所认同，而有所分歧的只是在于"生态人"的内涵和行为方式，以及能否回应和适应理论和实践之需求。

（二）"生态人"是对环境法上人之发展的回应

环境法的发展必然是其理论基础的发展、制度体系的完善。首先，是理论的深化。环境法的重要理论突破可持续发展理念正是对人之发展需求的洞见。代际公平也就暗合了人之时空发展的应有之义。其次，作为环境法目的的人和作为调整对象的人，则要求环境法的法律制度体系建立在发展了的人之上。因为环境资源法的立法目的决定着整个环境资源法的指导思想、它的调整对象，也决定着环境资源法的适用效能。如果对人的模式预设存在失真或存在内部冲突，则很难根据立法目的建构一套完整而又行之有效的法律制度体系。正如近代民法中的人像是历史地建构起来一样，现代环境法中的人像也将成为一个极端重要的历史课题。这种人像也就是人的模式。最后，环境法对人作出了时间和空间场域的拓展，其产生于对传统法学理论的反思。但仅仅反思是不够的，应当在反思的基础上构建自足自治的理论成果。

（三）"生态人"是对环境保护主体扩张的有效解释

正如"经济人"可以有效解释市场经济下个人的行为一样，"生态人"同样可以对环保主体扩张作出有效解释。应该说，环境保护的思潮是近代才开始逐渐被广泛接受，且最早发端于发达国家。自从环境问题越来越严重，人类的自我反省越来越深刻，环境保护逐渐成为各个国家极力倡导的行动。在国家的号召和个人的忧患意识下，一大批环境保护者和环境保护的公益组织活跃于各国的舞台上，对环境保护的宣传和行动做出了极大的贡献。

在社会日益发展的今天，在满足个人物质需求的基础上，每一个人都必然会产生对良好生活环境的向往。在环境需求方面，具体可以分为四个层次：第一，安全要求，即生活环境对人类的生命不构成直接威胁，对人体健康没有直接危害；第二，卫生要求，即生活质量要达到卫生标准，人们可以放心地饮食、呼吸；第三，舒适性要求，即人们要在这样的环境中生活得比较舒适、愉快；第四，美学要求，这是最高层次的要求，环境本身成为人们享受的对象。基于对这四个层次的不同追求，每一个个体都会努力让周围的环境变得更好，在个人力量不足以对生态环境做出巨大改善的情况下，组成人的联合，即环境公益性组织，集众人之力量对生态环境进行保护。

第五节 "生态人"的基本内涵与环境法表达

"生态人"是一种全新的法律人形象，作为环境法中更高境界的人性假设，是对传统法律人类型的扩充和演进。其超越性不仅体现在法学视域中的生态人格诉求，更体现在生态美育和践行中，并通过环境法予以表达。"生态人"假设对于环境法具有逻辑起点的意义，作为实践理性也可以对环境法规则进行价值判断、引导环境法制度设置和引导人们的行为。

一、"生态人"的基本内涵

（一）"生态人"的内涵界定

"生态人"这一概念来源于生态学、生态伦理学和生态人类学；而其理论源头则始于西方20世纪50年代的"人的社会化"问题研究。概而言之，弗洛伊德以"本我、自我、超我"为关键词的精神分析理论、库利以"镜中我"为主导的自我意识理论、班杜拉立足于观察和学习的社会学习理论以及皮亚杰强调环境因素的认知发展理论，均为"生态人"提供了最初的理论渊源。整体而言，这些理论意在揭示人的社会化实际上是一种可控的过程。在全球性生态运动的推动下，生态学理论渗入科学研究的各领域，进而催生了新的生态世界观、生态价值观和生态人生观。生态文明时代不仅意味着自然生态系统的重构，也意味着人类精神、人格系统的重塑，而且，这二者之间必须是一个互相连接、互相推动的有机体。

这意味着传统的"经济人""道德人""社会人"等人格模式假设必

须被超越。

归根结底，"生态人"的出现既源于人类生存环境的恶化和生态系统的破坏，也源于人的生存意义的迷失。前者在生存层面上为"生态人"的出现提供了合理性；后者从发展层面上为"生态人"的出现提供了合理性。总之，在人类面临的诸多问题之中，最根本的问题在于人类如何认识、解决自身的生存和发展悖论。关于"生态人"的讨论，学界已经有较为系统的理论阐述，而对其概念的准确定义，是需要建立在对诸多理论观点的借鉴和批判之上的。

综合学者们对"生态人"的定义，可以看出几乎所有学者都是从生态哲学角度来定义"生态人"。无论是来自对"道德人"的反思，还是从行为特征来定义，首先都是将"生态人"抽象成为一个哲学上的人，再赋予它相应的学科意义，进行学科同化的可行性论证。而使用的方法路径也大多坚持整体主义方法，将人放在生态系统整体中考虑。郑少华是从个人主义出发，将"生态人"资格延伸到法人。从学者们对"生态人"认识因素来看，"生态人"都具有生态意识，并追求人与自然的和谐；从行为因素来看，是利他的或是利生态的；从存在场域来看，是存在于生态系统中的；从表现形态来看，认为可以以人、法人和人的组合体的形态表现出来。

首先，"生态人"从个人出发，重视自然界的意义。这意味着"生态人"是以个人为单位的，人首先要认识到自身是存在于自然界的，然后才是存在于社会关系中的，社会关系宣示着人存在的意义，而存在于自然的认识为这种意义的思考提供灵感和归宿。以个人为单位意味着不承认组织具有"生态人"的初始资格。因为团体必然是由许多人组成的，必然有存在独立的目的，不能将一个不属于它的目的强加于其上，只要个体考虑到自然存在的意义，团体的目的也不会与此目的相抵触。因为每一个"生态人"的行动都预示着不会对他人的生态利益造成威胁，由每一个"生态人"组成的个体无赋予其生态人格之必要。

其次，将个人看作处在整个生态系统中的一员而不是凌驾其上的，生态系统的价值归于个人但不从属于个人。这是一种整体主义视角。人认识到自身是整个生态系统中的一员，与生态系统中其他的存在互不干扰。但基于生态系统中的资源属性，人不可避免地需要对其资源的开采和利用，此时需要考虑到过度利用是否产生破坏和是否妨碍了他人的利用。

最后，以一种行动或关怀之情的方式关心后代人的生态利益。对后代人利益的关怀是在相同利益中产生的。在利益共同体交流的语言才有被完全理解并产生规则遵守的可能。"生态人"事实上构成了一个利益共同体，以生态系统中的存在为基本单元，以生态利益为其基本利益构成，当然这并不意味着排除其经济利益、社会利益等，而是说，在为生态利益上，"生态人"的行动方式是一致的。

（二）"生态人"的方法论构成

"生态人"理论建构所采用的方法论是个人主义与整体主义方法论的结合。

首先，"生态人"是建立在对其他人的模式的反思基础上的，包括方法论的反思。无论是个人主义方法论还是整体主义方法论都有自身无法克服的局限性，个人主义方法论容易导致个人利益至上，重蹈人类中心主义之覆辙；整体主义方法论容易将个人隐藏于整体当中，忽视个人利益。但也并不是说个人主义和整体主义方法论的结合一定会达至完美的理论结果，但至少能够部分地弥合两种方法论存在的主要缺陷，达至一个不是最差的理想结果。

其次，坚持"生态人"的基本构成是个人，是因为考虑到每一个行动都是由个人做出的，人的联合另有其存在的目的，尽管也有可能是和个人的目的一样，以保护生态系统为联合体的宗旨，但并不能认为其成了一个"生态人"或"生态法人"。从个人出发，在保持个人独立性的基础上，以生态系统整体的利益作为个人的利益目标，则完成了个人主义方法向整体主义的转变。

最后，在坚持人是个体的、个性的存在的基础上，将后代人的生态利益加以考虑，并承认人是"代际"和"种际"的，正是人的代际延续佐证了个体的意义。由此而言，是整体主义方法视角的体现。

（三）"生态人"具有"理想类型"属性

对环境法中的"道德人""经济人""社会人"之模式预设的反思产生了"生态人"潜在的理论的基础，并通过方法论建构才得见"生态人"全貌。因此，"生态人"在一定程度上并不是初始的人的模式，其反思的力量使其具有了韦伯意义上的"理想类型"的属性，比人的模式更加接近典型。首先，"生态人"建构是一种片面的深刻。在理论建构中，只是选取了个人在对生态整体利益上的关注，并没有考虑个人的经济利益和其他合理的需求，这样的取舍是为了使最后呈现的"生态人"图像更加形象。但是这种片面性研究并不是没有意义的，因为在对认知对象形成总体全面的认识之前，必然存在着多个片面化认识，只要这些认识深刻地揭示了研究对象的部分本质，再在这种研究的基础上逐步地进入到整体性分析，才能真正逼近事物发展的真相。其次，"生态人"是对特定现象的理论构造。"生态人"并不是一个普遍带有规律性的概念，而是在特定场域中存在才具有最大意义。这也并不意味着其他学科无法借鉴，只是借鉴之后需要用该学科理论对其进行再阐释。比如在对环境法人的模式研究中就借用了经济学对人的模式的假设。最后，"生态人"的主观建构性使其成为一个行为尺度。

二、"生态人"的环境法表达

（一）"生态人"与环境法律主体

"生态人"从哲学上的模式预设到环境法上的人必须经过环境法的选择，并赋予主体资格。由于对"生态人"预设的基础是一个个有理性的个人，有理性就有自主意识、有承担责任的能力，则理所当然地可以成为环境法的主体。但是，法律主体是存在于法律关系中的，并通过权利义务表现出来，而"生态人"的预设正是对传统法上所坚持的仅存在于社会中的法律关系的僭越，将人从社会关系的枷锁中解放出来，强调人与自然关系的重要性。虽然人与自然的关系并不像人与人关系那样具有对等性和同质性，但这正是对人超越自身的一大挑战，无论是从观念上还是从行动上。因此，生态人与环境法律主体的关系可以从两个方面予以阐释。一方面，坚持传统法律关系话语格式，环境法的主体是每一个"生态人"，作为法律关系内容的权利义务则体现为"生态人"对法律规则的遵守、对自身行为准则的遵守。另一方面，打破社会关系论的藩篱，承认自然的"类主体"地位，尽管自然不是真正的主体，但是"生态人"的内在品质和行为自觉也避免了将其作为与社会相对立产物，也能实现环境法规定的权利与义务。

（二）"生态人"与环境法目的

环境法的立法目的并不是恒定不变的，而是随着社会的发展、人的需求的变化而产生不同。而法律又是要求稳定性，稳定性关联着法的基本价值秩序。所以环境法作为集人对自身健康的关怀、对后代的关怀、对经济发展的期望、对良好环境的期望于一体，不可避免地都会出现在目的清单中，供环境法的主体选择。而传统环境法虽然也坚持多元目的论，但在对人的预设上，并没有准确定位法律中所规定的人或想要规定的人是什么样的人。无论是对政府或企业、个人的模式预设都存在缺陷，这种缺陷并不是完全来源于人类中心主义，而是法律本身。首先，"生态人"模式本身隐含了人的目的，而且这种目的有一定的稳定性，因为它已经内化为人的行动准则。从这一点来说，"生态人"与环境法的目的是不相冲突的。其次，"生态人"也隐含了人的代际延续性，环境法并不是只保护当代人的利益，应当适当考虑后代人，尽管不知道后代人有什么需求，但至少不能让后代人无法拥有当代人同质的需求。最后，"生态人"从个人出发，以保持生态系统的整体性为目的，尽管从自身关切出发对整体地球生态平衡考量，但也与可持续发展理念相契合。故此，作为环境法目的中的人必然会被塑造成"生态人"，或者说，环境法以人为目的，则不如说以"生态人"为目的。

（三）"生态人"与环境法制度体系

任何制度都只是关于人的制度、针对人的制度，离开了人，制度不可能存在。人类社会发展的一大成果就是学会了如何最有效率地管理人，而人也正在适应如何摆脱管理，在管理者与被管理者的交锋中，促使制度越来越合理化。制度主要在于调节和安排人的行为……规则构成了制度的实质内容。制度通过规则对人起作用。法律制度以人为规范对象，立法中对于法律制度的设计一定要建立在对于人性和人的行为的把握基础之上。不能体现人性的法律是无法得到有效遵守的，而缺乏对人行为的预设，或者说行为预设不是基于对人性的判断而作出的法律，无异于语言的游戏。法律制度是法律上对一般问题所作的规定，是构成整个法律体系的框架。法律制度也必然关注法律的基本价值，甚至制度的设计本身就是基于价值的选择。环境法由于是问题解决性法律，早期的环境立法大部分都是由制度构架起来的。环境法各项制度并不是独立起作用的，而是一起形成一个整体的制度体系。环境法制度对人的预设与规制主要体现在风险预防、过程控制和责任制度中，不同的制度中也存在有对人的不同的预设。比如在排污许可证交易制度中，预设了政府的道德性，即在许可证促使分配过程中能按照法律规定严格控制排污总量，并根据企业排污量发放排污指标。同时也预设企业都是理性的"经济人"，拥有完全的排污信息，能够及时获得市场上提供的排污量。但现实中，排污许可交易制度并没有严格起到控制排放的作用。

由于对制度所要规制的对象的预设关联到整部法律的实施效果，。而由于我国现行环境法对各个主体预设的冲突，导致了制度失灵。"生态人"模式是对现有模式的反思和对典型模式的评判，将"生态人"作为环境法制度中的人模式预设制定法律规则，实现整个环境法制度体系的协调。

尽管任何关于人的理论都可能是自不量力的，但是每一个领域总会有先行者，正是每一个不自量力的累积，才一层层搭建起雄伟的理论大厦。关于环境中人的模式研究，也同样是在许多学者研究的经验的基础上加以批判借鉴，形成自己的研究视角，最终以一种缺憾的研究成果呈现给后来者，以期能为后来的研究者提供一些有益的经验和教训。

第四章 环境权

第一节 环境权通识

环境权是我国环境法学界乃至法理学界的热门话题。环境权的理论构建和法治推进，逐步成为环境法学安身立命的关键，因为基本范畴是学科合法性的根本要求。任何一种成熟的理论体系，都必须有自己的理论基石，而理论基石的主要表现形态就是基石范畴。一种有影响力的观点认为，环境权应当成为环境法学的最基本范畴。从目前对环境法学研究来看，最可能成为环境法学基本范畴的是环境权。然而，环境权的理论众说纷纭，它从来都不缺学说，所欠缺的是如何能使环境权实现的理论。

一、环境权而非环境义务

法理学界曾出现权利本位论与义务本位论之论争。权利本位论是指权利是法律结构的核心和基点，是权利创造义务、限定义务、牵动义务，没有权利就没有义务，也不需要有义务。因此，权利就成为法学中更一般、更根本的概念。要回答法律是什么以及法律应当是什么，必须借助"权利"概念。所谓义务本位论，是指"法作为社会控制、规范手段，主要通过义务性规范来实现自己试图达到的目的。也就是说，当法的价值目标确定之后，或者说，在阶级社会里，统治阶级意志明确之后，立法者应将侧重点、注意力放在法的义务规范以及违反这些义务规范所要遭受的不利后果的精心设定上，以便使法具有可操作性。从法理学的角度来看，权利是法学的最基本范畴。权利本位仍然是法理学的通说。义务本位论没有很好地区分逻辑在先和时间在先。逻辑在先是指在道理逻辑上优先。时间在先则是指事物发生的时间的先后性。逻辑在先包括自在的逻辑在先和自为的逻辑在先。前者就本体论而言，指事物的本质对于事物的现象具有决定性和优先性。后者就认识论而言，则是主体对于客体的逻辑优先性。权利对于义务的逻辑在先，主要是从认识论的角度来看，即义务为了权利，义务保障权利。

因此，主张环境权并不仅仅是出于科学思维，而是规范的情怀。把人当作目的而不是工具，追求人的全面解放，最终必然要求弘扬人的权利，而不是要求人履行义务。因此，弘扬权利就是弘扬善，就是高扬人的解放。也就是说，环境权并不是环境义务，应当被高扬。虽然环境权的理论与实践存在这样那样的问题，但环境权作为环境法的灵魂和脊梁不能抛弃。这也是一以贯之的观点，法学不仅仅是社会科学，更是规范科学。作为规范科学的法学，当以至善、至公、至正为追求。如此，它虽然少了一点严谨、多了些许堂吉诃德式的执着，却更添了几分浩然正气，这也是千百年来法学无穷魅力。

二、环境权的历史考察

法律是社会生活发展的产物，环境权也不例外。第二次工业革命以后，人类社会进入煤钢电时代，人们对自然的改造能力大大增强，在创造经济繁荣的同时也造成了严重的环境问题。伴随经济发展、技术进步而来的是一系列的现代问题，如环境污染、资源破坏、能源紧张、核威胁、恐怖主义泛滥、贫富差距增加、社会道德下降、人的焦虑感和价值失落、生活无意义感等。环境污染作为典型的现代性问题在全球蔓延。人们面对严峻的环境问题，尤其是遭受环境污染损失而迫不得已寻求法律的帮助时，他们发现原有的法律包括民法、行政法、宪法、刑法等在保护其环境利益方面的缺憾。以真实的材料为基础，权利是由环境里的条件所支撑、所塑造。传统权利，尤其是民事权利和宪法权利的苍白无力催生了环境权。

一般认为，在法制史上，最早是在 1960 年，原联邦德国的一位医生提出当时广泛存在的向北海倾倒放射性废物的做法违反了《欧洲人权公约》中关于保障清洁卫生的环境的规定，从而引发是否应当将环境权追加进入欧洲人权清单的讨论。在学术史上，最早是由美国学者萨克斯教授提出了环境权的概念。萨克斯于 1969 年根据"公共信托理论"提出公民享有环境权。即环境作为公共物品，公民将该公共物品通过信托（当然是拟制的，而非现实的信托）委托给政府，政府作为受托人负有善良管理人的义务，公民及其后代人是受益人。公民作为委托人享有对作为受托人的政府的环境权。

环境权的理论诞生于美国之后，随即其 1969 年《国家环境政策法》之中采纳了该理论，该法规定了健康的环境权。该法规定：每个人有权享有健康的环境，同时有责任推动环境保护和改善。同时该法确立了六项具体目标：①履行每一代人都作为其后代人环境受托者的责任；②保证为全体国民创造安全、健康、富有活力、符合美学和文化上优美的环境；③在没有造成环境恶化、健康或安全威胁或者其他不良的和不应有的后果的前提下，最大限度地利用环境；④保护国家历史、文化和自然方面的重要遗产，并尽可能地保持一种能为每个人提供丰富的多样选择的环境；⑤达到人口与资源利用的平衡，促使人们能够拥有高品质的生活和广泛舒适的生活；⑥增强可再生资源的利用，最大限度地利用不可再生资源。美国法律在环境权问题上的发展具有以下特点：第一，联邦法院对联邦宪法和法律的司法解释不承认作为私权的环境权，但承认作为公权的环境权；第二，州宪法对作为公权的环境权基于有限的承认，但对作为私权的环境权只给予政策性宣告。

三、环境权的力说

环境权发展至今，学说争论不断，然而几乎所有研究都始终绕不开以下要点。①环境权的主体：自然人、组织体、国家、动物和植物、全人类等孰为环境权的权利人，自然人、组织体、政府、全人类等谁是环境权主体的义务人。②环境权的内容：环境权具体包括哪些权利内容。③环境权的性质：环境权究竟是人权、私权还是程序性权利。发展至今，仍未形成通说。因此，这里只能勉为其难地总结"环境权的力说"。

（一）关于环境权的权利主体

在早期，人们认为环境权的主体包括：自然人、单位、国家、全人类，甚至扩展到动植物乃至于无生命物质。发展到 20 世纪末，环境权的主体是自然人已经形成较为有力的学说。

第一，环境权应当理解为对环境的权利，而不是环境的权利。因此，环境权的主体只能是人，而不能是自然界（环境）。

第二，环境权的主体是自然人，而且是当代现存的自然人，是个体的自然人，而不是抽象的、整体的人类。因为无法实现的权利本身是无意义的，而未来世代人、人类等都无法作为可实现的、可特定化的权利主体，他们可以作为伦理学上的主体，却无法成为权利的主体，也就无法成为环境权主体。

第三，国家的环境权也不能够成立。早期有人认为国家享有环境权，其内容包括两个方面，国家对内的环境管理权和国家对外的环境主权。然而，上述两个方面其实是国家的行政管理和主权的具体运用，"国家的环境权"既无必要也不可行。

第四，单位的环境权存在较多争议。一般认为，自然人享有不以营利为目的开发利用自然资源、排放可忍受的污染的权利，此构成了实体性环境权的主要内容。但单位是否具有以开发利用自然资源、排放污染为内容的环境权，争议较大。其原因有两个：一是单位获得上述权利需要经过许可，通常还需要付费，因此它被认为是一种行政许可，而不应当视为权利。二是单位不作为环境权的范围。

有人认为，对生产或服务有特殊环境要求的企业，也可以主张环境权。这种观点似是而非。因为即使其生产环境被污染，也需要通过侵犯生产经营权或者侵犯物权救济，而不能诉诸环境权。因为环境之所以具有价值，乃是基于人的生物存在。企业并不具有生物存在，它是经济性存在，因此不能享有环境权。

（二）关于环境权的义务人

一般认为，环境权是具有类似物权属性的支配性权利，因此其义务人是除权利人之外的所有人。这种观点的理论前提是将环境权的权利属性定位为支配权。而环境法上的环境，不同于物权法上的物，环境对于人的价值着重于提供环境服务功能，而这种功能是无法被特定化的，因此也就无法成为支配权的对象。因此，环境权也不能完全定位为支配权，只有可以被特定化的自然资源权利才可以被作为支配权。

环境权也应当是一种请求权，体现为防御性权利。即当环境受到损害或者有受到损害的紧迫危险时，权利人可以请求义务人履行义务，不侵犯其环境权。由此，环境权就由一种看似的支配权转而成为一种实质上的请求权。其义务人包括行为人、政府。对于行为人，环境权人有权请求其不从事污染或者破坏环境的行为。对于政府，环境权人有权请求其提供良好的环境公共产品。因此，环境权是私法权利和公法权利的合体。

（三）关于环境权的性质与内容

环境权的性质与其内容是密切相关的。一般认为：环境权发端于人权，并从人权之处获得正当性。但是环境权并非人权，而是一种新型权利。

环境权是权利束，它既包括公法性权利，也包括私法性权利。既包括程序性环境权，也包括实体性环境权。程序性环境权是实体环境权实现的保障。环境权包括以下四类权利。

1. 宣示性环境权

宣示性环境权一般表述为：每个人都有在良好、健康的环境中生存的权利。宣示性环境权一般出现于宪法、基本法之中，它为环境权提供合宪性。法律由此可以就环境权作出具体规定。

2. 环境资源开发利用权

环境资源开发利用权是指自然人为生存，不以营利为目的的自然资源开发利用权和环境容量使用权（排污权）。企业的自然资源开发利用权、排污权等是否成立，是否能够作为环境权，尚存在较大争议。

环境资源开发利用权是实体性环境权，具有较强的私法属性。有学者提倡的清洁水权、清洁空气权、日照权、静稳权、亲水权、达滨权、公园利用权等诸如此类，均可归入环境资源开发利用权之列。

3. 程序性环境权

程序性环境权包括环境陈情权（环境诉求表达权）、环境信息知悉权、环境决策参与权、环境结社权、环境诉权。

所谓环境陈情权，是指自由、真实表达环境诉求或者意愿，而不受恐吓和干涉的权利。自由表达是民主和法治的前提。环境陈情权是程序性环境权的重要方面。如果环境陈情权得不到充分保障，就容易引发环境群体性事件。在现今最文明的国家中，人们视言论自由为天赋的权利。但是这种权利是晚近才获得的，为争取到这一权利的道路血流成河。

所谓环境信息知悉权，是指自然人有权便捷、真实、全面地获得可能对其产生影响的环境信息。环境信息知悉权与信息公开密切相关。在环境法上，不仅政府有公开环境信息的义务，部分企业也有公开环境信息的义务。此外，从事特定开发利用行为也有公开信息（包括环境信息）的要求。

环境决策参与权是自然人对可能影响其环境利益的事项，有表达意见并且该意见受到充分尊重的权利。环境决策参与权本质上也属于广义的环境陈情权。民意是政府制定公共政策的基本依据。在民主政治条件下，民意实际上是公共政策的主要合法性来源，几乎所有决策都会声称自己的政策反映着广大公民的意愿和诉求。环境决策参与权与环境保护公众参与有密切联系，但并不相等。一般认为，后者的范围要广于前者。

环境结社权是指缔结或者参加环境组织的权利。随着各个人的这种自由而来的，在同样的限度之内，还有个人之见互相联合的自由；这就是说，人们有自由为着任何无害于他人的目的而彼此联合，只要参加联合的人们是成年，又不是出于被迫或受骗。环境社会组织是现代环境保护的重要力量，在某种意义上甚至已经成为环境公益维护的主要力量。因此，自然人缔结或者参加环境社会组织也属于程序性环境权。

环境诉权与下述环境救济权是一个事物的两个表达。从实体与程序的角度看，是诉权；从原权与救济权的角度看，是环境救济权。

4.环境救济权

法谚有云："无救济即无权利。"环境权体系内亦包括环境救济权。所谓环境救济权，是指当环境权的上述权利内容受到侵犯时，有权向司法机关请求救济。环境救济权主要包括三类：民事诉讼、行政诉讼和公益诉讼。在特殊情形下也可能包括刑事诉讼、宪法诉讼。

第二节 可实现的环境权

面对林林总总的环境权学说，必须把握环境权构建的自然法理。环境权不应当视为自然人对抗排污者的权利，而是自然人对国家权力的限制与寻求。有学者指出：环境权的主张正是因为对政府权力的不信任，其目的之一就是以环境权来保障公民权、限制国家的权力。该说法是有一定见地的。环境权首先是对政府的权力的制约，但是也不能忽略对国家的请求权——请求国家提供良好环境公共产品的权利。

从世界范围看，环境权立法主要体现在宪法之上对环境权的宣示。部分程序性环境权也有所进展，但是以环境权为依据的司法案件大多没有得到支持。目前环境权的理论最突出的问题表现在：①理论构想脱离实践需求；②或者游弋于法学话语体系之外，以至于环境权缺乏可实现性。因此，要以可实现为导向，以法学话语体系尤其是权利体系为基础，构建环境权，以期其成为环境法的基石范畴。

一、环境权的复合属性

环境权本质的功能需求是保障人的生存。物质器具和社会思想只有在具有满足人类的生物需要和社会需要时，才能存留和传播，若失去这种功能，便会在历史上消失。环境权是现实的，而非想象的。只有准确把握国家和社会对环境权的功能需求，理论研究和立法迎合、满足这种需求，环境权才有生命力。环境权应该立足于保障生存。环境破坏不仅仅是从根基上破坏了健康，甚至还有使人不能生存下去之危险。因此，环境权首先要解决的就是环境问题对人们生存的威胁。环境权首先要解决生存问题，而不是把生存问题交出去。无论是何种学说，都不能否认人有在良好的环境中生存的权利是环境权，这也为诸多国际环境法律文件和国内法所确认。环境权的重点并不在于因环境保护而产生的具有明确物质形态的人身或财产利益方面的权利诉求，也不在于对环境公共治理参与或介入的权利预期，其核心在于公众对环境产生的在精神层面"良好、适宜"的审美享受的权利希冀，这才是环境权的重点所在。很显然，这种观点没有看到环境权作为维护人的生存方面的功能需求。环境权的生存保障功能，植根于环境权的人权属性。

环境权直接的功能需求是：监督、制约环境资源开发利用行为及政府的环境监督管理行为。环境法的诞生、发展、变化均源自环境问题。为了应对和解决环境问题，最直接的措施便是对环境开发利用行为课以禁止、限制或者附加条件，从而减少环境污染和破坏。但面对经济利益，行为人很难自觉履行上述义务。事实上，企业尤其是生产型企业，并非总能严格履行环境法律义务。因此，公民要求企业停止污染和破坏环境的行为甚至要求治理环境污染和恢复生态平衡的权利，此时理应成为一种维护、增进环境公共利益的必要选择。为此，法律就赋予政府以环境监督管理职权，让政府来监督行为人履行环境义务，并追究不履行义务的行政责任。然而，作为直接暴露于环境中并遭受环境损害或有遭受损害之虞的自然人，上述内容设置却没有他们的身影。自然人缺乏监督行为人履行环境义务、追究环境责任的有力依据。自然人依赖人身权、财产权虽可加入环境保护关系之中，然人身权、财产权对自然人维权和环境保护不力，不少学者已经作过充分的论述。归根结底，人身权、财产权并非直接建立于环境之上，而是一种间接机制。故有必要承认一种直接建立于环境之上的权利，使得自然人有充分正当性参与环境保护事务，并以此制约行为人的环境资源开发利用权，监督其履行相关的环境义务。资本主义的逻辑排除了企业自发地妥善处理废弃物的可能性，唯有依靠政府与民众的力量才有可能让生产废弃物者负起妥善解决的责任。然而，在今天全球绝大多数政府都与企业界维持相互依存关系的情况下，民众直接挑战污染者与间接透过政府施压来解决污染，才是改善上述问题的可能方式。

环境权核心的功能需求是监督、制约政府的决策和行为。环境问题固然是污染和破坏行为直接造成的，但是千万不能"只见树木不见森林"。从整体来看，一个地区的环境状况与该地区的政府有着密切的关系。环境问题本质上是发展的问题、社会的问题，而非单纯的排放污染、取用资源的问题，更不是简单的技术问题。因此，政府的执政思路以及由此做出的决策和行为都会对区域环境产生重大影响。首先，政府的执政观、发展观、政绩观，尤其是对环境与经济、环境与发展等问题的态度，将对全社会的环境产生长久性、整体性影响。其次，政府的立法、政策、规划、计划等具有普遍性、反复适用性的行为如果违背环境规律，就可能诱发持续性、规模性的环境问题。最后，某些政府决策虽不具有反复适用的效力，但由于其适用地域广泛，可能造成区域性污染。且政府决策天然地披上了合法性的外衣，从而导致这些行为更加难以被制止。因此，政府做出的可能对环境有影响的宏观决策和具体行为等都应当受到监督和制约。这一点往往被人们所忽视。如果行政权力的膨胀是现代社会不可避免的宿命，那么为了取得社会的平衡，一方面必须让政治充分反映民众的意愿，另一方面在法的体系中应该最大限度地尊重个人的主体性，使它们能够与过分膨胀的行政权力相抗衡。法律除了对其主体、权限、程序、责任等方面直接制约外，更重要的制约来源于弘扬民众的环境权。以环境权制约行为人、政府，植根于环境权的私权属性。

环境权的延伸功能：要求政府提供最低限度的环境公共产品。与传统的行政法不同，环境法具有浓厚的社会法属性，不仅要消极地避免环境被污染、制约、监督政府的决策和行为，还要求政府提供最低质量限度的环境公共产品。为了有效地保护这些权利，政府不仅必须创造适当的与这些权利相适应的制度环境与物质条件，必须按照这些权利的内在要求来训练政府官员及其工作人员使之符合权利保护的要求，而且也必须对政府官员及其工作人员遵守相应的义务和责任规定的情况进行必要的普遍监督，以防止并纠正其对权力的滥用。在环境保护领域，政府不仅仅是守夜人，也是积极的干预者，更是兜底责任人。所谓"守土有责"，政府应当确保本区域的环境适合人生存，足以保障人体的健康。与之对应，自然人的环境权的功能之一，就是自然人有权请求政府提供最低限度的环境公共产品。环境权不是传统意义上对抗国家的防御权，而是对环境权的保障恰恰需要国家的积极干预，这强调了国家的责任。第一，政府有义务确保本地区的环境质量良好，从而保障公民健康地生活其间。如果其未能履行，政府应当承担法律责任。此义务并非要求政府提供最高品质的环境。第二，对于无人治理或者行为人无力治理的污染、破坏项目，政府负有不可推脱的兜底治理责任。具体的治理主体是：批准该项目的政府，原批准的政府不存在的，由承继的政府承担治理责任。第三，由于历史累积等原因导致本地域环境质量不足以保障人体健康的，政府应当制订治理计划及相应的时间表，采取措施，积极治理。请求政府提供最低质量限度的环境公共产品的功能植根于环境权的社会权属性。

二、环境权的组合效力

全称式的环境保护主张，不但流于空洞且于事无补，更可能造成对于弱势者人权、环境权的侵犯。应当赋予权利人以组合性效力，从而使环境权长出牙齿。反对环境权的重要理由之一是"与环境权对应的责任、义务不明确"。要使得环境权真正落地生根，必须使其具有强有力的效力。环境权的效力不是空想出来的，而是根据环境权的内容与需求产生出来的。要使得环境权成为一种有效的法律安排，就必须对其权力、权利、义务作出合理设计。

如前所述，环境权兼具生存权、支配权、社会权三层属性。不能一刀切地认为环境权只能是人权、私权或者社会权之中的一种。环境权是一个集合性的、综合性的权利群。为了实现对环境的有效保护，不仅仅需要私法的确认和保护，更需要通过赋予公民请求政府采取特定措施或参与政府环境决策的法权利来实现对环境的保护。只有建立一个私法权利和公法权利并重的体系，方能实现有效保护。环境权的效力也分为三个层次：支配、排除妨碍和请求。

环境权的效力首先是支配。所谓支配，是指自然人直接支配并享有非经济性环境利益。支配是不言而喻的，环境是自然对人的赐予，人从出生到死亡都本能地享受环境利益。因此，自然人对非经济性环境利益的享有具有正当性。环境权核心的主体为公民、客体为非经济环境利益，即环境服务功能；内容为对良好环境的享有权。这一项权利甚至高于实证法，颇有自然法的味道。这一项权利内容是环境权的基础，没有这一项权利内容，环境权就只能是水中月、镜中花。但是环境权的支配力与物权不同，物权人对物的支配具有排他性，但环境权人对环境利益的支配却不具有排他性。正是如此，环境权仅有支配力是远远不够的，支配的前提在于环境是良好、健康的，而现实中环境常常被污染或者破坏。有学者批评道：公民环境权论者所主张的公民环境权不能构成对那些可能造成环境损害的权利的制约，因而他们以权利制约权利的设想只是一个编不圆的美丽花环。环境权的支配力更多的是一种宣示，欲使环境权长出牙齿，必须祭出第二重效力——排除他人妨碍。

对环境权的妨碍主要来自环境污染和环境破坏行为。为了从破坏中保护环境，我们具有支配环境、享受良好环境的权利；对于随意污染环境、正在妨碍我们的舒适生活或者想要加以妨碍的人，我们基于该项权利，具有要求排除或者防止这种妨碍行为的请求权利。排除妨碍首先是对他人正在进行的、可能造成自己环境权受侵犯的环境污染或者破坏行为，权利人可以要求其停止该行为，并对已经造成的污染或者破坏后果予以修复。政府决策和具体行为亦可能造成环境污染或者生态破坏，因此排除妨碍还包括要求政府不得做出有害环境的决策和行为。所谓私权中的环境权，即指拥有该权利的居民以个人或团体的名义提起民事诉讼，对侵害环境权的行为提出损害赔偿或中止请求的权利。需说明的是，虽然排除妨碍往往表现为请求的方式，但排除妨碍属于支配力的延伸，除了请求之外还包括采取某些自助行为，如捣毁排污设备、扣押污染物或者原料的运输工具、堵塞排污者的进出主要通道等。但何种自助行为被允许及其程度、限制等，需要由法律明确。

环境权的第三重效力是请求。通过请求权的概念装置，使得当事人的权利得以实现，所以请求权被称为权利作用的枢纽。一方面，环境的可支配性较差，环境权的实现对政府有强烈的依赖。对于行为人的污染或者破坏行为可能会妨碍甚至侵犯环境权的，环境权人可以请求政府履行职责。为了保障国民能够享受健康而富有文化内容的最低限度的生活，国家有责任施行旨在环境保全的各种政策。另一方面，权利人可以请求政府提供最低限度的环境公共产品，以确保生存性环境权的实现。国家在经济发展的刺激及诱惑下，对于环境权的保障及实现义务，往往欠缺一定主动性，因此环境权的给付请求权功能显得极为必要。因此，请求只对政府发生。环境权的请求权功能针对的只能是国家的权力及行为。自近代以来，普遍认为国家权力主要包括立法权、行政权及司法权。因此，宪法上环境请求权功能的基本内涵主要指向立法、行政、司法三权。对于权利人的请求，政府怠于履行、违法履行或者明显不合理履行的，权利人有权向司法机关起诉。环境权的请求效力对于环境权的实现具有重要意义。

三、环境权的内容体系

环境权的内容应当清晰明确。但确定环境权的内容存在难度。一方面不少人认为环境权缺乏独立、确定的内容。环境权实际上没有独立且确定的内容，一些勉强成立的所谓环境权诉讼往往都是相邻权或人身权、财产权诉讼，即使是那些具有公益性质的诉讼往往也都涉及人身权、人格权等传统权利。……既然据以提起诉讼的那些权利都是以往法律制度中早已存在的权利，再煞费苦心地论证什么环境权就是多余的。另一方面，有学者认为当前环境权的内容过分泛化。环境权理论最受诟病的是内容的模糊性，环境权既包括了维护原有环境质量的要求，又表明了人类对更加舒适的自然环境的渴求，环境权在经济发展水平不同的时期和国家存在很大差异，它总是呈现出不断提高的态势，但是这些权利要求还远远未得到法律确认，再到有具体法律规范予以保障，更是路途遥远。以往的普遍观点认为，环境权可以分为程序性环境权与实体性环境权。程序性环境权主要包括环境信息知情权、环境决策参与权、环境诉权等。实体性环境权如清洁空气权、清洁水权、静稳权、日照权、达滨权、眺望权、景观权、历史性环境权、公园利用权等。近年来，对"程序性环境权"的定位颇有争议。环境权是享受环境利益的权利，而"程序性环境权"本身没有直接的环境利益，其只是保障环境权实现的手段性权利。且它们与具体环境权的性质、内容差异极大，不宜强行扭在一起。因此，所谓"程序性环境权"不应当作为环境权的内容。但它们对环境权的实现有着显著意义，应当作为环境权的保障进入立法。因此，环境权就只有实体性环境权，而没有所谓的程序性环境权。

而对于清洁空气权、清洁水权、静稳权、日照权、达滨权、眺望权、景观权、历史性环境权、公园利用权等环境权类型，存在几个比较突出的问题。第一，权利项过多、过滥，一些难以实现，甚至根本不能成立。第二，与环境权的初始定义不符。从环境权的定义来看，环境权是人类有权在良好、健康的环境中生存的权利。但上述环境权的类型却无法涵盖此内容。因此，必须对环境权的内容体系进行改造：一是构建一般环境权与具体环境权体系；二是将具体环境权分为生存性环境权与非生存性环境权。

一般环境权的宣示意义大于实质意义。这种概括性的权利在具体的环境法中得到落实是有限的。环境权的落地生根要依赖具体环境权，如清洁空气权、清洁水权、静稳权、日照权、达滨权、眺望权、景观权、历史性环境权、公园利用权等。然而，这些权利对自然人的重要性大相径庭。如清洁水权、清洁空气权、静稳权、免于辐射权、空间权等均属于生存性的。而诸如达滨权、景观权、公园利用权、历史性环境权等只关乎人的生存质量，是舒适性的。有人批评道：论者不去关心这些严峻的问题，不去对环境这个本来具有非常明显的整体性的对象做整体的观察和思考，而是对眺望、景观、宁静之类津津乐道，这一点实在无法让人给予肯定的评价。该意见无疑是正确的，具体环境权必须有所区分，并设置不同的要求。生存性环境权必须保障，并在法典中逐项规定。舒适性环境权只需授权性、鼓励性条款即可，而不做强制要求，也不必逐项规定。二者颇类似相邻权与地役权。之所以如此，原因在于：第一，对具体环境权一概做强制性要求，看似保护范围很大，实则犯了平均用力的错误，必将造成生存性环境权受保护的力度被大幅削弱；第二，舒适性环境权的内容颇具道德化的特点，在规范性和可实现性方面较差，很难强制保障实现。通过当事人意思自治、法律倡导、政策鼓励等措施予以实现，更加符合其内容特点。

四、环境权的范围限制

环境权法的基础在于其对环境权的科学界定和合理限制。任何权利都有其范围与边界，毫无边界的权利是不存在的。对环境权的界定和限制除了权利主体、内容之外，主要是对"环境"的限制。以往人们探讨环境权，往往缺乏对作为权利对象的"环境"进行界定，这是环境权难以实现的重要原因之一。环境的内容越宽大，环境权的权利内容就越不明确，准确度就越小，理论上的严密程度就越缺乏，最后其权利性就渐次稀薄化了。

地域。环境权人能够要求多大范围内的环境是良好的，此即环境权的地域范围。此问题对环境权的实现至关重要。环境权人所能享受的环境利益，是以其所在地为中心，向四周延伸的一个区域。该区域之外的环境无法影响到权利人，反过来，权利人也无法享受到该区域之外的环境。因此，环境权人只能就能够影响到他的环境，对义务人（行为人、政府）主张环境权。故权利人主张环境权，应当证明所涉事项可能会影响到自己的环境权。环境权的地域范围没有统一的标准，只能进行个案分析。一般而言，主体对距离越近的环境要素，主张环境权就越能得到支持，反之亦然。

时间。与环境权的地域范围类似的一个问题是，环境权人对环境的主张，是否存在暴露时间的要求。举例言之，飞机过境，乘客能否对飞越地的环境主张环境权。论证的逻辑起点仍然是环境的定义，要求影响到中心事物——人。如果暴露的时间过短，环境就很难影响到人，或者说影响微乎其微。因此，除非主张者能够证明即使暴露的时间很短，但仍然影响到了其本人，否则无法主张环境权。

首先，品质。环境权人可以对义务人请求何种品质的环境。环境品质的笼统性表述有"良好""健康""有尊严""优美"等。使用"良好"较之其他表述更为合适。一方面，从权利的实现来看，环境权的标准过低或者过高都是不合适的。过低就不是环境权，而是忍受义务。过高则会侵蚀相关权利，如环境资源开发利用权、排污权、企业的生产经营权。环境权并不是要搞环保沙文主义，环境权、自然资源取用权、排污权、政府的环境监督管理职权之间相互制约，追求良性的互动式发展。"良好"一词比较符合该要求。另一方面，如前所述，环境权分为一般环境权和具体环境权，而具体环境权又包括生存性环境权和非生存性环境权。生存性环境权是保障人生存所必需的，法律应当强制义务人实现。既然如此，标准就不能太高，而只能以保障健康为准。也就是，法律对生存性环境权的规定，标准只能是足以保障人体健康，而不是更高的优越、舒适或者有尊严等。相反，非生存性环境权由于具有非强制性，其标准就可以更高。此种情形以"舒适"或者"优越"等表述均可。综上，能够较好概括生存性环境权与非生存性环境权对环境品质要求的，"良好"这一模糊性用语似乎较为合适。

其次，环境品质的具体标准也有不同的见解。由于区分了生存性环境权和非生存性环境权，对于非生存性环境权不做强制要求，因此，这里主要讨论生存性环境权对环境品质的具体要求。如前所述，生存性环境权的概括性要求是"足以保障健康"。但"足以保障健康"又以何为标准呢？这个问题也可以反过来问：何种情形下，环境就是不健康的呢？一种观点认为：环境权，通常可以用环境质量标准对其进行限定。此即主张用环境质量标准来衡量环境权对环境品质的要求。与之类似的观点是：界定公民环境权与忍受不利环境义务的尺度是环境质量标准，然后才是耐受限度。公民环境权的保护应以一国经济发展与环境保护的协调关系为基础，而不可能也不应以每一个公民的主观感受为尺度，因此就需要一套客观的界定体系。在环境法领域，环境质量标准就是这样一套客观体系。还有人注重用污染物排放标准来限定环境权对环境的品质要求。在特定区域内的排污总量必须限制在环境能够自净的范围内，否则，就可能构成对他人环境权的侵犯。客观而言，以环境质量标准来判定良好环境的标准是比较可行的。当某一区域的环境状况不符合环境质量标准，可以视为该区域的环境是不足以保障健康的。但也存在一些问题，如环境权实际上演变为环境质量标准的确定权了。而环境质量标准的制定几乎完全掌握在行政机关的手中。此外，有些区域还缺乏相应的环境质量标准。因此，应当在环境质量标准的基础上加以完善。

第三节 环境权诉讼

一、环境权诉讼的提出

（一）环境权诉讼的概念

所谓环境权诉讼，是指自然人的环境权受到侵犯时，向法院提起的诉讼。环境权诉讼以维护环境权为目的，它具有以下特点。

第一，环境权诉讼的原告是自然人，因为环境权的权利人是自然人。社会组织、国家机构都不是环境权诉讼的原告。

第二，环境权诉讼的性质乃是私益诉讼，即自然人为了维护其环境权而向法院提起的诉讼。这就从根本上将其与环境公益诉讼区别开来。但由于环境是公共产品，自然人在维护其环境权时，必然会促进环境保护、提升环境公益。环境权诉讼也不是人身损害、财产损失的赔偿诉讼。后者乃是传统的环境侵权诉讼。环境权诉讼仅仅针对环境权的享有本身受到妨碍。当然，自然人可以就人身权、财产权、环境权损害一并向行为人主张。这种情况下，法院应当合并审理。若无人身权、财产权损害，也可以单独主张环境权损害。

第三，由于环境权的效力包括支配权、排除妨碍权、请求权，环境权的义务人既包括产生或者可能产生环境污染或环境破坏的行为人，也包括履行环境监督管理职权的行政机关，还包括应当提供良好环境公共产品的政府，因此环境权诉讼包括三种诉讼类型：以行为人为被告的环境权民事诉讼、以履行环境监督管理职权的行政机关（行为责任）为被告的行政诉讼、以负有提供良好环境公共产品职责的政府（结果责任）为报告的行政诉讼。

（二）环境权诉讼的正当性

环境权诉讼的正当性，一方面来源于环境权。环境权的正当性决定了它应当被救济，环境权诉讼就是环境权的救济。另一方面来源于环境公益诉讼的不足。环境权诉讼本质上是私益诉讼，却能通过激发私人以保护环境，从而实现环境保护的源源不断的力量，改变环境保护单纯依赖政府、依赖环保局的局面。环境公益诉讼却普遍面临着进退维谷的尴尬若让没有益，则难以为继。

应当看到环境权诉讼与环境公益诉讼之间的关联性。由于环境的公共物品属性，保护了环境，环境公益和环境私益便都可以得到维护。环境权诉讼通过环境私益的保护客观上促进环境公益，环境公益诉讼则是通过环境公益的保护客观上有利于环境私益的享有。因此，这里对环境权诉讼的设计在很大程度上借用或者改造了环境公益诉讼。

二、环境权民事诉讼

（一）侵犯环境权的构成

提起环境权诉讼的依据首先是在实体上构成侵犯环境权。侵犯环境权构成问题的关键在于究竟应当按照一般侵权行为的规则确定，还是按照特殊侵权（环境侵权）的规则确定。应当按照一般侵权行为的规则确定其责任构成，其原因在于：环境权并没有被妖魔化，它只是一种权利，相对于行为人的生产经营权并无明显的价值优位。基于此，侵犯环境权的构成包括以下四个要件：行为人实施了环境污染或者破坏环境的行为；污染或者破坏行为导致他人的环境权享有受到妨碍；污染或者破坏环境的行为与环境权侵犯之间具有因果关系；行为人具有主观过错。

1. 行为人实施了污染或者破坏环境的行为

违法性是对加害行为的要求。行为人实施了环境违法行为，方可对环境权的享有构成侵犯。也就是说，若行为人实施的行为是合法的，则他人有容忍的义务，不得主张环境权。这里主张有限环境权，唯此环境权方可实现。

判定违法性的重要依据是环境标准，尤其是污染物排放标准。因此若某方面的环境标准要求过低，或者缺乏相关环境标准，则行为人实施了达标排放行为，且满足其他合法性要求，即使污染了环境，也难以对其主张环境权。那是否就意味着放任污染？这种担心虽不无道理，却有夸大之嫌。首先，环境标准作为环境保护和环境管理的重要手段，其体系越来越严密，要求也逐渐科学化。其次，即使环境标准过低，或者没有相关环境标准，那也不意味着会污染横行。

因为自然人用以抵御污染的不仅有环境权，还有人身权、财产权。而污染导致人身权、财产权受损，按照我国《侵权责任法》则是无须要求行为的违法性的。再次，除人身权、财产权之外，相邻权也能够发挥作用。在权利谱系中，环境权与其他权利相互配合，共同发挥出抵御排污的效果。如将环境权发展为沙文主义的权利，其无法再膨胀自身之时，也必将摧毁自己。

2. 自然人的环境权享有受到妨碍

自然人的环境权享有受到妨碍，是指自然人所在区域的环境质量下降，不符合法律规定的标准，因此妨碍了其享受环境权。只有所在区域的环境质量不符合法律的强制性规定，自然人才有权主张环境权享有受到妨碍。环境是否符合法律的强制性规定，需要依环境质量标准予以判定。

3. 污染或者破坏环境的行为与自然人的环境权受到妨碍之间存在因果关系

环境破坏行为与损害结果之间的因果关系更加复杂，判定难度更大。本书以环境污染为例，阐述污染环境的行为与自然人的环境权受到妨碍之间的因果关系。该因果关系可以转述为：污染到达了权利人所在区域并造成所在区域环境污染。

首先是污染到达了权利人所在区域。到达需要区分两种情况：一是排污口与权利人近距离毗邻，此情形较为容易判定到达。二是经过了较长距离的传输造成的污染。这种情况下判定到达的难度提升很多。此外，需要排除短时间的过境情形，如乘坐船舶、航空器、机动车等穿越污染区域。即若暴露的时间过短则不得主张环境权损害；若属于剧烈的污染类型——如核辐射、毒气、强电磁辐射等造成人身损害、财产损害，可以请求人身、财产损害赔偿，亦不得请求环境权损害赔偿。

其次是造成所在区域环境污染。也就是说，即使行为人的排污行为违法，但污染到达了某一区域后并未造成该区域的环境质量下降，不符合法律规定的标准，该区域的自然人亦不得主张环境权受到侵犯。此时往往需要根据当地的环境质量标准予以判定。问题是如何确定权利人所在区域？简言之，如果监测环境质量，究竟应当选取何地。一般应当以自然人的住所地（经常居住地）为标准。因为环境权是私权利，应当按照私法的规则确定自然人的所在，私法上自然人所在便是其住所地（经常居住地）。若自然人短时间客居他地，则一般不得主张环境权侵害。

4. 行为人实施侵犯污染或者破坏环境的行为具有主观过错

主观过错包括故意和过失。故意包括直接故意和间接故意；过失包括过于自信过失和疏忽大意过失。按照过失的程度，侵权法又可以将过失分为重大过失、具体过失和抽象过失。主观过错的判断一般需要借助客观行为实施。适用过失标准的客观化和典型化已成为人们的共识。在侵权法上，主观过错与违法性呈现同一化的特点。行为人侵犯环境权，若其行为具有违法性，则判定其具有过失，除非行为人能够证明自己没有过失。

关于免责事由，应当按照侵权法的一般规则，对于不可抗力、紧急避险、受害人自己过错、第三人过错、职务行为等，均应当作为免责事由。

（二）环境权民事诉讼的机制设计

由于环境的公共属性，因此环境公益诉讼与环境权诉讼在客观上具有某些方面的类似性。在环境公益诉讼中，原告只能请求公益损害而无法获得实惠，因此不免兴起时热闹，越发展越死寂。环境权诉讼须解决"为他人作嫁衣裳"的问题，即环境权主体通过诉讼获得个人可得到的赔偿，否则必定会面临着与公益诉讼一样"门前冷落鞍马稀"的局面。通过类比环境公益诉讼，或者对环境公益诉讼的改造构建环境权民事诉讼机制。

1. 当事人

环境权民事诉讼的原告为自然人，而非社会组织或者国家机关。

环境权民事诉讼的被告为行为人，即实施污染或者破坏环境行为的人。

2. 诉讼请求

原告的诉讼请求主要包括两项：排除环境权享有的妨碍，赔偿环境权损失。排除环境权享有的妨碍即为修复受损害的环境。若受损害的环境已经被自然修复，或者行为人已经修复完成，则不可提起该项诉讼请求，亦不得请求法院确认被告的污染或者破坏行为违法。

赔偿环境权损失是难点所在，因为环境权损失既非人身损害、财产损失，也非环境服务功能损失——这些损失皆有可量化的方式。环境权损失是一种主体对环境利益享受的损失，它难以量化，其损害赔偿额度尤其难以确定。环境提供生态服务功能与自然人享有环境利益是相对的。环境提供生态服务功能，该生态服务功能恰恰是对人而言的，即人在享受该生态服务功能。但是人享有生态服务功能不是独占性的，而是本区域内人群所共享。因此环境权的享有是对生态服务功能的"分有"。基于此，侵犯环境权的赔偿额度应当是生态服务功能损失的一部分。

对于环境权损害，不能请求精神损害赔偿。因为精神损害赔偿以遭受严重的精神损害为前提，单纯的环境权损害不会导致严重的精神损害。

3. 举证责任

环境权民事诉讼实行"谁主张、谁举证"的一般举证规则，并不按照环境污染侵权民事诉讼实行特殊的举证规则。之所以如此，原因在于：行为人的污染或者破坏行为若已造成人身损害、财产损失之后果，则按照环境侵权诉讼实施特殊的责任构成和举证责任规则，以有利于原告。若尚未造成人身损害、财产损失之后果，则表明原告遭受的损害并不严重，不必对其予以倾斜。此种情形下，应当由原告之环境权与被告之生产经营权公平角逐。

4. 公告程序

环境权纵然通过技术手段可以私权化，环境却现实地被共享。如果一个区域的环境被污染或者破坏了，那么该区域所有的人的环境权都受到侵犯。此时必然碰到一个难题：行为人实施了一个加害行为造成了众多人的环境权受到侵犯，多个原告可以提起环境公益诉讼，但是对于行为人的一个污染或者破坏行为却只能被诉一次。为此，可对照环境公益诉讼机制，通过公告来解决。即如果自然人提起环境权诉讼，法院受理后应当发出公告，要求有资格且有起诉意愿的人加入诉讼，作为共同原告。自然人具有资格但不愿意加入诉讼的，或者在法定期限内不加入诉讼的，视为放弃起诉，不得再另行起诉，除非有新的污染事实的发生。此时，环境权诉讼就成为多数人之诉。

5. 赔偿金的分割

原告一方一旦胜诉，其所获赔偿金应当由原告方多人分享。即，所有原告按照其所在区域的环境污染或者破坏程度的比例分配。如此设计的原因在于：环境污染或破坏程度不同，对环境权的侵害也不同，因此权利人所获得的赔偿金亦有不同。

（三）环境权诉讼与环境公益诉讼

建立环境权民事诉讼制度后，环境民事公益诉讼（社会组织提起、法律规定的机关提起、检察机关提起）应当基本取消。原因如下：

第一，禁止双重危险原则使得二者难以并存。因为行为人仅实施了一个污染或者破坏行为，如果既遭受环境权诉讼，又遭受环境公益诉讼，则不仅要赔偿环境权损害，还要赔偿环境公益损害，而两种损害都是基于同一环境的生态服务功能下降。发生原因、针对对象是重叠的，而且会使行为人遭受双重危险，这是不正义的。

第二，功能上有重叠。无论是环境权诉讼还是环境公益诉讼，都有保护环境的功能。从法律动因上来讲，环境权和环境权诉讼就是从私法的角度，或者说从产权的角度，激发私主体保护环境。既然如此，就没有必要再设置环境公益诉讼。

第三，可能有人会说，环境权诉讼虽然能够起到修复环境的功能，却无法请求环境服务功能损失。相反，环境服务功能损失赔偿却被原告群体所分占，使得环境本身的损失被弃置。这种观点似是而非，"生态服务功能损失"一语本身就表明了它是对人的价值，而不是环境自身的诉求。"服务"是环境为人的服务。实践中也已暴露出使用环境公益诉讼所获得的生态服务功能损失赔偿费用的诸多难题，它一般是用以异地治理环境，既然是异地治理，那便不是受损环境本身了。

需要讨论的情形是，若被污染区域是无人区，无人提起环境权民事诉讼，则是否有必要设置环境民事公益诉讼呢？这里认为，即使在环境公益诉讼体系中，环境行政公益诉讼较环境民事公益诉讼更有价值，而且可能产生的负面效应或者更低的道德风险。因此，若认为环境公益诉讼有其存在的价值，也应当是环境行政公益诉讼，而非环境民事公益诉讼。对于无人区，可以发起对行政机关依法履行环境监督管理职权的公益诉讼。

三、环境权的行政诉讼

（一）自然人请求负有环境监督管理职权行政机关依法履行职责之诉

对于污染或者破坏环境的行为，环境权人有权请求负有监督管理职权的行政机关履行职责。该机关怠于履行的，申请人有权以该机关为被告提起行政诉讼。此类诉讼的正当性在于：行政机关不依法履行法律规定的环境监督管理职责，致使环境污染或者破坏不能得到有效纠正，妨碍了自然人的环境权享有，故自然人可以起诉行政机关。

自然人请求负有环境监督管理职权的行政机关依法履行职责之诉的规则构想如下。

1. 当事人

原告：自然人。

被告：负有环境监督管理职责的行政主体。这类行政主体主要是政府机构（生态环境局、水务局、矿产资源局等），也可能是政府。

2. 诉因

原告之所以起诉被告，原因就在于：被告不履行法律规定的环境监督管理职责，致使环境污染或者环境破坏的发生、扩大或者得不到有效制止，从而妨碍了其环境权的享有。

被告不履行法律规定的监督管理职责，一般针对具体污染或者破坏事项的执法行为。这是其不同于自然人请求政府提供良好环境公共产品的义务之诉的主要因素。

3. 前置程序

对于已经发生或者有发生的紧迫危险的环境污染或者环境破坏，自然人不能径行起诉负有监督管理职责的行政机关，即使行政机关先前已经存在渎职行为。自然人需要先请求该行政机关依法履行法律规定的职责，当被请求的行政机关怠于履行职责时，申请人方可起诉该行政机关。

原告应当在被诉行政机关的行政管辖的地域范围内。也就是说，非本地居民不得对本地行政机关提起环境权行政诉讼。

4. 诉讼请求

自然人对负有环境监督管理职责的行政机关的诉讼，其诉讼请求主要是依法履行环境监督管理职责。至于行政机关履行职责的标准，主要有行为说和效果说两种观点。本书认为行为说较为可取，即被告依法做出了法律要求的履职行为，至于效果一般不论，除非仅仅是无须相对人采取积极履行措施的执法行为。之所以如此，原因在于：第一，导致原告享有环境权受到妨碍的，仍然是行为人的污染或者破坏行为，行政机关怠于履行职责并非最直接原因。第二，环境权救济不仅有行政诉讼，还有民事诉讼。且行政诉讼中尚有另一类政府未提供良好环境公共产品的诉讼。第三，环境行政公益诉讼、普通行政诉讼亦可以对行政机关不依法履行环境监督管理职责予以救济。第四，存在大量环境行政执法行为已经做出但环境治理效果未能显现的现实情况。若要求行政机关不仅做出执法行为，还需实现环境治理效果，多数情况下超越了行政机关的掌控范围。若强行要求效果，无疑是逼迫行政机关过分干预市场。

（二）自然人请求政府提供良好环境公共产品的义务之诉

环境权行政诉讼的第二类是自然人请求政府提供良好环境公共产品的诉讼。环境权具有社会权属性，其效力之一便是请求政府提供良好的环境公共产品。此种情形与传统行政诉讼制度有较大差别。我国曾经发生过此类诉讼活动，早几年，北京、天津、河北三地六人向北京市第四中级人民法院起诉北京市、天津市、河北省人民政府，请求确认上述三政府不正确履行空气污染的防治责任违法，并责令其在合理期间把空气质量治理至平均良好状态，赔偿损失、支付精神损害抚慰金，但未被立案。

1. 当事人

原告：自然人。

被告：政府，此类诉讼不能以政府部门为被告，只能以政府为被告。因为根据宪法，政府而非政府职能部门应当提供良好的环境公共产品。

2. 诉因

政府未能提供良好的环境公共产品是诉因。根据请求权发生的情形，此类诉讼可以分为的三种情形：区域环境质量持续恶化；环境质量目标未能实现；特定无人负责的具体污染或者破坏项目长期未能得到有效解决。

（1）某一区域的环境质量持续恶化

该区域受到影响的常住居民可以该区域的行政机关为被告起诉，无须有具体的人身损害或者财产损失发生。不得恶化是环境法的重要原则之一。不得恶化原则是指在经济社会发展过程中，任何一个地方的环境质量不得劣于保护该环境的立法生效前的质量水平。如果某一地区环境质量持续恶化，可以认定政府未能提供良好的环境公共产品。因此需要确定以下几点。第一，何谓持续恶化？一般以环境质量持续下降为标准。第二，应当以连续几个年度为限？对此可以灵活掌握，但不宜要求过长。第三，以哪些环境要素为判定依据，如水、大气、土壤、噪声、辐射，抑或其他之全部、部分或者仅一种？一般需要以几个主要环境要素为标准，不宜要求所有的环境要素。

此种情形下，原告的诉讼请求为：请求政府治理环境，改变环境质量持续下降的态势。

（2）环境质量目标未能实现

即预定的环境质量目标未能实现，又可以分为两种情形：一是上级政府、议会为本政府设定的环境质量目标未能如期实现；二是本政府承诺的环境质量目标未能实现。即使存在导致环境质量目标未能实现的客观事由，也不妨碍自然人起诉，但政府可以主张该事由，是否认可，由法院判定。

此种情形下，原告的诉讼请求为：请求政府治理环境，限期实现环境质量目标。

（3）特定无人负责的具体污染或者破坏项目长期未能得到有效解决

某一区域存在无人治理的污染项目，无人治理状态持续一定期间的，政府应当承担兜底治理责任。若政府未能在规定的时间内提出治理计划、实施治理行为或者治理不力的，受到该污染项目影响的人可以起诉政府。

此种情形下，原告诉讼请求是：请求政府采取措施治理环境污染或者破坏项目，限期达到治理目标。

自然人请求政府提供良好的环境公共产品之诉中，自然人不得对政府提起损害赔偿请求。因为政府并非造成环境权损害的直接责任人。还需注意的是，此类诉讼若法院判决支持原告的诉讼请求，就意味着作为被告的政府存在失职行为，可能需要追究政府、政府主要负责人或者其他直接责任人宪法责任或者政治责任，需要法院将裁判文书送上级政府、议会或者监察机构。

第五章 环境立法基本问题

第一节 环境法的体系问题

一、环境法体系的含义与分类

（一）环境法体系的含义

各种具体的环境法律法规，其立法机关、法律效力、形式、内容、目的和任务等往往各不相同，但从整体上看，又必然具有内在的协调性、统一性，组成一个完整的有机体系。而这种由有关开发、利用、保护和改善环境资源的各种法律规范所共同组成的相互联系、相互补充、内部协调一致的统一整体，就是所谓的环境法体系。

（二）环境法体系的分类

关于环境法体系的类型，可以从不同角度加以划分。例如，按照国别来分，包括中国环境法和外国环境法；按照法律规范的主要功能来分，包括环境预防法、环境行政管制法和环境纠纷处理法；按照传统法律部门来分，主要包括环境行政法、环境刑法（或称公害罪法）、环境民法（主要是环境侵权法和环境相邻关系法）等；按照中央和地方的关系来分，包括国家级环境法和地方性环境法等。

二、我国环境法体系的基本内容

（一）宪法关于保护环境资源的规定

宪法是国家的根本大法，宪法中关于环境保护的规定是环境法体系的基础，是各种环境法律、法规、制度的立法依据。许多国家都在宪法中将环境保护作为一项国家职责和基本国策加以明确，把公民享有在良好的生活环境中生活的权利及保护环境的义务作为公民的一项基本权利和义务加以规定，为环境保护奠定了宪法基础并赋予其最高的法律效力。我国宪法中这类规定主要包括以下几个方面。

1. 国家环境保护的职责

规定保护环境和维护生态平衡是国家的一项基本职责。我国《宪法》规定：国家保护和改善生活环境和生态环境，防治污染和其他公害。这一规定为国家环境保护活动和环境立法奠定了宪法基础。

2. 公民环境权利义务的依据

许多国家宪法中均规定公民有在良好的生活环境中生活的权利和保护环境的义务。我国宪法中虽然没有直接规定公民的环境权利和义务，但《宪法》规定：中华人民共和国公民在行使自由和权利的时候，不得损害国家的、社会的、集体的利益和其他公民的合法的自由和权利。《宪法》的这一规定既是公民主张环境权的基础，也是防止滥用个人权利造成环境污染和破坏的基本环境义务规范。

3. 环境保护的基本原则

我国《宪法》规定：国家保障自然资源的合理利用，保护珍贵的动物和植物。禁止任何组织或者个人用任何手段侵占或者破坏自然资源；一切使用土地的组织和个人必须合理地利用土地；国家厉行节约，反对浪费；此外，我国《宪法》还对保护名胜古迹、珍贵文物和其他重要历史文化遗产，以及植树造林、保护林木作出了规定。

（二）综合性环境保护基本法

这是以宪法有关环境保护的规定为立法依据，将环境作为一个有机的整体加以保护和改善的综合实体法，在环境法体系中处于中心地位，是其他单项环境法的依据。这种基本法可以是一元的（如美国），也可以是多元的（如日本）。

（三）环境资源保护单行法

环境保护单行法是以宪法和环境保护基本法为依据，针对特定的保护对象或特定的污染防治对象而制定的单项法律和国务院制定的有关法规。

环境保护单行法在内容上主要有以下几部分组成。

1. 污染防治法

我国污染防治单行法包括大气污染防治、水质保护、噪声控制、废物处置、农药及其他有毒物品的控制与管理，也包括其他公害如震动、恶臭、放射性、电磁辐射、热污染、地面沉降等防治单行法。较重要的单行法有《中华人民共和国清洁生产促进法》《中华人民共和国循环经济促进法》《中华人民共和国环境影响评价法》《中华人民共和国海洋环境保护法》《中华人民共和国水污染防治法》等。

2. 自然资源保护法

我国对自然资源保护方面的立法不采取法国自然保育基本法的形式，而是多个单行立法并列，重要的法律法规有：《中华人民共和国水法》《中华人民共和国土地管理法》《中华人民共和国渔业法》《中华人民共和国矿产资源法》《中华人民共和国森林法》《中华人民共和国草原法》等。

（四）环境标准

环境标准指的是国家为了维护环境质量、控制污染，保护人群健康、社会财富和生态平衡而制定的各种技术指标和规范的总称，是环境保护法体系的重要组成部分。

环境法中很多规范的实施都是建立在遵守环境标准的基础上的。环境标准是一种科学判断，是人类对环境系统干扰量的体现，而环境法作为维持和提高环境质量的手段，其目的是将人类对环境体系的干扰控制在最低程度内。传统环境法律体系是以环境标准为基础建立起来的，而环境标准又是建立在环境科学"环境消纳能力"的基础上的。因此，从环境法体系尤其是环境行政法角度看，判断环境违法行为的重要依据是遵守环境标准与否。环境法是环境管理的有效手段，从而使环境标准成为环境管理的核心与环境执法的主要技术依据。

环境标准是建立在环境科学基础上的科学判断。人类利用环境科学对某一污染物进行长期观测，建立数据模型，确定环境介质的消纳能力，然后据此制定环境标准。可以说环境标准由环境问题而生，也因环境科学的发展而不断变化，同时也受制于社会生产力发展水平，因而环境标准的变化并非随心所欲，它不仅应适应国家经济发展的现状和对环境的现实需求，而且还要与国际大环境相适应，逐步向国际环境标准靠拢，防止出现国外企业的污染转移，消除国际贸易壁垒。因此，国家在制定环境标准时要综合考虑各方面的因素，适用尺度要适当。

由于环境标准在环境科学上具有不肯定性（这是因为人们无法严格确定环境系统的消纳能力，同时也无法肯定何种环境标准是我们能够容忍的安全标准），而环境管理又要求环境标准的制定必须在上述不肯定性中作出一个既定的选择，即哪种环境标准才是环境管理所必需的、合适的，这就使以环境标准为基础的传统环境法律体系面临新的挑战。现代环境法基于对环境的保护，倾向于将风险防范精神引入环境法，即采取一定的防范措施来维护环境这个脆弱的系统，以克服环境标准所存在的不肯定性。虽然风险防范思想在环境法上的确立，在一定程度上冲击了环境法对环境标准依赖的局面，但这种冲击并非是由风险防范思想替代环境标准，两者可以并存互动，共同促进环境保护事业的发展。

第二节 环境法的基本原则问题

一、环境法基本原则的内涵

（一）环境法基本原则的概念

法的基本原则也称法理、条理，它是一个学理概念，基本含义为法律精神的积聚、法律问题处理的准绳。作为一个根本性问题，基本原则在任何一个法律部门都是不可或缺的重要因素。

环境法的基本原则是指环境法中规定或者体现的、贯穿于整个环境法体系，反映环境法的目的价值、基本特征及性质，对贯彻和实施环境法具有普遍指导作用的基本准则。该概念包含以下几个含义：

1. 环境法基本原则是环境法确认的

环境法基本原则具有法律确认性，即被环境法直接规定，或者间接体现。

2. 环境法基本原则适用于环境法一切领域

环境法基本原则具有普遍指导性，即对整个环境立法、环境执法、环境司法产生直接的指导意义，是贯穿于全部环境法律规范和环境法适用中的准则。

3. 环境法基本原则是各项环境法律制度和法律规范的基础

环境法基本原则是制定具体的环境法律原则、法律制度和法律规范以及处理具体的环境问题的基本依据，是适用于环境法一切领域的基本准则。

环境法基本原则是体现其根本价值目的的超级法律规则或最高级的法律规则，具有根本性、指导性、规范性的特点。

（二）环境法基本原则的意义

环境法基本原则贯穿于整个环境法律体系，是对环境法律规范的概括和提升，对于理解环境法律规范的精神实质、整个环境法律制度体系目标和价值的引导，以及具体法律的适用和完善，都具有重要的意义。首先，就价值层面而言，只有了解了环境法的基本原则，才能深刻领会环境法的根本价值和立法目的，才能使环境保护、可持续发展等观念深入人心，增强环境执法、司法以及守法的自觉性。其次，就制度层面而言，作为环境法律制度的指导，环境法基本原则具有明显的制度协调功能。环境法律制度的设计与实施的各个环节，必须在环境法基本原则的统领下进行。最后，就法律规范层面而言，环境法基本原则具有重要的法律漏洞弥补功能。作为环境法根本价值的体现和建构环境法律制度体系的依据，环境法基本原则以其高度的涵盖性与抽象性弥补具体成文法律规范滞后于社会发展变化的不足，既为解决个案纠纷提供可能，也为法律的修订奠定基础。

（三）环境法基本原则的特征

1.环境法基本原则是由环境法律法规所确定的准则

环境法基本原则作为具有法律拘束力的法律准则，应当是由环境法所确定的。环境法确定基本原则的方式有两种：一是直接规定，即环境法明文将某项法律准则确定为基本原则，如我国的《环境保护法》规定："环境保护坚持保护优先、预防为主、综合治理、公众参与、损害担责的原则"，由此明确了环境法的保护优先原则，预防为主、综合治理原则，公众参与原则和损害担责原则；二是间接体现，即环境法虽没有某项基本原则的具体文字表述，但有关法律条文体现了该基本原则的精神，如协调发展原则，通过我国《环境保护法》有关经济社会发展与环境保护相协调的规定得到了体现。

一般而言，环境法典或环境基本法对环境法基本原则的规定比较明确，而环境单行法一般不明文宣示基本原则，而是通过对具体法律制度的规定来体现基本原则的指导性和对基本原则的从属性。

2.环境法基本原则反映了环境法的特点

作为部门法的基本原则，环境法的基本原则是环境法这一法律部门所特有的，它是环境法目的、理念和价值的体现，反映了环境法立法本位的特殊性和价值取向的独特性。因此，环境法基本原则是适用于环境保护方面具有特殊性的部门法的基本原则，它不同于我国当代法律体系所遵循的一般原则，体现了环境法的本质和基本特征，同时也界定了环境法与其他部门法之间的界限。

3.环境法基本原则适用于环境法的所有领域，具有普遍的指导意义

环境法的基本原则是在广泛总结和归纳各种与环境有关的社会关系的基础上产生的法律准则，它整合了环境法各个有机组成部分和各项具体法律制度的法律价值，具有全面的概括性和普遍的指导性，是环境保护的基本国策和重要方针在法律上的体现，也是各项环境法律制度与规范的基础，全面贯彻于环境法体系的始终。因此，环境法的基本原则有别于一般的环境法律规范，也有别于虽由环境法确认但只适用于特定领域具体原则或个别政策。

4.环境法基本原则具有稳定性，也具有一定的相对性

环境法的基本原则体现了环境法的基本理念和根本价值，包含了人们在某一历史阶段对环境法价值的追求，具有较强的稳定性。但环境法的基本原则不是一成不变的，因为环境法基本原则是在人们对一定时期内一定环境问题的认识基础上形成的，它随着各国经济发展水平和环境法制水平的不同而不同。从长远来看，环境法基本原则必然会随着人类社会经济的发展、价值追求的变迁、环境保护理念的进步等方面的变化而与时俱进，不断发展和完善。

二、环境法基本原则的内容

（一）保护优先原则

1.保护优先原则的概念和意义

新修订的《环境保护法》规定，环境保护坚持保护优先。该原则狭义上是指在环境保护管理活动中应当把环境保护放在优先的位置加以考虑，在环境利益和其他利益发生冲突的情况下，应当优先考虑环境利益，作出有利于环境保护的决定。广义上是指按照环境保护基本国策的要求和经济社会发展与环境保护相协调的要求，在处理经济社会发展与生态和环境保护的关系时，要把生态和环境保护放在较优先的位置予以考虑和对待。

这项原则表明，我国在环境资源保护与经济社会发展这对矛盾中，前

者已成为矛盾的主要方面，即成为瓶颈性问题。在对待自然资源问题上，资源保护相对于开发利用具有优先性，我国以往的环境资源保护法基本上都奉行开发利用优先的理念和原则，不能满足经济社会可持续发展的要求。保护和开发利用是一对矛盾，当二者发生冲突时，要按照法律的规定，突出环境和自然资源保护的目的。在对待环境问题上，当环境保护与经济建设发生冲突时，要优先保护环境，经济社会发展要满足环境保护的需要。

2. 保护优先原则的产生和发展

这项原则的前身是"环境保护与经济社会发展相协调"原则，两者都旨在明确和调整环境保护与经济社会发展的关系，但保护优先原则使这种关系的法律表达和规范更加清晰与合理。保护优先原则是国际环境保护的基本趋势。例如，《欧盟条约》中确立的"高级保护原则"，作为环境政策和法律中的一项基本原则规定：共同体的环境政策应该瞄准高水平的环境保护，考虑共同体内各种不同区域的各种情况。该政策应该建立在防备原则，以及采取预防行动、环境破坏应该优先在源头整治和污染者付费等原则的基础之上。这不仅是对共同体的环境措施提出了严格的环境质量的要求，而且也体现了明显的保护优先的政策定向。我国最早规定保护优先的规范性文件是国务院的《国民经济和社会发展第十一个五年规划纲要》。该纲要确立了国土空间的主体功能区划制度，要求在不同的功能区采取不同的经济发展策略和环境保护措施。其中在关于限制开发区域发展方向的规定中提出"坚持保护优先、适度开发、点状发展"的要求。我国新修订的《环境保护法》中有关生态红线、环境健康、生态安全、基本国策，以及环境保护目标责任制和考核评价制度等，都是以保护优先原则为前提和基础的。

3. 保护优先原则的内容和实施

保护优先原则在我国的贯彻实施首先，体现在观念的确立上。在新修订的《环境保护法》中，该原则首先体现在总则规定的立法目的、基本国策、环境义务、政府环境责任上；其次，体现在环境管理上，包括环境保护工作实施统一监督管理（第十条），环境保护工作纳入国民经济和社会发展规划（第十三条），组织制定经济、技术政策应当充分考虑对环境的影响（第十四条），可以制定严于国家环境质量标准的地方环境质量标准（第十五条），可以制定严于国家污染物排放标准的地方污染物排放标准（第十六条）等；

最后,体现在保护和改善环境的制度上,如环境限期达标制度(第二十八条)、生态保护红线制度(第二十九条)、自然资源合理开发、保护生物多样性、保障生态安全(第三十条)、生态保护补偿制度(第三十一条),以及总量控制、排污许可、公共监测预警、环境公益诉讼制度等。

(二)预防为主原则

1.预防为主原则的概念和意义

预防为主原则,是指国家在环境保护工作中采取各种预防措施,防止环境问题的产生和恶化,或者将对环境的污染和破坏控制在能够维持生态平衡、保护人体健康和社会物质财富及保障经济、社会持续发展的限度之内,并对已造成的环境污染和破坏进行积极治理的原则。

预防为主原则是现代环境保护的灵魂,其是结合国内外防治环境污染和环境破坏的经验教训提出的。西方工业国家在经济发展的过程中大多走了一条"先污染后治理"的道路,虽然也制定了一些法律,但大都是采取"头痛医头,脚痛医脚"的方法,仅仅针对某一环境要素作出了保护规定,而未将环境作为一个整体来对待。从早期环境法所依据的相邻权制度、侵权法制度的法律原则来看,其均不可能包含预防为主的内容,而是基于民法的具有事后救济性质的损害赔偿制度。到20世纪60年代,随着环境危机的频繁发生,人们开始意识到环境预防的重要性与迫切性,提出了"与其在环境问题出现后治理,不如在未出现前就预防"的观点。

2.预防为主原则的产生和发展

1980年,联合国环境规划署起草的《世界自然资源保护大纲》第一次提出了"预期的环境政策",要求任何可能引起环境污染的重大决定都能在其最早阶段就充分考虑到资源保护及其他要求。由此,预防为主的原则越来越受到各国的重视,并逐步成为国家环境管理和立法中的重要指导原则。我国新修订的《环境保护法》第十九条规定的"编制有关开发利用规划,建设对环境有影响的项目,应当依法进行环境影响评价。未依法进行环境影响评价的开发利用规划,不得组织实施;未依法进行环境影响评价的建设项目,不得开工建设",体现了这一原则的要求。此外,各环境保护单行法中也有相关内容的规定:环境保护工作中的环境影响评价制度、"三同时"制度、排污许可证制度、限期治理制度、排污收费制度、清洁生产和循环经济制度等都体现了这项原则的要求。

3. 预防为主原则的内容和实施

环境法确定这一原则主要是由环境问题本身的特点决定的。

第一，环境污染和环境破坏一旦出现就难以消除与恢复，甚至具有不可逆性，如重金属污染、地下水污染等。

第二，治理环境污染和破坏的成本高昂，往往要投入巨额资金。

第三，环境污染和环境破坏所造成的危害具有缓释性，在时间和空间上变性很大，具有难以预见性和不确定性，加之科学技术的局限，人类对损害环境的活动所造成的影响和最终后果往往难以及时发现。

第四，环境污染和破坏所造成的后果往往比较严重，对人体健康危害极大，会导致一系列疾病的发生，而且这些疾病不易被发现也不易治疗。

贯彻这一原则的具体要求是，根据我国环境法的有关规定，建立以预防为主的环境保护责任制度，采取有效措施，防止造成各种环境污染和破坏；严格控制新的环境污染和破坏，严格执行环境影响评价和"三同时"制度，加强对建设项目的环境管理，加强环境监测，建立环境突发事件预警和应对预案，对可能发生重大污染的企业事业单位采取加强防范措施等。

（三）综合治理原则

1. 综合治理原则的概念和意义

综合治理原则，是指法律规定一切单位和个人都有保护环境的义务，并通过行政的、市场的和自治的等各种机制和手段，积极有效地治理环境问题。它是协商民主与公共治理理念在环境保护中的体现。

这项原则集中体现在我国新修订的《环境保护法》中："一切单位和个人都有保护环境的义务。地方各级人民政府应当对本行政区域的环境质量负责。企业事业单位和其他生产经营者应当防止、减少环境污染和生态破坏，对所造成的损害依法承担责任。公民应当增强环境保护意识，采取低碳、节俭的生活方式，自觉履行环境保护义务。"这项原则体现了现代环境保护与民主法治相结合的客观要求。早期环境保护往往是单纯的政府行政管理行为，企业是管理的对象而非治理的主体，公众对环境保护仅限于从污染受害者角度的关注，治理手段局限于行政管理和对个别案件的司法审判。这种机制远远不能满足环境保护工作的实际需要，更无法实现对环境污染和生态破坏的有效遏制。此外，环境治理是国家治理能力的重要组成部分，提高国家治理能力客观上要求把民主法治更多地引入环境保护工作当中。

2.综合治理原则的产生和发展

我国20世纪70年代环境保护工作的32字方针中就有"大家动手""综合利用""化害为利"的提法，这是综合治理原则的雏形，并在环境保护工作中收到了良好的效果。20世纪八九十年代以来，协商民主和公共治理的理念逐步进入环境保护领域，一些重要的国际环境保护宣言和公约中对其都有所体现。环境协商民主机制实际上是政府、市场、公民社会三方互动来解决环境问题的一套运行机制。《中共中央关于全面深化改革若干重大问题的决定》提出，协商民主是我国社会主义民主政治的特有形式和独特优势，全会决定把推进协商民主广泛多层制度化发展作为政治体制改革的重要内容，强调在党的领导下，以经济社会发展重大问题和涉及群众切身利益的实际问题为内容，在全社会开展广泛协商，坚持协商于决策之前和决策实施之中。环境与整个社会发展和人民生活密切相关，环境问题不仅是我国经济社会发展面临的重大问题，而且是涉及群众切身利益的实际问题，环境问题的解决依赖于环境协商民主机制具有的可能性、必要性和正当性。

协商民主机制在环境保护中的重要体现是环境公共治理。所谓公共治理一般是指政府及其他组织组成组织网络，共同参与公共事务管理，谋求公共利益的最大化，并共同承担责任的治理形式。公共治理不同于政府治理，在公共治理理论的视域下，政府、市场与社会都不是唯一的治理主体，三者间的互动、合作成为必然选择。政府、市场与公民社会三种机制运行中各存在优势与不足，公共治理的理论基础是政府、市场与公民社会的三边互动。

3.综合治理原则的内容和实施

（1）治理主体的多元性

新修订的《环境保护法》体现了国家、企业和个人环保公共治理的新理念和新机制。国家、企业、个人三者都有环境保护的义务，三者各自的特点及相互关系是：政府负责、企业积极、个人自觉。

"政府负责"针对的是我国以往环境法对政府的规定偏重于权而失之于责，此次修订大大加强了政府的环境责任，这是我国环境保护的着力点。

"企业积极"针对的是我国以往企业在环境法中的角色是被动的被管

理者，很少积极主动地参与环保。我国企业在环保上还有很长的路要走，要以新修订的《环境保护法》为契机，更积极主动地参与环保。

"个人自觉"针对的是我国目前公众环保意识要大力加强，要把环保与个人修养的提高和追求文明生活方式结合起来。环保的理想状态不是管出来的，而是大家自觉行动共同创造的。在全民中形成环保光荣、污染可耻的共识和准则，共同实现光荣美好的中国梦。

（2）治理途径的多样性

特别注重运用市场手段和经济政策，客观上要求转换政府职能，刺激市场机制发挥作用，鼓励公民社会参与，而且强调行政、市场与公众三者的结合。我国环境保护的一些创新型制度，如生态补偿、第三方治理、排污权交易与碳排放交易、企业环保诚信制度、政府绿色采购、环保税、环境污染责任保险合同、能源管理等都体现了综合治理的特点。

（3）治理机制的综合性

环境保护要全社会全方位齐抓共管，相互配合，实现治理的系统化。我国环境法规定了财政、教育、农业、公安、监察机关、任免机关、人民法院等有关部门和机关的环境保护职责，规定了各级人民政府、环境保护主管部门和其他部门的环境保护职责。

（四）公众参与原则

1. 公众参与原则的概念和意义

公众参与原则，亦称依靠群众保护环境原则、环境民主原则，是指生态环境的保护与自然资源的开发利用必须依靠公众的广泛参与，环境法通过各种法定的形式和途径确立公众在参与环境管理与保护中的资格，鼓励公众积极参与环境保护事业，保障他们对污染环境和破坏环境的行为依法进行监督的权利。

公众参与原则是保障环境正义、提高环境效益的具体要求。长期以来，我国环境法的产生和发展具有行政主导的特点，公众参与的深度和广度十分有限。党的十五大提出建设社会主义法治国家的目标，公民的各项民主权利不断提升，公众参与原则在理论和实践方面都得到迅速发展。正如民主、人权等概念的不统一一样，公众参与原则在各国环境法的规定中有不同的具体内容，这取决于一个国家的经济发展水平，以及由此决定的民主与法制建设程度。我国目前实施公众参与的主要任务是提高和强化全民族的环境意识和环境法制观念，树立保护和改善环境的良好社会风气。环境保护是一项公益性事业，不仅关系到人民群众的切身利益，影响到每个人的生活和健康，而且影响到社会经济的发展。只有通过宣传教育，使广大群众认识到环境保护的重要性，才能在全社会树立起保护环境、人人有责的风尚，把保护环境变成全体公民的自觉行动。

2. 公众参与原则的内容和实施

（1）环境知情权

公民、法人和其他组织依法享有获取环境信息、参与和监督环境保护的权利，即环境知情权。新修订的《环境保护法》第五十三条规定："公民、法人和其他组织依法享有获取环境信息、参与和监督环境保护的权利。"公民有权获得行政机关所掌握的环境资料，对环境状况、政府决策、工程项目等信息享有知情权，有权就相关问题向政府咨询并及时得到答复。政府信息公开是公民环境知情权享有的关键，建立健全政府信息公开机制，包括信息公开的机关、信息的内容、公开度、公开的时间、公民查询的方式、就相关问题进行咨询的途径等都应作出明确的规定。

（2）诉讼权利

首先是司法救济权。公民的环境权益受到侵害时，应当能及时有效地诉诸司法，获得司法上的救济。公民的环境知情权、环境决策参与权受到非法侵害时，也有权通过诉讼得到法律救济。其次是环境公益诉讼权利。符合条件的社会组织提起公益诉讼，人民法院应当依法受理。新修订的《环境保护法》第五十八条规定，对污染环境、破坏生态，损害社会公共利益的行为，符合下列条件的社会组织可以向人民法院提起诉讼：①依法在设区的市级以上人民政府民政部门登记；②专门从事环境保护公益活动连续 5 年以上且无违法记录。符合前款规定的社会组织向人民法院提起诉讼，人民法院应当依法受理。提起诉讼的社会组织不得通过诉讼牟取经济利益。

（3）各级政府、环保部门必须公开环境信息，及时发布环境违法企业名单

县级以上地方人民政府环境保护主管部门和其他负有环境保护监督管理职责的部门，应当将企业事业单位和其他生产经营者的环境违法信息记入

社会诚信档案，及时向社会公布违法者名单。

（4）排污单位必须公开自身环境信息，环评报告书应全文公开

新修订的《环境保护法》第五十五条规定："重点排污单位应当如实向社会公开其主要污染物的名称、排放方式、排放浓度和总量、超标排放情况，以及防治污染设施的建设和运行情况，接受社会监督。"第五十六条规定："对依法应当编制环境影响报告书的建设项目，建设单位应当在编制时向可能受影响的公众说明情况，充分征求意见。负责审批建设项目环境影响评价文件的部门在收到建设项目环境影响报告书后，除涉及国家秘密和商业秘密的事项外，应当全文公开；发现建设项目未充分征求公众意见的，应当责成建设单位征求公众意见。"

（5）鼓励和保护公民举报环境违法

新修订的《环境保护法》第五十七条规定："公民、法人和其他组织发现任何单位和个人有污染环境和破坏生态行为的，有权向环境保护主管部门或者其他负有环境保护监督管理职责的部门举报。公民、法人和其他组织发现地方各级人民政府、县级以上人民政府环境保护主管部门和其他负有环境保护监督管理职责的部门不依法履行职责的，有权向其上级机关或者监察机关举报。接受举报的机关应当对举报人的相关信息予以保密，保护举报人的合法权益。"

（6）环境行政听证权

我国《环境影响评价法》第十一条规定："专项规划的编制机关对可能造成不良环境影响并直接涉及公众环境权益的规划，应当在该规划草案报送审批前，举行论证会、听证会，或者采取其他形式，征求有关单位、专家和公众对环境影响报告书草案的意见"；第二十一条规定："除国家规定需要保密的情形外，对环境可能造成重大影响、应当编制环境影响报告书的建设项目，建设单位应当在报批建设项目环境影响报告书前，举行论证会、听证会，或者采取其他形式，征求有关单位、专家和公众的意见"。我国各专项环境保护法律法规也对公民的环境保护公众参与权予以保障，规范公众参与的各种途径和程序。如《环境噪声污染防治法》等单行环境法律中关于环境影响报告书制度的规定，将建设项目所在地单位和居民的意见作为环境保护的法定内容，对公众参与权予以严格的法律保护。

（五）损害担责原则

1.损害担责原则的概念和意义

损害担责原则指的是任何对环境和生态造成损害的单位和个人，都必须依法承担相应的法律后果。

这项原则首先是指新修订的《环境保护法》第六十四条规定的情形："因污染环境和破坏生态造成损害的，应当依照《中华人民共和国侵权责任法》的有关规定承担侵权责任。"此处的责任即民事损害责任。其次，也包括违反环境法律义务，直接或间接造成环境和生态损害后果所应承担的法律责任，即新修订的《环境保护法》第六条规定的情形："一切单位和个人都有保护环境的义务。地方各级人民政府应当对本行政区域的环境质量负责。企业事业单位和其他生产经营者应当防止、减少环境污染和生态破坏，对所造成的损害依法承担责任。公民应当增强环境保护意识，采取低碳、节俭的生活方式，自觉履行环境保护义务。"造成环境损害所担的责任不仅是民事责任，还包括刑事责任和行政责任。这项原则最充分地体现了环境保护所必须遵循的环境公平正义法则，用以消除环境成本外部化或所谓的外部不经济性，寻求利益与责任相一致的实质公平，是作为环境法重要法理学依据的民法原则的延伸。

2.损害担责原则的产生和发展

在过去相当长的时间内，环境被认为是无主物或公共资源，造成环境污染和破坏的个人或组织只要对他人人身和财产没有造成直接的侵害就不承担任何责任。随着环境问题的加剧，一方面，政府对日益增加的环境保护投资越来越不堪重负；另一方面，环境问题陷入越治理污染越严重的恶性循环。政府环境支出实际上由全体纳税人来支付，个别不当行为造成的环境问题要由全体社会成员来承担，有违法律的公平正义。这就是所谓环境问题的外部不经济性"内部化"。

1972年，经济合作与发展组织环境委员会在债权理论的基础上首次提出了环境民事法律责任的基础性原则——污染者负担原则，或称污染者付费原则，提出由污染者承担治理的费用。由于这项原则有利于实现社会公平和防治环境污染，所以很快得到了国际社会的认可，并被许多国家确定为环境保护的一条基本原则。《我们共同的未来》指出，"可持续性要求对决策的影响承担更广泛的责任，可持续发展的目标必须纳入那些负责国家经济政策和计划的国会和立法委员会的职责范围，也就是纳入关键的部门和负责国家政策的机构的职权范围，进一步说，政府的主要经济和专业部门现在就应承担直接责任与义务，保证他们的政策项目和预算不但促进经济上的可持续发展，而且也促进生态上的可持续发展"。

3. 损害担责原则的内容和实施

（1）污染者付费

污染者付费，亦称污染者负担，指污染环境造成的损失及治理污染的费用应当由排污者承担，而不应转嫁给国家和社会。从经济学的角度来看，生产经营活动所造成的污染属于经营成本，如果经营者不承担这种成本，而由国家和社会承担，是与民法的公平原则格格不入的。

污染者付费制度自 20 世纪 70 年代以来已为国际上所普遍承认，并被许多国家确定为环境保护法的一项基本原则。污染者负担主要是针对已经发生的污染，即事后的消极补偿，但有时这一手段并非十分奏效，有些污染者在交纳了一定的排污费或排污税后，仍继续排污。我国自 20 世纪 80 年代以来，这一原则已逐步在环境法中得到体现。同时，我国也可以适当借鉴国外的惩罚性赔偿制度，严厉惩处污染或破坏环境的单位和个人，以加强对环境的保护。

（2）利用者补偿

利用者补偿，亦称谁利用谁补偿，指开发利用环境资源者，应当按照国家有关规定承担经济补偿的责任，对所耗用的自然资源占有的环境容量和恢复生态平衡予以补偿，建立并完善有偿使用自然资源恢复生态环境的经济补偿机制。国务院《关于环境保护若干问题的决定》规定，要"建立并完善有偿使用自然资源和恢复生态环境的经济补偿机制"。

（3）开发者保护

开发者保护，亦称谁开发谁保护，指有权开发利用环境资源的单位和个人，同时承担保护环境资源的义务。在我国，大量的自然资源属于国有，开发者大都为国有企业事业单位，这些单位无论是基于其法定身份，还是基于其开发行为，保护环境资源均是其法定的责任；对于非国有企事业单位的开发者来说，保护环境资源则是其法定的义务。

（4）破坏者恢复

破坏者恢复，亦称谁破坏谁恢复，指造成环境资源破坏的单位和个人，须承担将受到破坏的环境资源予以恢复和整治的法律责任。这方面的规定与"污染者付费""谁污染谁治理"等规定既有联系也有区别：造成环境污染和破坏者即使付费了，也不免除其恢复和整治的责任；污染往往指危害自然环境的行为，而破坏还包括了危害自然资源的行为。我国《草原法》中关于恢复植被的规定、《矿产资源法》中关于土地复垦的规定等，都是这项原则的具体规范。此外，一切违反法定义务的行为，都必须承担相应的法律责任和后果。

我国新修订的《环境保护法》第六条规定，"一切单位和个人都有保护环境的义务"。这意味着无论是各级人民政府，还是企事业单位等生产经营者或个人，也无论其行为是否造成了民事损害后果，只要是有违法行为的事实，并造成环境和生态损害后果，都要承担相应的法律责任，包括民事责任、刑事责任和行政责任，也包括自治规约、道义和纪律等责任。

第六章 环保优先原则适用

第一节 环境保护优先原则的基本内涵

法律的基本原则，是整个法律体系或者某一法律部门所适用的、体现法的基本价值的原则。环境法的基本原则是环境保护法所确认的，体现环境保护工作基本方针、政策，并为国家环境管理所遵循的基本准则。《中华人民共和国环境保护法》明确规定："环境保护坚持保护优先、预防为主、综合治理、公众参与、损害担责的原则。"从此法条中可以简单概括出环境法的基本原则之一：环境保护优先原则。就环境保护优先原则的研究来讲，学界和实务界有共同之处，但基于工作环境和研究特征的差异也存在着较大的区别。

一、学术界的观点

环境法的基本原则发初于环境保护政策。我国的环境污染和生态破坏从 20 世纪 60 年代开始变得愈发严重，国家开始注重环境保护工作，对比较严重的生态环境问题进行行政干预，随着 1979 年《中华人民共和国环境保护法（试行）》的颁布，环境法开始演变为一个相对独立的学科，环境政策层面所形成的协调发展、预防为主、防治结合等基本准则逐渐演变成了环境法学科的隐性原则。这里所要讨论的环境保护优先原则从文本表现形式上历经了环保法基本原则从隐性到显性的过渡，从发展思维上历经了对绝对协调发展原则到相对环境优先的转变。学界对环境保护优先原则的探讨相对集中在理论层面，并没有对具体的该原则适用作出系统化的论证。学界对该原则的主要争鸣可以从以下三个方面进行概括：第一，对于该原则的构建的思考。在 2014 年新环境保护法没有修订之前，学界就已经对环境保护法中隐性的协调发展原则进行了反思，代表人物有赵旭东、黄静，吴卫星、杨群芳等。第二，基于该原则构建后对原则内容与解释的争议。王灿发认为生态文明建设应当遵循生态优先、不得恶化，生态民主、不得恶化；共同责任的责任构建，其指出目前"保护优先"没有官方的解释，从其字面来看，他认为有三种解释：一是保护相对于开发利用来说，保护优先于开发利用，这一般是指自然保护区、风景名胜区和其他需要特别保护的区域；二是保护相对于污染治理，先保护好未污染的，有条件再去治理；三是保护相对于恢复和改善来说，保护优先于恢复和改善。其认为保护优先无法完整地体现经济社会发展与环境保护的关系，保护优先原则应当变更为生态优先原则或者环境优先原则。王树义认为该原则包括：优先保护人的生命、健康，保障居民的生活、劳动、休息的良好的生态环境；在经济利益与生态利益冲突时，优先考虑生态利益的需要；利用一种或者几种自然客体，不应对其他自然客体和总体的环境造成损害。在环境管理活动中应当将环境保护放在优先的位置加以考虑，在社会的生态利益和其他利益发生冲突的情况下，应当优先考虑社会的生态利益。

从现有的文献分析，学界对传统部门法基本原则适用研究比较普遍，但对环保法基本原则的适用研究则相当匮乏。从学界的争鸣来看，2014 年的新环保法所规定环境保护优先原则可能并没有完全达到学界的期望，但既然法律文本中设计的是环境保护优先的基本原则，学界除了对其内容进行不断完善的同时，也应当对该原则的具体适用做出努力。

二、实务界的观点

《中共中央关于全面深化改革若干重大问题的决定》明确提出了生态文明建设的制度设计，注重生态文明与经济、政治、文化、社会建设的和谐发展。该决定提出要建立资源税收制度、资源产品价格制度、总量控制制度、生态红线制度、污染物排放权交易制度、流域综合治理制度、资源绩效审计制度等。这些制度的构建是对现有的生态环境建设过程中"先污染后治理"，对环境保护工作以污染防治为主，法律设计注重实质的工业经济建设而忽视生态环境利益的现状提出了挑战。以上的制度是实务界运用国家政策和国家法律贯彻环境保护优先原则进行努力的方向，但是目前的这些制度只处于设计阶段，并未完全实验，更提不上推广，因此实务界对环境保护优先原则的实践仍然需要不断地强化其实践效能。

　　环境保护优先原则作为新环保法的一项重要基本法律原则，在生态环境保护领域的指导性作用不言而喻，但是在实务的操作中，作为实务操作基础之一的法律设定上仍然存在着一定的滞后性。因此，作为实务界操作的保障性基础仍然较为薄弱，尤其是突出的环境管理执法观测环境保护优先尤为困难，如何界定环境保护优先成为困扰众多环境保护参与主体的重要难题。从生态文明建设与环境保护的关系看，生态文明建设的关键在于环境保护，环境保护是生态文明建设的主战场或主阵地，抓手为环境法治，切入点为环境司法。环境司法作为环境法律适用的主要表现形式，环境保护优先原则作为新环保法的一项基本原则也得到了司法界的关注。最高院的环境资源审判庭指出，环境保护法的基本原则在审判实践中具有三个方面的作用：第一，基本原则适用所有的环境保护法律法规，是认识环境法性质、准确理解和执行环境法的关键；第二，环境概念的不确定及环境法调整范围的相对性，具体实务界的法律实践中要注重环境法原则的法律漏洞填补作用；第三，环境法基本原则是环境诉讼程序与审判方式改革、创新的重要指导。对于环境保护优先原则的适用，要做到把握好经济发展和环境保护的关系，依法落实保护优先原则。具体做法是：环境法律法规有明确规定的，严格依法裁判案件，充分展示具体法律条文中所蕴含的保护优先宗旨；法律法规没有明确规定的，要本着保护优先的宗旨处理环境纠纷。具体司法审判实务中注重理解好"保护"的含义，准确理解"优先"的内涵，要分类施策。在具体的个案审判中，努力找寻环境保护与经济发展的平衡点，妥当的衡平各方当事人的利益，实现经济、社会与生态效益的共赢。从基本的政策制度设计，到环境立法执法和环境司法的三个大角度宏观来看，实务界对环境保护优先原则的适用可以说是信心满满但道路曲折，环境保护优先原则的适用就目前来看并没有完全统一科学的方法和制度进行全方位的规范支撑与保障。

第二节　环境保护优先原则的角色定位

一、环境保护优先原则的价值定位

　　生态环境问题远远不是某个单独学科可以独立解决的问题。环境问题的解决从某种程度上讲就是环境管理问题的优化，环境法律和规范作为环境管理的重要实现方式，环境法的基本原则应当体现着对待环境问题的基本价值取向。环境保护优先原则的价值定位可能从不同的学科角度存在着不同的解读，这里拟对环境保护优先原则的价值进行以下定位：

（一）环境保护优先原则的可持续发展价值

可持续发展问题的提出，源自于环境保护问题。世界环境和发展委员会在《我们共同的未来》的调研报告里对可持续性发展的界定是："既满足当代人的需要，又不对后代人满足其需要的能力构成威胁。"客观的自然环境其实具有二元属性。这种二元属性的基本表现是：一方面环境固有自然价值对人类发展的客观积极作用。比如说自然环境在人类的生存与发展中发挥的载体性作用，动力性支撑等。另一方面环境变化所引起的自身突变对人类发展的客观消极影响，比如自然科学角度下超出环境容量承载极限范围所引发的灾害性威胁对人类的生存发展的阻滞现象。客观的自然环境二元属性的核心其实是人类在对自然要素进行利用时，应当注意限制和保护（限制是对现有自然资源存量的控制，保护是对现有生存状态的保全），其中延伸出的静态表现就是人与自然状态的和谐统一，动态模式就是人与自然的协同发展。这种动静结合的理解，从本体论角度观之，就是由以往人与自然分离的认知转变为人与自然相统一的认知。从认识论观之，就是由人类中心转变为生态人类中心，其基本的价值尺度从单纯的人类利益转化为人类利益和地球利益的综合。环保法从以前的协调发展原则转变为以环境保护为限定的环境保护优先原则就是可持续发展伦理的倾向性选择。

（二）环境保护优先原则的生态规律尊重价值

人类的生存与发展过程在环境领域实质上是人类与自然的物质交换过程，这种宽泛的物质交换的基础是自然物质（这种自然物质肯定包含了环境法中所提及的环境要素）。因此对自然因素的人类实践行为理应符合应有的自然规律。从人类与自然物质交换的本质上讲，这种自然规律可以归纳为：衡平的能量流动。衡平是人类与自然进行交换的应然状态，体现出此种交换的理想状态。能量是人类与自然进行沟通的实体媒介，体现出此种沟通的物质属性。流动是人类与自然进行交互的运动状态，体现出此种交互的相互影响。从当下人类发展与自然关系的现状模式来看，人类过多地强调了自然的物质属性和流动利益的单向性（在人类社会的发展过程中，过多地从自然中

"提取"自认为有利的正能量，而过多地释放出了损害自然的负能量），严重忽视了衡平和谐人与自然的关系交互。面对现有的生态环境危机，其实恩格斯在一百多年前的《自然辩证法》中早就认识到：人类不要过分的陶醉于我们对自然的胜利，对于这样的胜利，自然界都报复了我们。环境保护是应对当下非均衡能流量动物质交换的必然选择，而通过立法模式进行固定的环境保护优先原则，本质上就是对环境污染和生态破坏所共同作用形成的环境危机的积极回应，这使得环境保护优先原则具有适用的科学性。

（三）环境保护优先原则的生态正义体现价值

生态正义是在承认人与自然之间处于平等地位的基础上，人类给予自然以应有或应得。环境正义在环境法上的讨论是比较多的，形成了以人类为中心的（比如代内正义、代际正义等）一系列的认知，当然反对者也存在。这里所提及的生态正义是从自然角度出发的倾向于自然的（人类应该为自然做些什么）正义观念，其实更多的区别于以人类权利为中心的代内、代际划分的正义环境保护行为本身就是人类在正确认知到人与自然关系的基础上对自身行为的反思，对自然母亲爱戴的一种反馈。环境保护优先原则从生态伦理的角度将人与自然进行地位的等同（乃至在某些特别的生态环境领域还有所拔高），体现的就是一种生态道德的认同。通过法律原则进行固定的环境保护，从某种程度上已经慢慢超出其原有的行为模式范畴，而逐渐地上升为一种意识认知范畴。这种对自然的生态道德认同涉及法律原则的内在道德取向，一定程度上让环境保护优先原则在作为法律基本规范的同时更多地符合生态正义的道德价值。

（四）环境保护优先原则的经济成本价值

一国发展模式的选择，往往是在其国情基础上经济政策的选择，而经济政策的选择往往又是不同社会体制作用的结果，而社会体制的确立往往是由法律所规范的或者说是依赖于法律的。环境保护优先原则实质就是法律对社会发展的经济政策的调整。经济分析法学认为，立法的行为其实就是构建了一定的法律市场，在这种制度的市场中形成了一定的供求关系，而适当的立法和修法就是对法律市场关系的供求调整。环境保护优先原则是环保法修法的产物，从法经济学角度来看，就是对环境保护法律供求关系的调整，环境保护优先原则取代了原来环保法中经济与环境协调发展的原则，当然不能讲环境保护在旧环保法中毫无法律需求，毕竟环保法潜在的目的就是保护环境。因此可以这样认为，环境保护的法律需求其实是伴随着环保法的产生而产生的。只是在当时的时代背景下为了促进经济的发展，各种认知、决策乃至法律等制度层面所产生的社会净收益大于当时环境保护所能够制造的社会净收益。当下的环境保护优先原则被鲜明地固定于法律之中，其实就是现在的决策者、立法者们认识到了环境保护行为所带来潜在收益地位的提升，当年所谓的决策帕累托最优已经被现实所打破，因此从法律制度层面对当时的决策的非均衡性进行一定的调整，这也就不难理解为什么环境保护优先原则能够成为环保法基本原则了。

二、环境保护优先原则的功能定位

（一）环境保护优先原则的政策导向性功能

环境政策是国家为保护环境所采取的一系列控制、管理、调节措施的总和。中国的环境政策是指中国公共组织就与环境保护有关的事项，所决定采取的具有政策形势和政策规范性的各种方法的总称。从基本的中国环境政策的抽象化概念可以看出环境政策的导向性作用。从目前的环境政策来看，中国现阶段（从中华人民共和国成立直到今后相当长的一段时间内）的环境政策都属于发展中国家的环境政策，这种类型的环境政策一个重要的表现是坚持经济、社会与环境保护的协调发展。坚持经济、社会与环境保护的协调发展，是中国环境政策的一个显著标志，这类环境政策的定位是由国家的经济发展水平所决定的。在这种情况下，中国的环境政策不仅仅考虑的是环境保护的基本目标，同时也注重经济水平发展的承载能力负荷，而且在经济比例较为倚重的情况下，有差别的关注环境问题。因此从改革开放以来，总感觉到环境政策一直在为经济发展让步，并没有做到实质上的协调发展，从而形成了较为顽固的"先污染后治理""边发展边污染"的经济与环境关系的思维。至少从现有的大部分环境政策来看，我国的环境政策定位是"环境与经济协调型"而不是"环境优先型"。中国的环境政策原本的协调型导向应当向环境优先导向过渡，才能修复环境问题的思维创伤。环境保护优先原则是环境法的基本原则，而这种基本原则的最先渊源应当来自环境政策，其在环境基本法中指导性的规定现在看来有些超前，但推动其超前的原因是中国环境的窘境。因此在这个方面，环境保护优先原则也应当作为"环境优先型"

政策定位的基本价值取向，在中国环境政策过渡的特殊时段，利用环境保护优先原则对其进行指导，将其作为中国环境政策的最新定位来引导中国的环境保护工作，对于从根本上使得中国的环境状态改善有着不言而喻的好处，同时也会促进基本的生态环境友好型社会的建设，实现美丽中国的中国梦。

（二）环境保护优先原则的规范限制性功能

1. 环境保护优先原则在环境保护法中的规范性

在伦理学大辞典里，"规范"一语存在着广义和狭义两种基本解释：广义指一定的过程或过程的结果所遵守的规则。在科学上通常所说的规范是指社会规范和道德规范，也就是调节整个社会或个人活动的手段。在这种意义上说规范就是人们的活动、行为应遵守的规则。狭义指确定个人和社会相互关系的原则和规则，并且这些原则和规则在法律及其他法令、风俗习惯、社会要求中固定下来。基于规范的定义可以将环境保护优先原则的规范性分为两个层次解读：第一，环境保护优先原则的狭义规范性。环境保护法作为环境保护领域的基本法，其自身发挥着对国家、政府、公民环境行为的基本规制作用。环境保护优先原则源自《环境保护法》第五条的明确规定，其本身属于环境保护法的组成部分之一，《环境保护法》对其进行了条文化的固定，使得环境保护优先原则拥有了最为直接的规范效力。第二，环境保护优先原则的广义规范性。法律原则是一部法律中最为基本的规定，是法律适用的基本准则，一部应然的法律如何成为一部拥有生命力的实然的法律，其在法治实践中都必不可少地需要原则性的指导。环境保护优先原则表面上可能不具有强烈的环境司法适用性，但是在实际的环境法治过程中，其原则性的价值宣誓和引导乃是整个环境法治实践（立法、执法、司法、守法）的重要渊源，环境保护优先原则成为了调整国家、社会和个人环境行为的基本准则之一，这使得环境保护优先原则成为了广义上环境保护工作中必须遵循的规范之一。

2. 环境保护优先原则在环境保护法中的协调性

环境保护优先原则作为环境法的基本原则其协调性不言而喻。其协调的主要表现主要为制度协调和实施协调两个方面。第一，环境保护优先原则的制度协调性。就我国目前的环境法律法规来看，可以作出如下总结：以《中华人民共和国环境保护法》为代表的基本法，以《中华人民共和国大气污染防治法》等为代表的污染防治法，以《中华人民共和国水法》等为代表的资源保护法及以《中华人民共和国标准化法》《中华人民共和国清洁生产促进法》为代表的相关法律构成了我国的基本环境保护法律体系。同时在这些狭义的国家法律下，还存在着大量的行政法规、部门规章、环境标准、地方性法规，以及批准和签署的国际条约，从这些规范性法律文件的数量上、结构上来看，可以得出我国的环境法律法规体系是基本健全的，但是基于法律法规的制定技术的限制，立法者的理性认知局限性，法律的滞后性等一系列的因素，其中相当一部分的规范性法律文件并没有做好从协调型社会向优先型社会转变的过渡，因此环境保护优先原则在优先型社会的过渡上发挥着制度上的协调作用。第二，环境保护优先原则的实施协调性。环境法律规范所构建的制度体系，发挥作用的根源其实质上是在于制度的运行，如此多的法律制度其自身具有较为明确的规范内容和目的，要使得各项制度在整体上为生态文明建设服务，就必须确保其调整目标和调整效果一致性，在具体的实施中各个制度最为现实的方式就是将保护优先的原则作为实施的底线，以其统帅具体的制度实践。

3. 环境保护优先原则在环境保护法中的执行性

环境保护优先原则是环境保护法的基本原则，具有最为直接的指导执行功能。环境法治的生命力在于环境法律的执行，可以简单地理解为环境事务的管理与调控。从中国的环境立法来看，目前绝大多数的环境法律、法规及环境政策都是涉公性与涉私性的结合。涉公性表现为环境法律、法规都明确地规定了执行主体，或者明确地规定了执行机关，尤其是在环境行政部门化的表现中尤为突出。涉私性主要集中在各类环境政策之中，国家和政府借助环境政策来规范企业环境行为，激励企业进行环境行为的改良，使企业主体能够在政策规范的框架下获得更为丰厚的环境利益。在此处无论是环境的执法者还是社会经济建设的企业群体，他们的环境执法行为或者环境生产偏好行为都不是随心所欲的，他们的行为评价指标必须符合环境法律法规和环境政策的创设精神。环境保护优先原则的执行性就是对企业环境生产行为和环境执法者环境执法行为的规范，是判断环境行为是否符合基本生态友好型、环境优先型社会建设的指标之一。只有环境行为的参与者遵循环境保护优先的基本原则具体的实施环境行为，才能够实现环境法的立法目的和环境政策设计的初衷。

第三节 环境保护优先原则的适用分析

一、环境保护优先原则在环境政策适用层面分析

（一）环境政策制定层面分析

这里所讨论的环境政策不同于环境法律法规，在上文中将环境政策定义为非法律规范性文件。对于环境法律法规而言，其产生都会有具体的程序可以参照与遵循（传统意义上的立法程序与方法。而从环境政策的表现形式上来看，主要有上文所提及的党的政策、国家政策、领导人政策等多种组合。从其产生的形式上来看，其实并没有法律产生的民主性、开放性及相对的科学性，从一定程度上讲，环境政策是大范围或者集权的"人治"特点，只是这里的人更为精英化、理性化。当然这也是本书所认为的环境政策区别于环境法律的特点，狭义的环境政策还体现着适应和解决问题的时代性，同时也弥补着环境法律的滞后性。鉴于环境政策调整对象和调整方法的伸缩，加之其缺乏环境科学的指导，我国的环境政策在制定方面存在着相应的问题。

环境保护与经济发展的关系其实在目前的中国土地上应该是分层次的，我国的区域经济发展极不平衡，形成了最具中国特色的东中西三级、南北方两极的经济格局。因此对于环境保护优先原则指导的"环境优先型"政策也应当有层级的、有区域的进行贯彻，在环境容量有限、自然资源供给不足而经济相对发达的地区坚持环境优先，做到增产减污；在环境仍有一定容量、资源较为丰富、发展潜力较大的地区坚持科学合理地利用环境承载能力，推进工业化和城镇化的同时严格控制污染物排放总量，做到增产不增污；在生态环境脆弱的地区和重要生态功能保护区实行限制开发，坚持环境保护优先的前提下发展特色优势产业，确保生态功能的恢复与保育，逐步恢复生态平衡；在自然保护区和具有特殊保护价值的地区实行禁止开发，依法实施环境保护，严禁不符合规定的任何开发活动。

要想环境保护优先原则能够借助环境政策达到落实，就应当注重环境政策的科学性。环境政策的科学性应当分为环境政策制定的基础科学、方法科学、内容科学等方面。一些重要的环境政策制度并没有结合地方实际进行

科学的论证，制定出的环境政策有很大一部分要么脱离实际，要么落后于实际。环境政策是党、国家及人民对生态环境的软治理活动，政策的制定应当遵循民主的方法，但目前在制定环境政策时，往往是政府或者相关部门一家独大，其开门制定政策、民主制定政策的情况并不真实：许多的专家论证会、公民听证会往往流于形式，在环境政策的制定过程中并没有真正意义上充分发挥专家和公民的作用。目前的环境政策的制定思路已经开始从"经济与环境协调发展型"向"环境优先型"过渡，而这种突破传统的政策改变，目前更多地依靠的是行政强制和法律强制，注重的只是内容表面的过渡性，并没有实际的考虑现实的可行性，比如目前的环境污染终身负责制，过分地强调了相关的行政责任过程，并没有明确的多元责任，其实环境政策更多的不是去限制被施政者的责任，而是进行环境保护优先转变的权利的赋予，环境政策区别于环境法律的底线维持，因此其基本的基调应当是鼓励而不是限制。

（二）环境政策实施层面分析

鉴于本书所指涉的环境政策概念是与环境法律法规相互平行的概念，本书对于环境政策实施问题的分析主要是从环境政策实施的表现形式和参与主体的角度进行考虑。就目前中国常用的环境政策措施（见表6-1）。

表6-1 我国环境政策措施

命令—控制措施	市场经济措施	自愿行动	公众参与
污染物排放浓度控制	环境收费政策（排污费）	环境标志	环境状况公报
污染物排放总量控制	环境保护产业政策（超标处罚）	ISO14000 体系	环境统计公报
环境影响评价制度	环境税收政策（环保节能产业税收减免）	清洁生产	河流重点断面水质公布
"三同时"制度	环境投资政策（排放权）	生态农业	大气环境质量指数公布
限期治理制度（已废止）	环境价格政策	生态示范区（县市省）	企业环保业绩试点
排污许可证制度	环境技术政策（节能产品补贴）	生态工业园	环评听证
污染物集中控制	生态补偿政策（试点）	环保 NGO	环境教育
城市环境综合整治定量考核制度	环境信贷政策（绿色信贷）	年保模范城市、环境友好企业	中华环保世纪行（舆论媒体监督）
环境督查		绿色 GDP 核算试点	

从以上的整理可以看出，我国的环境政策实施的主要手段可以分为三个大类：一是以政府行为为主导的行政调控型环境政策；二是以企业生产为

对象的市场调控型环境政策；三是以公众参与为表现的社会调控型环境政策。就目前环境政策体系的完整性来看似乎并无多大问题，但环境政策的实施效果除了完备的政策体系之外更为关键的是环境政策实施者的行为。目前环境政策实施低效的原因之一就是政策实施者的执行出现了问题。

二、环境保护优先原则在环境法律适用层面分析

（一）环境执法适用层面分析

1. 环境执法环境与该原则的冲突

环境执法环境主要是指影响环境执法行为发挥作用的外部性因素，其主要包括环境执法的环境法治意识，环境执法的社会配合程度及环境执法的非法干扰因素等方面。就目前环境保护优先原则与环境执法的外部环境冲突来看，主要可以归纳为：第一，环境保护优先原则与环境执法的基本理念存在差距。在理论上环境保护优先原则是体现环境执法实体正当性的依据，是凸显环境执法环境价值取向的表现，是彰显环境执法行为科学性的根据。但是在实际的环境执法过程中环境保护优先的思维方式并没有真正地贯彻到实际的环境执法过程中：在环境规划、环境许可的过程中更多的仍是以经济绩效为主要指标，在污染监测、污染治理过程中更多的是"先污染，后治理"的事后治理理念，在环境评估、环境考核过程中注重的不是实际的环境状态而是更为注重形式的环境数据。第二，环境保护优先原则与环境执法的公众基础存在间隙。环境执法是个双向行为，其运行的效率与否其实也需要社会公众的支持。公众对环境保护的认知大部分是建立在自发的基础之上，并没有完全演变为环境执法过程中的公众自觉行为。公众对环境保护优先的行动更多的是律己性，而非律他性的。这就使得理想状态下以环境保护优先为基础的环境执法自觉行为在实施过程中存在公众基础自发行为认知上的间隙，从而影响到了环境执法的最终效果。第三，环境保护优先原则与环境执法的部门利益存在矛盾。环境执法的主体是具有环境执法权限的行政机关，上文已经提及了政府的"二元性"，环境执法过程在本书看来是国家政府维护其"公共人"属性的基本手段，但其实质上缺乏独立性，主要表现为：环境执法的人事权、财政权及执法权受到"经济人"属性政府及其主事官员的限制。尤其是在地方，环境执法的掣肘更为严重，在地方经济和部门利益的双重博弈中，从政府行为上往往可以牺牲的就是环境执法等一系列无法带来直接利益，或者阻碍利益获得的行政行为，更别谈环境保护优先原则在环境执法过程中发挥的指导作用了。

2.环境执法主体与该原则的冲突

环境执法主体是指行使国家环境管理权能的单位及其内部组成人员，其主要包括具有环境执法权能的组织机构及组成组织的成员（实际执法人员）要素。给予以上要素的视角，目前环境执法主体与环境保护优先原则的冲突可以基本概括为：第一，环境执法组织机构与环境保护优先原则的矛盾。环境保护优先原则在理想状态下作为环境执法的指导思想，其最终的目的仍是体现政府利用契约所获得管理权达到对公众生存环境的保障。在当下生态破坏，环境污染较为严重的情况下，要想达到实际的环境友好型、生态友好型社会的构建，就必须要求环境相关的执法机构具有对应的效能，但从现实中的环境治理来看，目前的环境执法组织无论是从数量上还是质量上都不能完全地满足环境治理的需求。

（二）环境司法适用层面分析

1.环境保护优先原则在环境司法"知"层面的分析

环境保护优先原则在环境司法中的"知"是指在环境司法的审判过程中对贯彻环境保护优先原则指导审判作用的认知。本书认为能够体现环境保护优先原则"知"层面的表现载体有以下三种：一是环境司法中践行环境保护优先的司法理念；二是环境司法中贯彻环境保护优先的司法模式；三是环境司法中引导环境保护优先的司法政策。因为无论是司法理念、模式还是政策都是宏观的落实环境保护优先原则的基石，这三者都具有指导环境司法审判层面的价值。从现行的环境司法审判活动来看，上文所诉的三个方面都存在一定的瑕疵。首先，从环境司法的理念来看。司法理念是"人们对司法本质及其规律的理性认识与整体把握而形成的一系列理性的基本观念，是对法律精神的理解和对法律价值的解读而形成的一种认知模式"。随着新环保法的修订，环境保护优先原则理论上应该成为环境司法的指导理念，但实质上地方很多的法院和审判人员并没有厘清经济发展和环境保护的关系，有些地方法院顺应司法介入环境保护的大趋势要求，在地方上设立了环境资源审判机构，但其却面临着案件数量不足，地方专业法院无案可审的尴尬局面。产生此种现象的原因较为复杂，但是地方对于环境问题的处理更多地倾向于行政化的手段的方式解决，对于环境司法的介入和保护救济的理念法院认知并不热衷，司法救济并未达到当事人期望至少是其中主要因素之一，实质上可以归结为保护优先的司法理念还并未形成"势"。其次，从环境司法的模式来看，我国现有的环境司法模式主要有：作为权利与秩序"安全阀"的调整型环境司法模式和作为公共利益"守护神"的保护型环境司法模式。从实践来看，当前我们建构"环境司法中国模式"的努力主要围绕"调整型"和"保护型"两个层面展开，以修正现有权利救济规范，提供公共利益保护机制为主，对于"治理型环境司法"的关注还很不充分。环境保护优先原则可以说是环境司法模式中调整的表现，其调整着传统经济与环境之间的发展关系。环境保护优先原则亦可以称为环境司法模式中保护的表现，其保护着生态文明视野下的环境权益和价值，但这两种环境司法模式在实质上都忽略了环境保护中较为关键的能效问题，司法作为救济的手段其最为根本的价值在于解决实际的纷争，对于环境司法而言较为有效的解决环境争议的模式才是符合环境保护优先原则的模式，"治理型环境司法"应当成为效率层面贯彻环境保护优先原则的归宿，但基于现行两种环境司法模式的转化下的"治理型环境司法"仍处于"萌芽"阶段。最后，从环境司法的政策来看。司法理念是司法的灵魂，司法政策是法律适用的宏观指引环境司法政策是指导环境司法工作的具体策略或者方法，其实质对环境司法中的法律适用及审判实践具有指导、补充作用。目前，我国的环境司法政策主要集中体现在环境刑事政策领域，体现着"零容忍"的态势。但是环境司法涉及的责任范围不仅仅是环境刑事责任领域，还包括较为数量庞杂的环境民事责任和实际存在的环境行政责任等部分，对于民事和行政的环境司法政策则设计和讨论得较少。基于传统环境司法理念的根深蒂固和基本环境司法模式的不易变动，环境保护优先原则要在"知"上获得活力除却理念和模式的配合之外，环境司法政策的设计可能是在当下践行环境保护优先原则较为经济、简便的路径之一了。

2. 环境保护优先原则在环境司法"行"层面的探讨

环境保护优先原则在环境司法中的"行"，是指在环境司法的审判活动中对运行环境保护优先原则影响审判的实践。具体的环境司法过程推进环境保护优先原则的适用，本书认为至少需要解决三个方面的问题：一是环境保护优先原则的前置程序；二是环境保护优先原则的适用方法；三是环境保护优先原则的配套保障。环境保护优先原则除了体现在裁判者的裁判理念、裁判模式及裁判政策的指导层面，就环境资源案件的个案来看，更多的是环境保护优先原则适用"技巧"层面的思考。就是如何更为高效、有利的在个案中适用该原则。环境保护优先原则要在环境司法个案中彰显其"艺术性"至少还存在上文论述的三方面阻碍。首先，环境保护优先原则适用的前置程序漏洞。环境司法作为环境保护在法律层面救济的最后手段，主要分为环境私益诉讼和环境公益诉讼两种类型，但实质上对于能够体现环境保护公共利益的环境公益诉讼却存在一定的"门槛"限制。我国最新修订的《环境保护法》第五十八条明确了环境公益诉讼制度，结合《中华人民共和国民事诉讼法》修订增加的民事公益诉讼制度，从公益诉讼类型的角度可以看出目前我国的环境公益诉讼实质上是专指环境民事公益诉讼，其中并未涉及环境行政公益诉讼的规定，这就间接地消弭了环境行政行为的相关公益责任不利于整体意义上的环境保护优先。从公益诉讼的原告资格可以看出，我国现有的环境公益诉讼主体资格比较狭隘，其中对于有关的行政机关和检察机关和公民个人原告资格赋予问题并没有明确规定。环境保护优先在环境司法个案中的实践并不仅仅是法官的裁判就能完全体现的，司法活动本来就是各方主体相互博弈的过程，环境保护优先原则的个案实践更大程度需要原告的推动才能消弭司法本身的被动性负面影响，但现实法律规范的前置"门槛"直接影响着环境保护优先原则的司法适用。其次，环境保护优先原则适用的基础方法模糊。在个案之中当法律原则和法律规则同时存在时，一般情况下法律规则的适用优先级要大于法律原则适用的优先级，这几乎成为法学界的基本共识，也有学者认为法律原则的司法适用应当遵循三个条件或者标准：一是法律规则存在漏洞，二是存在更为充分的理由，三是不得向一般条款扩张尽管学者所描述的法律原则司法适用的文字存在差异，但实质上对法律原则司法适用的态度仍是相当的"保守"和"慎重"。环境司法本身就是较为专业的司法活动，而法律原则的适用又是审判活动内部较为专业的问题。当下理论界和实务界并没有系统的法律原则的司法适用方法，别提更为专业的环境司法法律原则的适用了。最后，环境保护优先原则适用的配套保障不善。环境保护优先原则在环境司法实践中的践行需要一定的环境司法配套保障，但就目前的环境司法状态来讲，环境司法的配套只具其形，不符其实。从内部和外部两个角度就可以分析其存在的问题。一方面，从环境司法的内部配套来看，环境保护优先原则需要较为专业的综合性人才更易"驾驭"。这种综合性表现为审判的合并，环境司法案件重大难点之一就是责任的复杂化，因此在环境司法改革的过程中开始探讨"三审合一"的基本审理模式，这就对传统的分立审判的法官素质提出更高的要求：除却基本的环境科学的了解还需要深厚的法学功底。这样在环境司法的过程中才能较为合理的衡平经济与发展的关系，符合实质意义上的环境保护优先原则。环境保护优先原则在具体的环境司法过程中需要专业的科学标准判定，在环境司法的过程中就是专业化的司法鉴定机构的设置，但是目前具有环境司法专业鉴定资质的机构完全不能满足井喷式的环境司法的需求。从执行的角度来看，对于新型的环境生态修复责任承担方式，人民法院的执行能力明显不能保障执行的效果。另一方面，从环境司法的外部配套来看，环境保护优先原则本就与政府的"经济人"属性冲突，不可避免地就产生了外部干预环境司法的独立性问题，基于人、财、物的控制，就使得环境司法的法院演变成"双重人格"，这就严重影响了环境保护优先原则在环境司法实践中的践行。

第四节 规范环境保护优先原则适用的对策建议

一、环境政策语境下的适用建议

（一）环境保护优先原则在环境政策制定上的适用建议

1.树立发展的环境政策制定观念

环境保护优先原则对环境政策制定的影响，实质上还是需要厘清经济发展与生态环境的基本关系。环境保护与经济发展并不是绝对的对立关系，依据环境库兹涅茨曲线（EKC）的规律，环境问题的解决也依赖于社会经济的发展，但是基于环境问题的伴生性，目前环境政策的制定者需要的是预见性的经济与环境的衡平状态，有重点的保护环境基本法中所规定的重点敏感生态环境区域等。在环境保护处于优先地位的区域，当环境保护与经济发展发生冲突时，应当优先注重环境保护优先政策的制定。具体来讲，首先要求政策制定者学会"因地制宜"，杜绝"一刀切"现象。依据不同的生态环境状态，为不同的区域设置不同的生态环境等级，环境政策的制定基础依据必须参照区域内生态环境的承载容量综合指标进行设计。其次注重"先污染，后治理"的政策理念转变，对于环境容量承载范围内的环境政策制定应当关注相关的环境风险概率以避免其发生破坏，在已经污染破坏的区域注重环境政策的修复功能以防止其继续恶化。最后必须树立多元治理的政策思维，环境保护优先型政策并不是政府控制型政策所能独立达成的目标，在制定环境优先型政策时必须学会借用社会合力进行综合治理，在保护优先型政策中需要突出社会成员（企业和公民）的作用，并引导其作用扩大化，只有如此才能提高现有的协调型环境政策向优先型环境政策过渡成功的可能性。

2. 注重科学的环境政策制定方法

保护优先型的环境政策制定除了合理的指导思想，更需要科学的制定方法。科学的制定方法是环境优先型政策科学性的重要保障。对于环境政策科学性的建议本书认为可以从以下三个方面思考。首先，环境政策制定基础的科学性，环境政策制定的基础在本书认为主要存在主观和客观两个方面：主观上环境政策制定的参与主体必须拥有较为科学的学科背景（如管理学、环境科学、法学、经济学等），因为环境政策所涉及调整的范围过于广泛。在环境政策的制定过程中应当充分发挥专家的作用，注重科学透明的公众参与机制，让各方利益的代言人都可以发出其所代表的阶层的声音。客观上环境政策制定的基本依据仍是区域内的生态环境状况和经济发展水平等要素，环境政策的制定者必须对政策制定的指标进行科学的量化分析，不能违背基本的自然规律。其次，环境政策内容的科学性，环境政策除却对环境自然科学规律的坚守外，也需要关注环境政策内容的社会性。在注重环境保护优先的同时，也要注重环境与经济的衡平点，注重利用多种方式协调各方的社会利益。最后，环境政策监督的科学性，环境政策在制定上也需要注重监督，毕竟环境政策的制定者都存在理性认知的缺陷。对于环境政策来讲，应当注重"政策环评"的构建，环境政策其实也可以像环境工程项目一样对其进行环境指标的评价，对于不符合环境指标的政策进行必要的限制。注重环境政策的公众参与，透明环境政策制定的过程，这必定使得环境政策在环境优先的思路上更为民主与科学。

（二）环境保护优先原则在环境政策实施上的适用建议

1.完善政府的执行监督

政府作为环境政策的主要制定者与执行者，其本身就存在既是"裁判员"又是"运动员"的特殊性，加之上文所论述的政府二元属性，要想使得环境保护优先在现有的利益框架下谋得"立锥之地"，除却环境政策自身的科学性，还必须依赖政府部门内部的制度设计支持（当然外部的制度设计下文会进行论述）。对于上文所提出的政府"经济人"与"人"的问题及部门利益的掺杂，具有实效的操作性保障在于内部监督，政府作为国家权力的代言人，普通的监督形式远远没有以权力制约权力富有效率，因此在环境政策的执行中若是出现牟取私利、有损公利的行为，首先应当强调的是政策执行部门内部的监督和被赋予监督权限的部门对执行部门的监督，从行政法的角度来看，对于环境执法的监督，主要就是上级部门对本级部门的监督，以及本级部门系统内部的监督两大类。从监督的形式上虽有瑕疵但仍可良性运行。对于环境政策中环境保护优先原则的体现，本书认为政府的内部监督主要体现为环境执法的依据是否规范，环境执法的程序是否规范及环境执法的保障是否到位等内容。对于其监督设计时，应当注重信息的流畅，救济的途径开明，需要树立主动监督的意识。因此建议政府对于环境政策的执行应当首先树立从管制向服务转变的观念，其次应当注重执法从协调向保护优先的转变，建立必要的审批制度防止环境政策的扭曲适用，设计科学的考核指标突出环境价值的权重（必要时），完善系统的信息档案制度确保横向与纵向政府机构执法的协调统一，注重多元救济构建保障公力救济的渠道畅通，成立不定期突击检查小组配合定期检查工作。对于执法成员理性的缺陷应当注重成员的环境保护优先思维的培养，注重环境执法素养的业绩考核，应当定期对环境执法队伍人员进行专业的职业技能培训，确定相关的考核合格上岗制度，以体现环境政策主导力量的政府的环保优先的转变。

2.注重企业自律和他律

污染型企业作为生态破坏、环境污染的始作俑者，在对于环境政策的执行中扮演着重要角色，环境保护优先原则在环境政策的执行中能够真正地体现价值也依赖于企业的选择。对于企业逐利的天性，环境保护本身就与其存在自然的冲突，更惶恐的谈及"优先"。环境保护作为优先的角色定位需要内部自律和外部他律的共同保障。对于企业自律来讲，环境保护优先实质上与企业的可持续发展并不矛盾，反而更利于企业持续的运作，企业的社会责任感的培育至少是企业立足的根本之一，因此从企业自律的角度，企业首先要培养相应的环境保护优先的社会责任感，注重企业生态环境文化的建设，注重自身生产模式、产业结构的转型，注重绿色生产，优先使用绿色工艺，从行动上支持环境保护的优先。当然这种构想在现实中可能纯粹属于空想，但潜移默化的调整其实就是政策执行过程的引导在发挥作用。因此在企业自律的基础上，开始注重环境政策所发挥的企业他律作用。企业的生产行为需要正确的环境政策的引导，企业对于生态环境的社会责任也会因环境政策的取向得以彰显，在此基础上环境政策对企业实行他律，首先，从企业逐利的天性出发，在对企业进行他律时充分考虑企业的成本要素，从企业的进入、生产及收益和消亡的阶段性过程注重环境成本的规范性控制。其次，从环境科技的角度，引入较为科学、经济的生态环保生产技术，对于环境政策的设计上有区别的充分考虑相应技术的利用，加大国家的财政投入，促进企业绿色生产，在税收上给予基于环境保护优先型的技术企业相应的福利，减少环境保护型企业的行政限制。最后，从市场角度，推广绿色的企业产品，提高相关产品的环境质量标准，促进污染型产品的淘汰升级，以促进企业环境保护优先的转型。

3. 保障公众的理性参与

公众参与环境政策可以说是保障环境保护优先原则在环境政策执行过程中的重要保障，但是基于环境问题的科学复杂性，以及公众认知素质的低下，如何引导公众高效合理的参与到环境政策过程中也值得考虑。本书认为首先是公众理性参与的思维培育，主动培育公民环境保护的主人翁意识，注重环境法制的普及，从现实的生活过程中转变公众对环境问题的政府依赖心理，环境政策在实施的过程中注重引导公众养成合理的生活方式和消费模式，增强公众必要的环保意识、生态意识，让公众学会顺应自然、尊重自然。其次是公众的环境政策理性参与的能力建设，环境保护优先原则要想在环境政策的执行过程中发挥作用，从公众角度上看需要公众形成较为普遍的环保意识，因此在现有的基础上需要发挥环境日的作用，集中进行环境意识和思维的培养，在环境教育上注重科学的环境知识的传输，在环境传媒上讲求客观真实的环境报道，借助信息社会所产生的工具进行基础性的环境科普和教育以提高公众理性参与的素质。最后是公众参与环境政策的保障制度建设。环境政策执行过程中需要相应的法律保障，在公众参与环境政策时应当将其行为制度化、合法化，不但赋予公众形式的公民参与权，也得考虑公众实质的政策参与权。完善环境信息公开、环境听证、环境公示、环境信访等一系列涉及公众环境政策参与的制度，注重民间环保组织、环境 NGO 的建设，让其在环境政策中发挥作用，以保障公众环境保护优先的行为。

二、环境法律语境下的适用建议

（一）环境保护优先原则在环境执法上的适用建议

1. 优化环境执法环境

环境执法环境是环境保护优先原则指导环境执法的外部因素，其能够影响环境保护优先原则在具体环境执法过程中的效率，因此要使得环境保护优先原则在具体的环境执法过程中体现其价值，必须营造较为合适的环境执法环境。本书认为环境执法环境的构建主要包括执法理念环境构建、执法干扰环境排除和执法合作环境优化三个方面。第一，就环境执法理念的构建来讲，环境保护优先原则应当作为具体的环境执法的指导思想，环境执法单位应当注重环境执法价值的考量，而不是一味地追求环境执法行为的形式数据，需要改变环境执法过程中的事后治理理念，更加应该规避"钓鱼执法"的思维，努力寻求环境与经济发展的平衡点，应当从原先的"协调发展"向"环保优先"进行转变。第二，就执法干扰环境排除来讲，环境执法行为应当更为突出其政府"公共人"的职能属性。我国环境执法单位的政治管理体制是造成环境执法重大干扰的要素之一，主要表现为地方保护部门利益干扰，此处本书建议环境执法单位应当首先明确自身的行政职能，集中环境执法权限、进行大部制改革，防止现在所谓的"九龙治水"现象，但一定要注意大部的行政级别，以此打破部门利益。其次依据党的十八届五中全会报告中提及的"实行省以下环保机构监测监察执法垂直管理制度"，借助垂直管理的方式打破地方保护。第三，就执法合作环境优化来讲，就是要弥合环境执法与公众的间隙。在环境执法过程中要充分保障公众的环境信息类权利、公众的环境参与类权利及公众的环境参与保障权利。注重公众的实质性参与，降低公众参与环境执法的门槛，充分发挥公众在环境执法过程中提供信息、出谋划策与进行监督的作用，对环境执法做出贡献的公众应当设立相应的奖励机制，调动公众参与环境执法的积极性。

2.提高执法主体质量

环境执法主体是环境保护优先原则理念在环境执法过程中的主要践行者，环境执法主体的优劣直接左右环境保护优先原则在环境执法实践中的生命力。因此环境执法过程中必须注重环境执法主体的建设。对于环境执法主体来讲一方面是环境执法组织机构的建设，另一方面是环境执法人才的建设。第一，就环境执法组织机构来讲，从目前我国的环境执法组织的体系完整性上几乎不存在需要立即完备的方面，但是对于组织的数量与质量建设却是不得不进行深入的思考。虽然从上文可以得出环境执法机构工作量大、机构不完善的问题，但是本书不建议通过数量积累进行"摊大饼式"的环境执法主体扩大，而是应当注重体系化的环境执法管理体系建设，注重环境执法组织机构的质量和内部工作的协调统一。首先必须对环境执法机构进行明确的事权划分，以此明确执法机构的权力与责任；其次调整环境执法机构实质上的环境执法权，以此增强其执法的权威性；最后需要注重环境执法腐败的内部监督建设，以此确保环境执法权力不被滥用。第二，就环境执法人员的建设来讲，虽然本书不建议组织机构的增设，但是并不否定组织机构内人员的增设，从环境执法的人员需求和供给角度来看，我国的环境执法人员数量上是极度紧张的，以此扩大环境执法队伍无可厚非。对于环境执法队伍人员的问题，应当从三个角度考虑：一是设置合理的人员进入机制，环境执法队伍人员的引进必须具有一定的素质标准，规范进入环境执法队伍的程序。二是建立科学的人员管理制度，对于已经处于环境执法队伍的人员注重环境执法考核制度的建设，形成必要的奖惩机制和淘汰机制。三是注重人才的引进与培养，注重执法队伍新老交替问题的过渡，推广有效的环境执法经验，注重复合知识背景的环境执法人才的引进，打造高素质、高能力的环境执法队伍。

3.完善环境执法依据与方式

环境执法依据与方式是环境保护优先原则在环境执法过程中合法性和正当性的表现形式，环境执法依据与方式的正当与否影响着环境保护优先原则在环境执法实践中的价值。环境执法的依据主要是环境实体法和行政程序法两个部分，在当下的法律体系构建环境程序法并不现实，因此本书建议在制定和修订环境执法程序的时候尽量弥合环境实体法与行政程序法之间的间隙。对于具体的环境执法程序来讲，不但需要符合基本的行政执法程序，同时也要有所侧重地关注环境实体价值。注重环境执法规定的科学性，对于专业性的环境执法问题应当明示具体的环境执法标准。在注重行政执法程序的过程中注重执法专家的引入，充分发挥环境专家对环境执法科学性的作用，以基本的环境行政执法程序保障实体的环境实体正义。鉴于环境执法实质上也是行政行为的一种，从具体的行政行为角度看，环境执法基本可以分为环境行政许可、环境行政处罚、环境行政强制及环境行政信息公开等手段。目前的环境执法手段主要体现在环境行政处罚方面，本书建议应当对环境执法进行阶段性分类，在环境行政许可阶段把好环境执法的准入关。在发生具体的环境事件时要充分利用好环境行政强制和环境行政处罚，而不是仅仅利用简单粗暴的罚款来体现环境执法的效率。注重环境问题的事前控制、事中处置和事后恢复救济，充分体现环境行政强制和处罚的综合作用。注重环境执法或者环境信息的公开，透明环境执法行为与过程，便于公众监督，将环境执法的定位从对生态环境的管制变为对生态环境的服务，以此形成环境执法方式的多元化。

（二）环境保护优先原则在环境司法上的适用建议

1. 环境保护优先原则在环境司法"知"层面的构建

环境保护优先原则在环境司法"知"层面的构建主要分为三个部分。第一，树立环境保护优先的司法理念以指导环境司法活动。环境保护优先的司法理念对于审判工作来讲主要体现在程序和实体两个部分。在程序上应当确保环境司法案件从立案到审判到执行的各个阶段都应当注重环境保护优先的制度设计和程序保障。对于环境污染和生态破坏，以及基础性的资源案件，司法部门应当充分发挥其司法救济的作用，要敢于破除地方保护主义和部门保护主义的干扰，通过畅通司法应诉、司法救济渠道，充分保障当事人的利益，树立环境司法的权威。同时环境司法的裁判者对处于萌芽阶段的环境问题可以与执法部门配合（执法部门可以提起诉讼）适当地树立能动司法的意识，对于已经产生环境损害的事后救济案件一定要树立生态修复的司法裁判意识，注意风险的防范和生态的修复。第二，构建"治理型"环境司法模式以提高环境司法效能。保护优先是"治理型"环境司法的核心内容，在此环境司法的模式下必定需要注重环境司法在保护优先层面的效率，充分的推进其社会效果。该模式应当从宏观和微观两个角度设计，宏观上需要保障环境司法与政治、与民意的良性互动。将环境司法权与行政管制权和公众自治权进行相应的协调与联动，需要推动环境司法的去地方化，去行政化，去盲目化，使在最后的环境救济上行政权力和公民权利能为司法所用。微观上建立合理的环境个案指导制度，最高院应当对环境司法典型案例进行抽象化，通过优化其司法解释的方式结合基本的环境法学基础理论，归纳出具体的环境保护优先的司法解释，以指导地方法院的环境司法活动。第三，制定环境保护优先的司法政策引导环境司法审判。环境司法在环境保护优先原则的指导区别于传统的刑事、民事司法政策，在环境司法的过程中应当制定具有环境保护优先特色的环境司法政策和规则。制定我国的环境司法政策必须依据我国现有的环境法律与政策、环境司法的基本能力及我国的基本国情。因此环境保护优先型的司法政策应当做到：首先，因地制宜。不同环境状态下的环境司法政策应当有所区别，红线保护区域内的绝对保护，环境容量承载范围的相对保护。其次，开放司法。环境司法救济渠道开放，降低环境司法准入门槛，合理分担诉讼费用与成本。环境司法审理裁判方法开放，环境司法政策应当赋予法官依据环境政策、环境法律及社会公共利益的司法自由裁量权以保障环境保护优先。最后，内容完整。目前的环境司法正在尝试"三审合一"的审判模式，环境政策的制定应当从整体上囊括环境刑事、民事和行政的基本政策并将其综合以环境保护优先为其基本目的。同时也需要区分，环境司法刑事政策适度从严，环境司法民事政策适当效率，环境行政政策注重监督，以适应其"三审合一"审判模式的改革。

2. 环境保护优先原则在环境司法"行"层面的构建

第一，完善环境公益诉讼制度以弥补环境司法的准入漏洞。环境公益诉讼作为环境司法重要的表现形式，在当下的环境公益诉讼法律层面的规定并不完善，结合民事公益诉讼的司法解释虽然使得该制度变得具体化，但其仍存在发展的空间。就其主体资格而言完全可以赋予行政机关、检察机关及有证据证明存在损害危险的公民相应的公益诉讼主体资格；就公益诉讼的形式而言应当打破只能民告民而不能民告官的公益诉讼模式完全可以尝试推进环境行政公益诉讼，以此规制政府的环境行政行为（在涉及环境民事私益和公益诉讼的基础上可以降低当事人取证等方面的困难）。第二，厘清环境保护优先原则的司法适用方法。法律原则的适用不会如同法律规则适用那般"全有或全无"界限分明，但就环境司法而言，环境保护优先原则是体现环境法律法规实体正义的表现，在此基础上法官的适度裁量权必有用武之地（尤其是现在"三审合一"仍处于摸索阶段的现状），对于环境司法中环境保护优先原则的司法适用。其次，对于该原则的适用可以借助环境公报案例，确立类型化之后的案例的裁判约束力。最后，必须强调该原则适用的论证说理，通过借助实际规范和平衡环境价值进行合理论证而不是在司法裁判过程中罗列干巴巴的原则条文罗列，以防止环境司法权威的损害。第三，推进环境司法的专门化保障环境保护优先。环境司法专门化是当下解决环境司法内生问题和外部问题的良方。在环境保护优先适用的环境司法过程中环境司法专门化的构建必须满足六个基本标准才能发挥其保障作用。其一，专门化的审判理念。这要求环境司法过程中必须树立区别于其他传统司法的行为理念，主要是依据生态环境案件的个性及救济方式所确立的保护型、恢复型、预防型、公益型的司法理念。其二，专门化的审判机构。环境司法专门化提倡较多的组织形式是较为独立的环保法院或者环境资源审判庭，审判的实质需要大于形式，在以上两种专门的审判机构基础上亦可以设置地方与中央环境巡回庭，便于解决跨区域和跨流域的问题。其三，专门化的审判人才。对于专门化的审判人才其主要考量的因素应当是环境科学知识、环境法律知识及司法经验和公益价值取向及相关的职业道德等要素的综合。尤其需要注重人才的流动与培养，实现学与研的结合。其四，专门化的审判标准。环境司法在当下的司法审判过程中仍是"部门化"的，专业化的背后实质上是审判的分工。因此对于不同类型与性质的环境司法案件应区分环境刑事案件，适当从严，环境民事案件注重救济，而环境行政案件注重审查和监督的审判标准。其五，专门化的审判方式。审判方式是审判思维的体现，在此基础上专门化的环境司法应当具有较为集中的管辖权限。合理的探索"三审合一"的综合审判模式。审判方式必须注重证据等专业问题的鉴定与评估，以此保障保护优先价值的实现。其六，专门化的执行标准。执行作为司法价值最终的归宿，环境司法的专门化也应当考虑环境司法判决执行力的保障问题。环境司法的执行关键在于标准的确立，专业化的执行标准体系的构建最终会成为环境保护优先的直接评价指标。

第七章 公众参与环境保护视角下的环境信息公开

第一节 环境信息公开之公众参与环境保护视角的学理探究

一、概念的厘定

随着时间的齿轮向前滚动，科学技术飞速发展，人类社会生活不断发生巨大变化，前一秒我们还处在 IT（Information Technology）时代，这一秒我们已身在 DT（Data Technology）时代。因此，与我们息息相关的一些概念，虽其文本没有发生改变，但其内涵与外延较之以前却可能已有很大不同。在时代的进步与更替中，一些概念并不是一成不变的，尤其是与时代特征紧密相连的概念。作为学术研究既要注重对现实问题的回应，也要善于发现社会的发展变化对本领域的影响。学科发展往往比较滞后于社会发展，在科技飞速发展的今天显得尤为明显。环境法学因其研究对象的特殊性，决定了其要紧跟时代的发展，适时地对相关概念进行更新或者作出符合时代特征解释。

（一）环境信息

环境信息作为环境法学领域中的基本概念之一，需要对其进行深入的研究，以确保环境法学研究在概念使用上能够做到精准化。对"环境信息"这一概念进行研究，首先要考察"信息"这一概念的产生及发展变化。人类生活有史以来就与环境和信息密不可分。首先，最初人类与自然环境是融为一体的，人类需要从自然环境中获取生存必需的物质。其次，人类社会存在与发展的过程是对客观世界的表象进行不断探索的过程。因此，自然环境作为一种客观存在，决定了信息的普遍存在。信息在此种程度上可以被认为是对客观世界存在的各种物质特征的反映。最后，在人类历史发展的过程中，先后经历四次信息革命：一是语言的出现，从质与量上大大地丰富了信息交流；二是文字的出现，使信息得以记录，打破了时间与空间对信息传递的限制；三是印刷术的发明，使信息流动和扩大具有了直接的社会性质和大众化的规模；四是电子通信设备及计算机的产生，使人类社会进入了信息技术时代。现在，随着科学技术的发展，对信息一种比较全面的概括：信息是客观存在的一切事物通过物质载体所发生的消息、情报、指令、数据、信号中所包含的一切可传递和交换的知识内容，是表现事物存在方式、运动状态、相互联系的特征的一种表达和陈述。由此，信息的内涵可以认为是对客观现象的陈述及以此形成的知识和知识的传递。信息的外延则可以认为是一切可视的、可听的、可嗅的、可触的现象与事物，以及与它们所蕴含的能引起人类进行思维的内容一起所形成的整体。

随着人类对信息的不断研究，不仅对信息的概念内涵有了全面而准确的认识，而且对信息特征也有了比较全面的认识。一般来说，信息的主要特征有：可识别、可转换、可存储、可传递、可再生、可扩充、可压缩、可共享等特征。对信息的研究，极大地提高了人类处理与运用信息的能力，也增加和丰富了人类的智慧。信息的价值在于对它的利用，对信息的研究是为了能够更好地对之利用，提高社会生活的便捷与社会生产的效率。社会现代化的主要特征之一，就是社会的信息化。这表明了信息在促进人类自身进步，在社会发展与社会治理中的基础性作用。同时，科学工作者根据信息在解决复杂性问题中的重要作用，提出了信息方法。如今，信息方法已成为一种科学方法而存在，对社会性难题的解决提供了极其有效的支持。信息方法就是用信息概念作为分析和处理问题的基础，揭示问题之间的信息联系，实现有针对性的控制问题与解决问题。

正是由于信息存在的普遍性、作用的基础性以及信息方法的有效性，各个领域的科学工作者都积极地把研究视角投向与本领域有关的信息，探讨本领域的信息在现象解释、问题解决、价值应用中的作用。在环境科学领域，科研工作者们聚焦环境信息就是为了有效应对日益复杂的环境问题，此时，环境信息的概念主要表达环境科学领域的相关现象与内容。当需要通过法律制定来保护环境时，法律规范中的环境信息就具有了法律的属性，是环境法律领域里的一个范畴。此时，环境信息的概念就要受到法学领域的影响。因此，在特定的环境法学领域对环境信息进行界定，要在坚持信息固有的内涵与外延的基础上，以法学为源本，运用法学特有的思维理念，吸收环境科学领域对环境信息的相关认识，作出准确的表述。准确的环境信息界定，可以提高国家环境法律的精确性，提高环境法律治理的针对性。

（二）公众参与

公众参与是一个组合概念，要分析其所表达的含义，首先就要分别对"公众"和"参与"两个概念进行分析。

公众通常指基于共同的追求、共同的利益、共同的诉求等某些非特意为之的联系结合而形成的特定时空下的群体。与以往"公众"的含义相比，如今的"公众"要特别强调的是在特定的时空下的公众。由于现代交通技术和计算机网络技术的发展，时空对人类活动的限制被无限地减小，人们聚合与离散的方式也打破了传统的方式。因此，现在的"公众"较以往而言，更加没有一个稳定的状况。但其仍然有别于大众或群众这样彼此无联系的松散的集合体概念，也区别于单个的社会团体或组织。在不同的语境中，"公众"也往往表现出不同的含义，因此，其在话语之中通常表现出俗语的色彩，而非一个严谨的学术概念或官方的正式用词。官方正式使用公众一词及政治学、法学、社会学等社会科学领域对之进行广泛的研究，一定程度上是社会组织形态发展变化的结果。随着民主观念的不断深入，社会主体对环境保护、公共政策的制定、文化认同等一系列公共议题的关注度越来越高，并期望表达自己的意愿，进而对决策产生影响。但单个的社会主体难以影响或难以改变公共当局的单方意志，个体的联合就应运而生，社会自组织纷繁出现，并且扮演着越来越重要的角色，成为不可忽视的力量而存在。公众则成为国家社会一元结构向国家和社会二元结构转型中使用最为广泛的词语。

"参与"有参加、加入等表面之意，其隐含的深层之意有商讨、出谋划策的含义。可以表达单纯的只参与某项活动，如娱乐、运动比赛、庆祝典礼等活动，也可以表达对活动的谋划、分歧的协商等。学术研究中常见的参与，多指围绕公共问题或争议问题而进行的多方互动、意见交流的过程，旨在通过一项合理的决策和保证决策的有效执行。因此，参与的目的在于决策，是决策过程中各方意志相互影响的外在表现，以及基于决策而进行的执行、监督等活动。

综合上述的分析，公众参与的概念可以定义为：在特定的时空下具有共同诉求和利益的社会主体加入或介入公共当局关于公共事务决策的过程中，对决策进行有益的影响并参与决策的执行与监督的活动。其是现代民主国家与民主社会发展的最具代表性的形式，因此，学界也有将公众参与环境保护的原则称为环境民主原则。

二、公民环境权理论下知情权与参与权的统一

环境权因其自身聚合着诸多的辩证关系，不同于其他主体、客体、内容相对简单的法权，在法律文本中容易界定，在社会中容易运行。即在法律文本中确定环境权，容易导致实际运行中环境权的绝对化或泛化。这极易导致对环境权本身的伤害。通过分析，不难发现早期关于环境权的研究是概念法学（规范分析方法）在环境法学领域中的最直接与具体的表现。其力图寻求一种法律得以展开的逻辑基础和概念前提，因此，他们不遗余力地挖掘、整理、提炼概念，并从概念出发推导法律。这是一条经由理论体系建构导向法律文本制定并最终进行社会实践以应对环境问题的路径，是一种自上而下的建构过程。这条路径自行至今，虽仍难以有新的突破，但不能成为反对或摒弃环境权的理由。从环境法学的未来和前途，从法律的核心要素——由权利与义务组成的权益结构等角度看，都不能摒弃环境权。

最新修订的《中华人民共和国环境保护法》不仅体现了环境权理论的研究成果，而且为环境权理论的发展提供了一条新的路径。具体体现在对环境知情权、参与权及对环境公益诉讼权的规定。分析言之，环境知情权和环境参与权得以通过正式的环保法律的规定是环境权理论与知情权和参与权理论共同发展的结果，否定任何一方的理论贡献都是不客观的和偏见的。有了法律意义上的环境知情权和环境参与权，公民知悉环境信息和参与环境事务就有了确切的保障，公民要求获取环境信息和参与环境事务也就是正当的权利诉求。从环境权的角度看，公民要求获取环境信息和参与环境事务就是在积极地行使公民个人的环境权。应当肯定，无论是公民环境知情权还是公民环境参与权的实现，首要保证的是公民能够及时获取充分的、有效的环境信息。换言之，公民能够及时获取充分的、有效的环境信息，本来就是公民环境知情权和环境参与权的应有之意。在本书的角度就是，针对当前的环境信息公开所存在的问题进行有针对性的解决，完善环境信息公开制度，不断满足公民的环境权利诉求，不断提高公民环境权利实现的效果。也应当能预

见的是，随着公民不断地利用其手中的环境知情权和环境参与权，必将会为环境权的具体化提供大量的具有高价值的案例，为环境权的理论研究及当前状态的突破提供新的视角。概言之，就是通过一些诸如环境知情权、环境参与权等具体的环境权的社会运行，走自下而上的经验提炼理论的道路，促进环境权理论的不断完善和提高环境权研究应对现实环境问题的效力。

公民的环境知情权和环境参与权统一于环境权，是环境权体系下两个具体的子权，为环境权的进一步研究提供了巨大的动力。但是，其能否真正地为环境权的进一步研究提供动力，关键就在于其在社会中能否有效地运行。为保障公民环境知情权和环境参与权的有效行使和权利实现、促进环境权理论的进一步发展、有效应对现实的环境问题，积极完善环境信息公开制度就势在必行。

三、环境信息公开与公众参与环境保护的关联

环境信息公开的理论基础在于公民知情权，公众参与环境保护的理论基础在于公民参与权。作为民主实现形式的两项基本权利具有不同的侧重点，知情权主要指公民对国家的有关重要决策、政府的行政行为及日常生活中所发生的与公民有关的重大事件，有得知了解的权利；参与权主要指公民对与社会公共事务有关的活动全程享有的参与其中的权利。虽然两者的侧重点不同，但两者的内容极其广泛，有着一定程度上的相互影响及相互促进实现的关系，在环境保护这样涉及广泛的领域，更加能凸显其中的关系。

（一）环境信息公开对公众参与环境保护的基础作用

人脱离自然状态进入社会组织状态，就由一个无序存在转而到了有序存在，个体就不能为所欲为，必须进行组织协调，已达到互利共生。组织协调的过程就是信息公开与传递的过程。随着社会生活日益复杂，需要越来越多的规则对社会成员的行为进行协调，而这些规则如不被人所知，就很难起到预想的效果。社会生活的日益复杂化，也在不断地扩张着政府的权力，公众如果不知政府行为的目的、程序，则权利有被损害的危险，不能及时有效地防止政府权力滥用。社会生活的复杂化还带来了社会问题的复杂化，单一的行政管理越来越难以解决一些复杂的社会问题，政府越来越需要公众的参与协助。在环境问题上集中体现了这两个方面，而这一切问题的解决需要以信息公开作为基础，信息公开可以使公众发现问题是什么以及为什么。公众

对环境信息无法充分获取，抑或是获取渠道有限，而无从获取，就无法对特定的环境行为作出合乎理性的正确判断，也就无法达到与有关单位和政府进行充分有效的沟通与合作的状态，公众参与环境保护的效果就会大打折扣。

公众参与环境保护是一种理性和利己的行为，但行为的实施如果没有相应的信息对之进行引导就会寸步难行，甚至会演变为盲目的与冒进的行为。理性与非理性之间的界限就在于是否对当前的情况作出客观的分析与评价，客观就是反映真实性减少不确定性，而客观与否又取决于是否对当前的信息有着全面与整体的了解和掌握。公众参与环境保护，源于公众对自身利益和公共利益的关切，自始至终都是在对环境信息不断了解及利用的过程。但普通的民众囿于自身的条件，对环境信息知之甚少，甚至是一无所知，只能靠切身的感觉去感知环境状况。这样就无法知道具体的环境问题是什么，影响环境的因素具体有哪些，进而就无法有效地参与环境治理。与普通的民众不同，环境问题的主要制造者企业对自己对环境的影响和污染情况有着精确的知悉，政府对其所在区域的整体环境情况有着准确的了解。他们是特定环境与整体环境信息的拥有者，只有他们把环境信息公开，使公众真正地了解，公众才能参与环境治理。

环境信息公开，是实现公众参与环境保护的必要途径和私益与公益实现的必然要求。没有环境信息全面与客观的公开，就没有公众的广泛与充分参与。同时，限制环境信息的公开或只是部分的公开，让公众觉得没有参与意义的情况下，公众就会丧失参与的积极性。在环境问题不突出的情况下，公众就会怠于参与，在环境问题突出严重的情况下，公众又会情绪化的参与。这两种极端情况的解决关键就在于环境信息公开，解决环境信息的不对称问题。因此，满足公众的环境知情权，给其以充分的环境信息支持，是促进公众参与环境保护活动的基础条件。

（二）公众参与环境保护对环境信息公开的推动作用

我国社会的主要特征之一是政府主导型社会，长期以来，党领导的中国各级政府是推动我国社会各个领域改革的主要力量。因此，在相当长的一个时期里，环境问题主要靠政府的力量得到减缓，环境信息公开的动力也来源于政府内部。但政府常常面临着环境问题和发展问题的两难境地，并往往是以牺牲环境为代价，走先发展后治理的路子。在环境问题上表现出明显的力量减弱和动力不足的现象。随着经济社会的高速发展，环境问题也在快速的集聚，待到一定程度时，一改以往部分显现的特点，呈突然的、全面的爆发现象，让人们措手不及。此时，公众参与环境保护的积极性较之前大为提高，形成一股强大的外部力量，拉动政府与企业转变方向，积极地面对环境问题。公众对环境信息的需求度也比以往有了很大的提高，对环境信息的公开提出了更高的要求。

环境信息公开的局面被打开，并不意味着其会顺利地进行下去。上述分析提到，政府与企业基于利害关系的衡量，会进行有选择的、有优化的环境信息公开。但是，公众参与环境保护对环境信息不仅是被动地接受，而且是主动地获取；不仅是简单地关注，而且是能动地反馈；不仅是单纯地获得，而且是积极地利用。在这些过程中，环境信息公开主体与受体之间必然会产生一定程度的博弈。随着移动互联网的发展，并不断深入社会的生活，人们获取信息及进行信息沟通的效率大为提高，一条信息就可以串联起众多的公民。在参与方式更为迅捷，参与力量更为强大的基础上，作为权利主体的公众在博弈的过程中将会进一步地推动环境信息的公开。

第二节 环境信息公开有效性对公众参与环境保护的积极效应

一、有效环境信息公开的要求

从社会科学的角度看，现代社会是一个民主与平等的社会，从自然科学的角度看，现代社会又是一个信息技术与数据技术的社会。实现社会生活与社会治理的民主与平等，越来越需要信息与数据技术。通过信息的获取、处理、共享、反馈等建立信息沟通与交流机制，打通社会协商与政治沟通的渠道，实现群策群治，达到各方利益动态平衡和公共利益最大化的效果。理论上来说，在一个信息完全透明并且能充分流通的社会里，不同环境治理手段的社会效果并不存在实质的差异。然而，实际情况是，我们生活在一个信息总量巨大，但可用者少、可用信息有之但却闭塞不流通的信息非对称的社会里。因此，环境信息公开不仅要保证其量，还要保证其质，从环境信息公开的内容、时间、方式等方面保证公开的有效性。为了及时地、深入地、广泛地促进公众参与环境保护，《环境保护公众参与办法》第五条有关环境信息公开的规定就比较好，如其所述："环境保护主管部门向公民、法人和其他组织征求意见时，应当公布以下信息：①相关事项或者活动的背景资料；②征求意见的起止时间；③公众提交意见和建议的方式；④联系部门和联系方式。"因此，环境信息公开应当效仿《环境保护公众参与办法》第五条的规定，从内容、时间、方式等方面进行细致的规定，提高环境信息公开的有效性。

（一）环境信息公开的内容要求

"内容"一词有三层意思，一是指物件里面所包容的东西，二是指事物内部所含的实质或意义，三是指哲学名词，指事物内在因素的总和和"形式"对应。这里所述环境信息公开的内容是指第一层和第二层的意思，也即环境信息公开的内容是环境信息及其所含的实质意义。

环境的客观状态与人的有关环境的事实行为是环境信息的来源，因此，公开的环境信息首先必须保证是真实的，也即是准确的。这主要包括两个层次：一是尊重环境现状的客观性；二是反映环境变化的真实性。由于信息具有可扩充、可压缩的特征，这就使得在处理收集到的环境信息时有很大的操作空间。环境信息的真实性要求公开的义务主体及其工作人员从客观的实际出发，全面翔实地反映环境的现状和变化，既不能夸大也不能缩小应有的环境信息，在加工处理中避免使之变异和无谓的修饰，尽可能地降低环境信息的模糊度，并且努力消除假象。

信息的不完全性是其固有的属性之一。任何有关客观现象和事实的描述都不可能达到完全状态，人对其的认识和知识积累是一个过程。但不能以信息的不完全特性去否认信息的全面性。环境信息公开关乎公众的生命健康和福祉，尤其要注重公开的全面性。环境信息的全面性，即能够完整地反映环境现状和发展变化及相关环境行为的全过程。环境信息以其单个为存在状态，以其整体、系统存在而发挥作用。环境的发展变化受到多种因素的制约和影响，而义务主体在收集、发布环境信息与公众在获取环境信息时，往往是从单个环境信息开始的，容易忽略或割断因环境影响因素的发展变化而带来的不同环境信息之间的内在联系，造成因认识不够全面而采取措施不够有效的问题。这就要求义务主体在环境信息公开之前就要注意和避免此类问题的发生，尽可能地从大量的环境信息中发现存在的相互关联、相互影响的现象，并形成以信息进行综合的、全面的公开，从而促进公众认识和了解客观环境变化的内在规律与发展趋势。

现代环境问题的产生是工业生产发展的结果，因此，具有科技属性是现代环境问题的典型特征之一。如酸雨、臭氧层的破坏、由大量使用农药带来的水土污染、温室效应、大气污染等，都具有特定的科技属性。再如环境影响评估报告书是通过规划相容性分析、污染防治对策分析、环境风险评价、排污总量控制的分析和选址合理性的分析来综合评价建设项目对环境的影响情况，这其中所涉及的数据分析与科学推论必然很多。虽然我国公民知识水平总体提升，但并没有达到专业化程度，并且环境信息可以说涵盖了任何的专业领域，在术业有专攻的情况下，公众并不能广泛地理解环境信息所包含的大量的跨领域的专业化科学知识。但总体知识水平的提升，意味着整体理解力的提高。只要有适当的解释和引导或者进行通俗的表述，就不会导致公众的不解。

综上，环境信息公开的内容，要求环境信息是真实的、客观的与准确的，要求环境信息是全面的，同时还要求环境信息易于被公众所理解。

（二）环境信息公开的时间要求

时效性是环境信息所具有的一个外在特性。在农业社会，人们的生产生活对环境的影响远小于生态环境的承载力，环境在相当长的一段时间内是稳定的，这期间的环境变化多属于自然现象，如四时之变化、节气之变化、电闪雷鸣、刮风下雨、地震海啸等。人们根据这些变化所反映出来的环境信息，安排着各自简单的生产生活。此时，由环境变化所带来的环境信息，除预示着马上要刮风、下雨、下雪等类有较强的时效性外，其他的时效性就显得没有那么强烈，但仍有抢收、抢种的说法。近代以来，科技进步迅速、人口规模不断扩大、工业生产也迅速地大规模地发展，人类的生产生活对环境的影响，不断逼近或超出环境的承载力。环境的变化除了自然因素外，越来越凸显人为的因素。在初期，环境的变化还难以使人察觉，但现在，人越来越能感觉到环境的瞬息变化。现代环境变化，具有错综复杂的因素，每一个特定因素的变化都产生特定的环境信息，而且具有强烈的时效性。环境的变化越快，环境信息的时效性就越强。

环境信息的时效性，一是在于环境的瞬息变化；二是在于公众需求的时间要求；三是在于公众对未来活动的安排。这三个方面是层层递进的关系。而进行环境信息公开的目的，一是为了使公众充分地了解实时环境状况；二是为了满足公众的利用需求；三是为了促进公众参与环境保护。这三个目的之间具有统一的关系，要保证这三个目的统一的实现，就要抓住环境信息时效性的三个层面，以这三个层面为切入点进行具有时效性的公开。

需要指出，滞后性也是环境信息的固有属性之一，即环境信息的产生与传递总是在环境事实发生之后。因此，善于发现环境事实的发生与变化，是在环境瞬息变化的情境下，有效把握环境信息时效性的关键。环境信息公开有主动公开和申请公开两种类型。在主动公开的场合，就需要环境信息公开义务主体在环境信息获取时间、处理时间上进行快速有效的反应，缩短公开的时间。在申请公开场合，需要义务主体根据请求者请求时间及其需求的缓急情况做出恰当的反应，保证公众能及时有效地对之进行利用。同时，有关环境法律法规制定、环境规划、环境决策、环境影响评价等事务的信息，亦要在谋划、意定之初进行公布，以保证能有足够的时间进行集思广益，公众能有效地安排自身活动以腾出时间参与其中。环境信息的时效性预示着环境信息的先兆性，公众除了关注之外，正是基于其内在的先兆性而进行生产生活和参与环境保护的。因此，环境信息公开就是要最大限度地提高环境信息的先兆性。

（三）环境信息公开的方式要求

环境信息公开的方式决定了公众获取环境信息的可能性，以及公开的实际效果。环境信息公开的提出适逢计算机网路技术的快速发展，随着个人计算机的普及和网络的全域覆盖，极大地提高了以新媒体形式公开的应用价值。随着环境信息获取能力的不断提高，需要公开的环境信息量也在不断地增加，传统方式的公开越来越受到工作量大、效率低的困扰。现在，普遍的一种公开方式是进行网上公开，实践证明，网上公开也是有效的。

电子政务的提出与不断实践，使政府及其部门的网站建设趋于完善，进行环境信息网上公开的技术障碍被逐渐排除。在一些大型企业中，其自己有能力和资金建设与维护自己的网站。因此，环境信息主动公开，对大型企业与政府及其部门来说不存在资金与技术的障碍。但对一些中小型企业来说，容易受制于资金与技术等的不足，其主动地公开环境信息就会受到影响。

因此，有必要建立一个统一的环境信息公开平台，既方便于中小企业主动地公开环境信息，也方便于公众的检索。当前我国正大力推进政府职能转变，以现代服务型政府为建设目标，通过公共服务与公共产品的提供，来满足公民日益增长的公共需求和公共利益诉求，是其中应有之意。政府在积极履行自己环境信息主动公开的义务同时，应承担解决众多中小企业公开困境的责任，积极构建一个统一的环境信息公开平台。

在申请公开的类型中，当环境信息既是公共利益，又关涉商业利益、个人隐私或国家安全等一般不向公众公开的信息时，申请者又有特殊需要时，可以在采取相关措施下，以阅览、口述、复印、电子邮件等形式向特定的申请者进行特定的公开。在无关商业利益、个人隐私或国家安全时，应在进行特定的公开的同时，进行互联网公开。

应当认识到，以新媒体形式公开自有其公开的优势，但不能忽略传统公开方式的优势。虽然当下我们身处大数据时代，传统网络终端和现代移动终端非常盛行，但如果以网络特征来区分人群，仍可以明显地发现有互联网人群和非互联网人群的分化现象。这与计算机网络在我国发展和普及的时间长度有关。即使移动终端非常普及，大部分的也只是充当简单的通信工具，并且仍有相当一部分人不习惯网上阅读。这就需要发挥报纸、广播、电视等传统媒体的优势，为非互联网人群提供便捷的环境信息获取渠道。

环境信息公开的方式，要求把传统媒体和现代新媒体相结合，进行最广泛的环境信息公开。

二、有效环境信息公开对公众参与环境保护的影响

（一）公众参与环境保护的广泛性影响

公众参与环境保护的广泛性首先体现在参与人员的广泛性。人员的广泛性又表现为两个方面，一是人数多，二是涉及领域广。在特定的区域内，环境信息公开的方式越多，则可能的受众人数就越多，进而参与环境保护的人员就越多。众多的人员参与环境保护能更加突出环境规划、环境决策、环境治理的民主性，可以有效防止大量的公民因不知晓相关环境事务而引发的群体性事件。当环境信息公开的受众人员基数达到一定的量时，必然使其中所涉的领域拓宽，从而使参与的人员结构更趋合理化。如所参与人员的知识背景、行业背景、年龄层次等。这也就表现出由广泛性而带来的代表性。但

人数多有一缺点，即影响参与的效率。为避免这样缺点，可以采取双重代表性，即人数代表与领域代表的结合。

公众参与环境保护的广泛性其次体现在参与环境事务的广泛性。环境事务的广泛性可以分为纵向的广泛性和横向的广泛性。纵向的广泛性指某一项具体有关环境事务的全过程，如环境法规的制定，包括立项、起草、审查、决定与公布、备案审查等程序环节。横向的广泛性指环境事务的种类复杂多样，包括环境法律法规的制定、环境规划、环境决策、环境治理、环境监督等。公众参与环境保护就是充分的参与每一项环境事务及每项事务的每一过程，如果不知道环境事务的发生、经过、结果，就谈不上参与其中，有效的环境信息公开就保障了这一点。

公众参与环境保护的广泛性还体现在参与方式的广泛性。传统的公众参与方式主要有公众听证会、公众座谈会、群众访谈、专家咨询、问卷调查、热线电话等，这些方式在特定的时期起到了绝对的作用。但随着互联网的发展，以"网络社区"等概念和交流形式的出现，使得公众参与的方式更加的广泛，突破了传统的参与方式，尤其是当下"互联网＋"理念的提出与推行。环境信息以传统媒体和现代新媒体的方式公开，可以直接催生传统线下参与和现代线上参与的结合。把线下参与的真实感和线上参与的及时性进行有机的统合，实现公众广泛地参与环境保护。

（二）公众参与环境保护的时效性影响

时效性不等于立刻、马上，其意含着具有一定的时间区间。公众参与环境保护的时效性，意指在每一项的具体环境事务中，公众都可以在了解相关环境信息的基础上，尽早地参与进来，突出地体现在公众有时间充分地参与一项具体环境事务的全程。如在公众参与环境影响评价中，我国的环境影响评价可分为准备阶段、正式工作阶段和报告书编制阶段，公众参与的时效性就体现在：①在准备阶段应将涉及环境的有关政策、规划或建设项目向公众广而告之，让公众对其可能带来的不利的影响有充分的认识，并及时反馈自己的意见，参与政策、规划或建设项目的设计讨论，尽可能地降低设计在环境保护上的不足；②在正式工作阶段应将随时发现的对环境可能造成影响的问题告知公众，让公众尽可能早的知道具体情况并帮助其辨析，以达到防患于未然的目的；③在报告书编制阶段应将具体问题的解决措施、保护敏感与脆弱目标的方法提前告知公众，及时收集公众的反馈意见，修改环保措施存在的不足。如果环境影响评价通过审批并进行项目建设，则还意味着公众能实时地参与监督，对其中偷工减料、不按先前制定的标准与保护的目标进行施工的行为，进行及时的举报，采取有力措施规范施工情况。因此，可能造成重大环境影响的建设项目在建设的过程中，亦应及时地公开施工用料、具体建造等信息，促进公众及时有效地监督，有效防止危害结果发生。

公众参与环境保护的时效性指公众具有充分的时间参与某一具体环境事务的具体环节。由环境问题引发的群体性事件，除了因为环境信息公开的受众少之外，环境信息公开的时间短，使公众来不及考虑，或没有充分的理解，也是一个主要的原因。现代生活节奏快、流动大，以及由于公众自身的事务安排，常出现虽长居于此，但又不常在此的现象。公众的参与往往是在临近决策，或决策之后，这种匆忙的与滞后的参与，在疑惑较多和矛盾突出的情况下，要么是决策难产，要么就是冲突陡起。既影响了工作效率，也影响了社会的安定和谐。因此，环境信息及时的公开，给公众预留更多的时间，就有效地避免了部分公众因短期的不在而没有知晓环境信息，或者由于知之甚晚而引发的诸多问题。

总之，环境信息的有效公开，对公众参与环境保护的时效性影响，集中地体现在早期介入和全程参与两个方面。

（三）公众参与环境保护的深入性影响

公众参与环境保护的深入性也可称之为公众参与环境保护的实质性。公众参与的实质性，与"不参与的参与"相对应，"不参与的参与"即公众的参与只流于形式。在本书的角度，忽略其他因素不谈，只从环境信息公开的因素来看，造成这种"不参与的参与"的现象主要在于以下几个方面：一是环境信息片面的公开，有些项目在公示内容上"做手脚"，只说项目的好处，对环境风险只字不提，或一笔带过，致使公众成为听众；二是巧妙地利用了环境信息本身所存在的模糊性，由于语言本身的模糊性和环境现象的错综复杂，致使环境信息的表述难以达到绝对的精确，也即提高它的精确度很难，而扩大它的模糊度却很容易；三是使用了大量的晦涩难懂的专业词语，使公众难以和相对方进行有效的对话。因此，对环境信息公开的内容提出的要求，就是为避免此种现象的发生，进而提高公众参与环境保护的深入性或实质性。

公众参与环境保护的深入性体现在公众可以和相对方进行充分的交流。公众不是听众，亦不是看客，针对环境问题，如果公众只是被动地被行政机关、环评机构，或企业拉过去看他们各自的独角戏，不能体会到切实的参与感，只会让公众越来越疏远环境保护的阵地。所掩藏的问题暂时被掩藏，所忽视的问题暂时被忽视。与公众进行充分的交流，让公众进行充分的发言，既可以满足公众的参与感，又可以总结出公众所关注的焦点。针对焦点问题协商出切实可行的解决办法，这样就可以让公众真切地感受到参与的成效，进而支持相关的环境决策。

公众参与环境保护的深入性体现在公众对潜在环境问题提出的实质性与提出建议的实质有效性。公众所参与环境保护的地方，大部分是公众长期居住的地方，对周围的环境状况有着清晰的了解。公众在对环境信息有着全面理解的基础上，并结合自身对周围环境的了解，会发现环境规划、环境决策中遗漏的或忽视的相关问题，对一些隐性危险的排除能起到特别的帮助。同时，参与的人员越多及参与人员的专业背景越是不同，对一项规划或决策就越能从更加全面的视角进行审视，就能对环境规划、决策、治理的科学性和有效性的提高具有实质性的贡献。

第三节 公众参与环境保护视角下环境信息公开所存问题与 对策

一、环境信息公开存在的问题

（一）环境信息公开主体的狭窄性问题

统观我国环境法律法规，我国环境信息公开的主体主要有政府的环境保护主管部门和企业这两大类。新《中华人民共和国环境保护法》的施行，扩大了环境信息公开的主体，在原有的基础上把负有环境保护监督管理职责的部门也规定为环境信息公开的主体。这是立法者在意识与行动上的进步，但这种进步是微弱的，如新《中华人民共和国环境保护法》规定："各级人民政府环境保护主管部门和其他负有环境保护监督管理职责的部门，应当依法公开环境信息、完善公众参与程序，为公民、法人和其他组织参与和监督环境保护提供便利",其中"其他负有环境保护监督管理职责的部门"的这一说法就非常的模糊。这种防止挂一漏万的立法技术是法律制定的需要,但明显削弱了它的明确性和履行的确定性,在这些部门没有依据此规定制定出相应的细则时,只能期待这些所谓的"其他负有环境保护监督管理职责的部门"主动地去履行这一规定。同时,从我国政府机构的设置来看,这一规定明显的把乡镇一级政府环境信息公开的责任给排除了。在某种程度上,乡镇一级政府所掌握的信息资源与人们的生活工作环境最为贴近,更能直接地、具体地反映环境状况。尤其在我国南方和东部沿海经济较为发达的地区,乡镇一级人民政府在环境保护方面的责任意义更是重大,因此,将乡镇一级政府排除在政府环境信息公开的主体范围之外,稍有不妥。

《企业事业单位环境信息公开办法》明确了企业事业单位应当按照强制公开和自愿公开相结合的原则,更为细致地规范了企业事业单位环境信息公开的有关事项。该办法将强制公开的主体范围确定为重点排污单位,并对重点排污单位的确定采取了更为灵活的办法,有效地对环境影响大的单位进行环境信息公开。但对不在重点排污单位名录上的单位发生有重大环境影响的事故,是否应当公开相关环境信息没有规定。而且,在自愿公开的原则下,虽有鼓励非重点排污单位公开环境信息的措施,但现实效果并不理想,更多的企业不会主动公开,有的企业公开也只是片面的公开。当这些非重点排污单位的数量达到一定级别时,它们共同对环境的影响就会很大。因此,从获得环境信息量最大化的角度看,环境信息公开的企业范围明显过于狭窄。

环境信息公开应有义务主体、权利主体及权力主体之分,对于政府及其职能部门而言是权利与义务的统一,对于企业而言是权力与义务的统一,对于公民和公益组织而言则应当界定为权利主体。碍于现实的困境或基于现实的考量,我国环境法律法规并没有对权利主体进行环境信息公开的相关规定。在环境信息公开方面,作为权利主体的公民或公益组织等公布的环境信息既面向其他的社会公众,又面向一些经营性企业,还面向政府及其部门。对于政府主管部门来说,环保社会团体发布的环境信息是政府环境信息收集中的重要来源,同时对政府的行政执法和管理具有重要的导向作用;另外,还可以弥补政府信息收集和发布中的不足,更有利于政府环境保护工作的开展。当下,一些环保公益组织的机构设置相当完整,环境监测、数据收集、处理、存储等技术已非常先进，如果继续将之排除在环境信息公开的主体之外，对我国的环境保护事业则是一种很大的损失。

（二）环境信息公开内容的低质性问题

环境信息公开内容的低质性主要表现在：①环境信息公开的不够全面。就政府环境保护部门而言，环境信息的公开完全由其自身的认识进行，当他们能想到需要公开的某一方面时，便会有相应的信息公开。换言之，环境信息的公开完全由各级环境保护部门自己的意志决定，由其主导公开的内容。这从不同层级的环境保护部门的网站建设就可以看出，通过浏览这些网站，我们可以发现它们风格各异、栏目各有特色，但很难找到我们想要的信息。②环境信息公开的内容不能全面地、客观地、准确地体现环境状况的发展变化，如在氯气泄漏事故中，所发布的信息应包括氯气的总量、浓度、扩散速度、人中毒量是多少等，掺杂的化学反应等，这才能真正为公众所用。③环境信息公开的内容存在着宽泛笼统、模糊表达等情况。在某些情况中，政府与企业公布的环境信息或语焉不详或答非所问，从既有信息不能推断某项环境事务的性质与影响，这既不能满足公众知情的要求，也不能使公众形成明确的认识，无助于公众参与环境事务的选择。④环保部门与企业所公布的环境信息或者对公众答疑的内容里面，充斥着大量的化学符号、化学表达式、计算公式及各种专业术语，没有附随相应的注释或者辅助文本，使公众望而生畏、欲言又止。

从环境信息的表达形式来看，其主要有数据、图像、表格、文字等表达形式，更多的是这几种方式的组合。环保部门公开的环境信息应灵活运用这几种方式，以便于公众理解。在促进公众全面、准确理解的基础上，使公众真正了解到对我们生活、工作、身体健康产生影响和危害的污染物有哪些，当它们达到何种程度会对我们产生危害，危害程度又是多少，该如何防护等，进而拉动公众参与监督等。

（三）环境信息公开时间的滞后性问题

针对不同的事项，环境信息公开的时间对之影响不同。但无论什么事项，及时地公开相关环境信息，并对之作出客观的说明与引导，对事务的发展总是有利的。一般来说，越是容易引起公众猜疑的，或者超出公众认知的环境事项，越要尽早地公开相关信息。在自媒体盛行的时代，信息传播速度是几何级的。单个的社会个体在微博、微信、QQ等媒体上发出的一个疑问或者基于自己的认知对有关事项的分析，在其内容涉及的是公共事务并关乎公众利益的情况下，极有可能引起广泛的关注。而这种关注有可能演变成集体的非理性，进而对政府发出更广泛的质疑或者是广泛的恐慌。在民众质疑之后，才欲说还休地披露有关信息，这时政府就很容易陷入舆论学上的"塔西佗陷阱"，即当政府部门失去公信力时，无论说真话还是假话，做好事还是坏事，都会被认为是说假话、做坏事。公民合而为众时所呈现的非理性很难在短时间内做到有效改变。现阶段，这种现象在我国广泛存在，这其中主要的原因就在于环境信息公开的时间太过滞后。

（四）环境信息公开方式的单一性问题

首先，应当提出的是，新《中华人民共和国环境保护法》中虽然有独立的信息公开和公众参与一章，但在具体的规定上并没有环境信息公开方式的规定，是一处比较大的立法漏洞。作为规定环境信息公开领域最基本的法律，缺少环境信息公开方式的规定，不利于其他对之进行细化的下位法的制定，也容易造成公开主体选择公开方式的任意性。其次，现存有关环境信息公开方式的规定，多表现出孤立的、原则性的特点，致使现实中突出了环境信息公开方式的单一性特征。

由于法律法规制定的缺失与粗糙，加之公开主体本身所具有的惰性，现实中的环境信息公开不尽人意。一方面，公众所赖以获得环境信息的途径非常少；另一方面，公众很难查询到自己想要的环境信息。随着互联网技术进一步的发展，人们对互联网操作的不断娴熟，互联网的便捷、高效及对人力、物力、财力有很大的节约特性被充分地显现出来。因此，利用互联网公开成为主要的公开方式，甚至是一些企业和部门唯一的公开方式。一些传统的公开方式从公众的视野中消失，如广播、电视等新闻媒体，只有在遇到重大的突发性事件，或者一些被披露的影响较大的环境污染事件中，这些公开方式才会在特定的时间段内出现。

从整体上看，通过网络公开环境信息是一种方式。但如果细分的话，网络方式亦可以分为多种方式。如网站主页、网络推送、微博平台、微信公众号、网络TV等，其中网络推送具有更高的主动性，网络TV比传统电视更具灵活性。而当前网络公开主要集中在网站主页这一方式上，虽然也有部分环保部门开通微博与微信，但开通的少，对它们的利用更少。同时，即便是通过网站主页进行公开，这些网站的建设也是五花八门，有的极其烦琐，有的极其简单，有的站内搜索竟不能用。这些都加剧了环境信息公开方式单一化给公众参与环境保护所带来的不利后果。

二、环境信息公开制度的完善

环境信息公开制度的完善主要包括两个层面：一是制度本身的安排；二是内部之完善。关于制度本身的安排，是指在不同位阶的法律法规中制定不同的有关环境信息公开的规范，使之成为详细而又系统的有机整体。我们知道，某一具体法律的法律位阶越高，效力就越高，适用领域也就越广泛。

（一）环境信息公开主体规定的完善

现实中存在的一些法律规定的不确定性，一部分是由于语言本身的特性造成的，无法做到绝对的确定；一部分是由于没有对表述方式进行优化，提高了规范含义的不确定性。法律定义方法有描述法和列举法。描述法以对象的公共属性为基础进行表述，可以尽可能地把所有对象都包含进去。列举法可以借助某一具体的特性，逐个地将具有这种特性的对象列举出来。描述法可以包含所有的对象，但不具体确定。列举法具体确定，但往往不能穷尽所有。因此，绝大部分情况下，我国的立法者采用了以描述法和列举法相结合，同时辅以兜底条款的立法技术，进行相关规范的表述。这样，可以最大限度地降低法律规范的不确定性，提高义务履行的确定性。

我国政府从中央到地方的组织机构设置复杂，并且级别与区域的不同，使得上下级之间、平级之间的机构设置也多有不同，但主要的职能部门与机构大体相同，基本都可以满足本区域的社会管理需要。社会的生产、生活与环境息息相关，因此，必然存在许多的政府职能部门在日常行政管理中，需要收集、处理和应用相关的环境信息。而这些部门与机构各有各的主要职能，并不负有环境保护监督管理职责，这样他们就会缺乏环境信息公开的意识，进而就不会进行环境信息的公开。但是，我们应当看到，一些部门的主要职能虽然不是环境保护与监督管理，但它们主要与构成环境的自然要素相关等。还有一些部门机构的主要职能，已经涉及了环境保护与监督管理，如水利部、林业和草原局等。

随着我国社会的发展，城乡一体化建设步伐加快，城一乡的二元结构体系将被逐渐打破，乡镇政府在行政管理职能上也必将发生相应的变化。就当前来说，在一些富裕的乡镇上，已经聚集了相当数量的工厂企业。另外，有一些乡镇地方矿产资源丰富，也容易吸引大量的资源型工业聚集于此。对于这些乡镇政府而言，无论有没有明文规定他们的环保义务，在实际工作中，他们都或多或少地做出相关环境行为。因此，应当把乡镇一级行政机关纳入环境信息公开主体的范围。相应地，也就应当把《环境保护法》信息公开中有关"各级人民政府环境保护主管部门""县级以上地方人民政府环境保护主管部门"的表述，更改成"各级人民政府及其环境保护主管部门"的表述，以达此目的。

针对我们所述《企业事业单位环境信息公开办法》（以下简称《办法》）中存在的部分问题，应当灵活的运用该《办法》第三条所规定的原则内容，即"企业事业单位应当按照强制公开和自愿公开相结合的原则，及时、如实地公开其环境信息"。从本《办法》中可以看出，适应强制公开的条件只是被列入重点排污的单位，而重点排污单位名录的确定是每年三月底前，这就存在了一个时间差，即四月以后至下一次名录更新前这段时间，在这段时间内如果发生应当强制公开的情况就无法可依，以致无所适从了。因此，应当加入"虽未被列入重点排污单位名录，但当企业发生符合被列入名录的情况时，适应本办法对重点排污单位的规定"这一条款，这样就可以很好地填补这一漏洞。同时，从环保部门的人员配置及用以环保的财政支持情况来看，环保部门不可能做到大范围的、密集的环境监督管理。为了能够尽可能地收集所有的环境信息，使环境信息收集的更准确有效，应当在自愿公开的原则下，规定非重点排污单位定期向政府报告或递交生产排放情况，便于政府统计，使政府公开得的环境信息更能反映整体真实的情况。

（二）环境信息公开内容规定的完善

环境信息公开内容规定的完善，在已经分析了解环境信息公开内容质量低下具体表现的情况下，关键的就是要解决如何对环境信息公开内容的质量做到恰到好处的评价。所谓恰到好处，就是既不苛刻，也不至流于形式化。换言之，即不能要求凡涉及环境的信息都要加以收集与公布，所公开的内容通俗到每个公民都能轻易理解，稍带专业性的环境信息就充斥着大量的解释说明，这样就会加大公开主体的负担，造成人力资源的浪费；亦不能放宽公开主体，在形式上按要求公开环境信息，但并没有实质性的改进，甚至是出现"踢皮球""拉锯式"应对的现象。环境信息公开不同的受众对环境信息内容的理解的程度也不同，同一环境信息对一部分人来说可能难以理解，但对另一部分人而言则可能是极易理解的。同样，存在这样一些情景，针对不同的人群，环境信息提供的全面与否，也是不同的，有些可能是提供者想不到的，但对公众来说却是非常重要的。因此，如果统一通过法律普遍的规定环境信息公开的内容应达到某一具体标准，就会致使法律存在"僵化""一刀切"的弊病，不能应对易变、多样的现实。我们也看到、法律的确没有如此规定，只是期望现实中各方能积极配合，达到无须法律规定亦能良好运转的社会效果。但现实是令人失望的。既然不能制定出统一的标准来规范环境信息公开内容所应达到的要求，就必须另求其他路径来解决这一问题。

　　环境信息公开的内容直接关涉到公众参与环境保护的深入性或实质性，因此，对于环境信息公开内容的质量进行评价，公众最有发言权。有必要引入公众评价这一机制，尤其是在城市扩建、项目建设、社区开发等与公众密切相关的事务以及诸多申请的情况下，建立一个动态评价与反馈调整的合作机制，不失为一个有效的解决路径。公众在参与或利用的过程中，可以亲身地感受到环境信息公开内容的质量情况，发现的问题更有针对性，提出的要求或建议更有可受性，环境信息公开主体对环境信息公开内容的改善也就更有效。当然，这一机制也只有在理想情况下才能完美地运转。现实中更多的情况不是合作，而是博弈，且存在着长久的或零和的或夹杂着损益的博弈。为了避免此种情况的发生，需要在这一机制中引入专家组织辅助评定环节。也即以第三方的评定为标准，来决定环境信息公开内容有没有继续改善的必要，如果需要则可请专家组织辅助改善。在遇到突发性环境事件时，则可以直接引入专家组织进行引导公开，以尽可能的消除公众的疑虑。

　　综上，针对环境信息公开内容低质性的问题，我国《环境保护法》可以规定"公众在参与环境保护或申请利用环境信息时，认为环境信息公开主体所提供的环境信息不能全面、真实、清楚地反映事实状况，可以要求公开主体进行改善，公开主体应当进行改善；对双方争议不能及时解决的，可以引入环保专家组织进行辅助评定；对发生重大的突发性环境事件，应当直接引入环保专家组织进行引导公开环境信息"。这不仅可以解决环境信息公开内容低质性的问题，而且也体现出了真正的公众参与和环境民主。

（三）环境信息公开时间规定的完善

在移动互联网时代，信息的传播不再受时空的限制，每个公民随时随地都可以借助移动网络工具发表自己的见闻、心情等。在这种背景下，每个公民都是信息源、每个公民又都是信息的接受者。与之前以电视、报刊为主的媒体时代相比，公民传播信息更有主动性和便捷性，公民接收读取信息也更具选择性。能使大量的互不认识的公民关注同一信息，除了新闻娱乐，就是这条信息可能与大家的共同利益有关。这与熟人社会的口口相传有着本质的相似性。公民传播关涉大家共同利益的信息，大体可以分为三种情况：一是有实有据，二是真伪不明，三是捕风捉影。但无论是哪一种，只要这条信息反映的是不利的情况，伴随着信息的广泛传播，民众的非理性因素也在悄然的聚集。针对不同的情况，需要不同的处理方法，但最优的应对办法，都是要及时地发布权威信息，对公众进行利导。近年来，环境群体性事件频发及突发性环境事件引起的社会性恐慌主要的原因之一，就是环境信息公开滞后，各方有效沟通时间较少，致使公众不明真相做出非理性的行为。须知，移动互联网给公众发布与传播信息带来的改变，对于环境信息公开主体而言并不是例外的，环境信息公开主体要做的就是，根据时代变化适时调整和积极应对。

环境信息可以分为业务性环境信息、事务性环境信息及利用性环境信息三种。业务性环境信息，是指环境信息公开主体在日常工作中为履行环境信息公开义务而常规性公开的环境信息。事务性环境信息，是指在城乡规划建设、项目规划建设、突发性环境事件中，为了最大限度地满足公众参与的需要或最大限度地对公众进行利导，而公开发布的环境信息。利用性环境信息，是指公民、法人及其他组织为满足自己需要而申请公开的环境信息。

针对我国环境信息公开时间的滞后性问题，不能简单粗暴地把原来有关环境信息公开期限的规定，全部予以缩短的形式来应对。应当根据不同的情况，作出不同调整。在调整的同时，达到双层目的，一是改变不加区分统一性规定现状，二是很好的满足不同情况下对环境信息公开时间不同需求。

（四）环境信息公开方式规定的完善

我国环境法律法规关于环境信息公开方式的规定，并没有要求公开主体必须以确切的某一种或某几种方式公开，而是在以便于公众知晓的条件下，给予公开主体更多的选择空间。这种做法照顾到了，因地区间情况的差异，而对公开方式选择的不同，并使得各地区不因公开方式的不同而影响到公开的效果。然而，选择的空间越大，简单应付的惰性就越大，尤其是在没有后续考核与评价的情况下。问题不是出自法律之身，而是出自法律所规定的人。但当人出现问题，而法律无法处置之时，就需要对法律进行完善。

通过上文对环境信息公开方式所存问题的分析，我们可以得出环境信息公开方式的单一性，主要是由于环境信息公开主体对公开受众不加区分的以各自的网站为工具进行公开。由于以熟不熟悉互联网为特征来区分我国的公民，存在着范围相当的互联网人群和非互联网人群之分。因此，必须根据不同人群的情况采取不同的公开方式。为此，在现阶段，对我国环境信息公开方式的规定，应当采取线上与线下相结合的方式进行公开的规定。线上意指现代的互联网方式，线下意指传统的报刊和广播电视方式。这是总的两大方式。随着互联网技术的发展，在采用互联网方式进行公开时，亦应强调公开主体采取多种网络途径进行公开，如网站主页与网络推送这种静态与动态相结合的方式。这是一种通过缩小环境信息公开主体自由选择空间并扩大其必选方式的形式，以达到环境信息公开方式较好的适用不同的人群。

此外，应当注意到环境信息公开主体之间的差异性，应当有所区分地对他们加以要求。更具性质、技术、实力等的不同，环境信息公开主体大体可以分为政府及其环保主管部门、大型企业事业单位、中小企业三类。对于政府及其环保主管部门而言，应当严格地规定他们采取上述的方式进行公开。对于大型企业事业单位而言，则可以放宽对他们的要求，可规定他们在做好互联网公开的基础上有选择地进行其他方式的公开。而中小企业由于人、财、物等方面的限制，不能对他们做过多要求。政府应当予以辅助，即政府应当建立一个综合性的环境信息公开平台。综合性环境信息公开平台的建立，不仅可以帮助中小企业进行环境信息公开，而且可以方便公众的查询，更是多渠道公开的表现。

（五）环境信息公开范围规定的完善

环境信息公开范围问题的核心，是应当公开，还是不应当公开的问题。一般来说，环境信息概念的内涵与外延决定了环境信息的范围，但即使环境信息的概念非常的清晰，它所表示的范围也是一种宽泛意义上的、不明确的范围。因此，我国环境法律法规以肯定式列举的形式，明确了具体的环境信息范围，也就此明确了环境信息公开的范围。环境法律法规所明确列举的关于环境信息的项目，都是应当进行公开的。只有在确认它们涉及国家秘密、商业秘密、个人隐私时，才不应当公开。也即不应当公开是应当公开逻辑演绎下可能的结果之一。逻辑演绎的条件就是将要公开的环境信息是否涉及国家秘密、商业秘密、个人隐私等，以及当时的社会情境。从既有的环境法律法规中，可以确切地知道，在环境信息不涉及国家秘密、商业秘密、个人隐私时，都是应当及时公开的；在涉及国家秘密时，是绝对不公开的；在涉及商业秘密、个人隐私时，一般不公开，只有在权利人同意或不公开可能对公共利益造成重大影响的情况下，是可以公开的。这也就是"公开是原则，不公开是例外"的准确表达与表现。

我国环境法律法规在规定环保部门环境信息公开的义务同时，作出了其需要对环境信息进行保密审查的规定。环保部门对环境信息进行保密审查既是一项权力，也是一项义务。相对于公民社会是一项权力，相对于环境信息内容所涉及的各方主体是一项义务。但环保部门于公或者于私，都没能对这一集权力和义务于一体的行为有较好的把握，甚至是借由此掩盖自己的不足，致使上文所述现象屡屡发生。通过上文对环境信息公开范围例外性问题的分析，可以发现，准确地对不公开的条件进行判断，是解决问题的关键。一个公正的、有效的条件判断机制，将使得公开主体无法再以"例外"为由拒不公开。由于，环境信息公开主体过度的以"例外"为由不公开相应的环境信息，源自于其本身所拥有的环境信息保密审查权。因此，如果发生环境信息是否应当公开的争议，就不能再是环保部门的自我审查和自我决断，应当引入第三方的评判机制。

环境信息公开范围的例外性问题多出现在对事务性环境信息和利用性环境信息进行公开的情境中，公民、公众、法人或其他组织都是确定的。当问题出现时，基于应用、知情继而实质参与的目的考虑，首要的应是各方平等的、坦诚地进行协商。如果发现问题的关键并不是应当公开还是不应当公开，而仅仅是以此为借口掩盖其他原因，在条件允许的情况下，可以给予公开主体必要的期限，进行环境信息的收集、整理与公开，但应当把情况记录在案，之后进行责任追究。如果确因应当还是不应当公开而发生争议，则就应当引入第三方的评判。此处的第三方应是对相关环境信息所涉内容的理解与认识更具专业性的权威的机关或机构，以保证结果的公正性。

综上，针对环境信息公开范围例外性的问题，环保法律法规可以作出如下的规定：有义务公开环境信息的部门应当充分地公开环境信息，对社会主体申请公开的以及公众参与环境保护时所要求公开的环境信息，属于义务部门应当公开的，义务部门不得以其他事由拒绝；义务部门因无故没有收集、整理其应当公开的环境信息，致使无法提供的，应当请求相对人的原谅，并积极地进行收集、整理和公开，对于积极弥补过失的相关人员，可以免除行政处分。申请主体或公众与环境信息公开义务部门有关环境信息是否存在不公开的情况或是否可以公开存在争议不决的，应当依照法律、法规和国家有关规定报有关主管部门如工商部门、法院、国安部门或者同级保密工作部门确定，以上部门所作出的评判结果应当得到尊重。

以公众参与环境保护为核心的多元主体协同的环境治理是一项巨大而复杂的工程，既需要理念的跟进，也需要制度的落实，也即以理念为导向，以制度为保障。环境信息公开制度除了有其自己独特的价值取向外（保障公民环境知情权的实现），一个重要的价值作用就是促进公众参与环境保护（促进公民环境参与权的实现）。虽然，知情和参与是民主的双翼，缺少任何一翼都谈不上真正的民主，但是，无公开便无民主，更无参与，决定了公众参与必以公开为前提。公众对环境知情权和环境参与权的权利诉求，都源于对环境问题和自身生命健康的关注，最终的目的都是为了保护与改善环境。

第八章 环保产业促进专门立法

第一节 环保产业促进专门立法的必要性与可行性

一、环保产业促进专门立法的必要性

（一）环保产业市场需要法律的推动

虽然环保产业与传统产业有着诸多的不同，但其依然具备传统产业的某些特征，例如环保产业发展与市场之间的关系等。在对环保产业法律必要性研究时既要看到环保产业市场的共性也要看到其差异性，从不同的角度分析才能更清晰地了解其重要性。

1. 环保产业市场的构建对法律的依赖

环保产业作为国民经济中的重要新兴战略性支柱产业，具有传统产业的重要共性，即在环保产业市场的发展规律上，环保产业的发展在很大程度上依然受市场价值规律的限制与市场竞争机制的制约。进入 21 世纪以来，人们的环保意识已经达到了空前程度的所认同，因此从供求关系的角度来看环保产业的市场在不断扩大。这种由需求带动市场的状况符合社会主义市场经济发展的本质，决定了我国环保产业市场发展具有内在的动力。伴随着社会主义市场经济体制建设的不断推进，环保产业市场的发展程度却远远滞后，难以形成一个成熟的环保产业良性运行市场，也无法对环保企业产生有效的刺激，从而使得环保产业的内在发展的动力不足。作为市场主体对于经济利益的追求才是其的重要目标，从经济法学的视角切入，作为完全市场中的环境权利的交易以自由的选择为基础，其本意可以利用市场将资源进行合理配置，作为自利的主体若是市场不能形成足够的吸引力就很难使市场主体参与到环保产业发展建设之中。当内在拉动力存在不足时，亟须外部的力量

来带动环保产业的发展。从"美国罗斯福新政"等重要的历史事件中，我们可以看出法律、政策作为重要的外部力量，在干预市场发展中起着至关重要的作用，可以从很大程度上克服市场内在发展动力不足的问题，环保产业作为市场经济中的一环，其进程推进也必将深受法律、政策的影响。

法律对环保产业市场需求影响的另一种表现形式体现为：环保产业相比法律传统产业来说其发展时间较短，作为新近发展起来的产业，其产业基础相对薄弱，如何运用环保产业相关法律提供的增长点来保障如此薄弱的产业基础？国外发达国家环保产业的发展路径也是从严格环境法律、政策开始的，通过法律创设全新的环境保护制度必将会带来相应技术、设备等的需求猛增，客观上有力推动相关环保市场的不断扩大，例如在美国这一资本主义市场高度发达的国家，环保权利成了可以交易的对象，促使得排污权交易市场的形成，排污权交易制度还带动了环保信息咨询、交易等第三产业的发展；在我国为保障经济项目建设对环境破坏最小化而提出的"三同时制度"，该制度强制性要求企业项目建设必须经过相应的环保审核，一方面推动环保产业设备、技术市场的发展，另一方面使得环保产业咨询服务业市场扩大。作为人都有其自利性，体现在市场主体中也不例外，与其说是由于环保产业相关规范的出台创造新的市场，不如从另一角度理解为：是在法律、政策的强压下企业对于环境价值的全面认识，自主做出的对经济价值进行选择的行为，是企业获取竞争优势的另一种表现形式。环保产业法律规范的实行可以为其产业市场的构建提供新的思路与新的方法，有利于相关市场形成有序地循环发展。

2. 环保产业市场的规制对法律的依赖

通过对相关环保产业立法的解读，我们发现了一个共同的特点：环保产业法思想的保守。环境保护法作为一门新兴的部门法，其重要的特点就是突破传统的部门法界限看问题，其指导思想不再仅限于那些传统的社会法律关系主体间的问题处理的原则与习惯，而是拓展为以整个人类的共同生存为主要目的。环保产业法律规章作为环境保护法律体系的组成基石，其立法思想应与环保法保持一致，然而在现有的环保产业立法中却更多地偏向于将其作为传统的产业立法来看待，从而致使环保产业相关法律立法指导思想中掺杂了过多的产业立法痕迹，经济指导性较为严重。人们对生存状况改善的要求日趋强烈，环保产业的发展目标不再单纯的集中于工业、农业等传统产业，应当走入普通的群众中、走入千家万户的日常中。传统的环保产业立法模式更多地只是集中于对其如何服务于其他传统产业，并达到节能环保的目的。但现阶段随着人们需求的转变，以家庭为单位的环保产品需求猛增，而在传统的环保产业的立法中我们却鲜少见到相关的规定，环保产业的发展是跟随市场需求的变动而变动，因而环保产业的发展超过立法指导思想的发展，使得环保产业的相关立法滞后于环保产业的发展。

前文所述环保产业的发展趋势与人们的环保意识之间的差异，成为阻碍环保产业发展的关键因素，同时环保产业的内在拉动力与其公共性之间的矛盾也成为掣肘相关产业市场完善的重要限制。当面对市场的负外部性无法从内部寻求解决方案，而法律规范作为人们所公认的调整方法在对环保产业市场进行规制中就起着关键的作用。传统的行政手段可以对环保产业市场进行规制，其思维初始是"对于环境风险的规制"，环境保护的特殊性要求我们需从整体方向对环境风险进行把握，而公共资源的有限性却不可能允许我们对所有的风险进行规制。环保产业作为整个环保体系中的重要组成部分，具有环保领域发展的共性，也正因此，在对环保产业市场进行行政规制时，仅能从部分风险出发，而无法从整体角度进行考虑。加之传统的行政规制手段具有很大的妥协性，通常是行政机关、企业等各方进行博弈的结果，更多的是侧重于利益的选择而缺乏对风险与收益整体协调性的考量；传统的行政规制手段主要关注的是对直接风险的管控，往往会忽视附加风险，而环保产业中附加风险的影响有时远大于直接风险，这种潜在的风险可能由于其更贴近人们的生活因而更具有致命性。传统行政规制的缺陷决定了其无法单独完成对环保产业市场的规制。人们环保意识的提升从很大程度上可以促使环保产业的市场发展，伴随人们意识的转变对于环境问题的关注——对于克服环保产业固有的经济负外部性有着积极的作用。但是环保意识（亦可称之为环保文化）的提升却无法从根本上解决现阶段环保产业市场发展所面临的问题，人类作为一个自利的群体其根本属性无法发生改变，尽管环保意识的提升可以对人们的自利性行为进行约束，但这种约束力是极其微弱的，很难达到应有的效果。这就决定了对于环保意识的培养只能是对环保产业市场发展规制的一个补充，其缺乏足够的强制力来予以保障。

（二）环保产业发展需要法律的引导

1. 环保产业投资需要法律的引导

面对环保产业的高速发展，只依赖于政府财政拨款现已无法维持，需要引入更多资本形式，公益性的性质决定了环保产业又无法像传统产业那样给予投资者以独享的经济利益，因此需要通过一系列的刺激手段形成经济利益以吸引投资者。环保产业法律的制定有利于统一规范各种激励行为，形成财政、税收、补贴等多种样态的经济激励形式，通过不同的优惠政策的程度引导投资者具体环保领域的投资方向和投资的资金数额，从而形成产业的"宏观调控"。环保产业的相关法律对投资进行引导具有强制的规范性特点，从而可以克服市场的外部不经济性带来的投资弊端，保障环保产业投资的合理运用。

2. 环保产业技术进步需要法律的引导

环保产业是具有很强的政策指引性的新兴产业，与传统产业依靠市场变化进行技术创新不同，环保产业作为公益性产业的基本属性决定其难以充分依赖市场需求的带动。根据社会经济学、管理学的基本原理分析得知，作为企业但凡进行技术突破与革命就是企业战略中最具风险的行为，因此企业在作出技术革新的选择上往往会采取审慎的观望态度，尤其作为环保产业这类具有较高技术性且技术更新速度快的产业，企业的选择会更加谨慎。伴随着环境问题的加剧、社会生产技术的提高对环保产业进行技术革新又是势在必行的，如何才能保证环保产业技术转型的要求呢？在内部市场无法进行调节的情况下，以法律手段为代表的外部调节手段起着积极的作用。利用法律规范的强制力，通过国家机器对环保产业技术进步进行大力支持，为环保产业技术的发展提供必要的资金、设备、税收、财政等具体的条件保证技术创新的成功。在新技术研发成功后，利用法律规范、政策的强制引导性，有利于快速将先进的环保技术规范推广到整个环保产业，从而带动整个产业的进步。从以上分析不难看出，在环保产业技术进步中，环保法律法规起着重要的指引作用。

（三）环保产业规范标准需要法律的明确

环境保护相关的标准作为环境保护具体实施中的重要组成部分，其重要性不言而喻。从 1973 年我国颁布第一个有关环保标准的文件以来，历经近五十年的完善使我国现行环境保护标准已达近两千项。这些标准的出台是环保产业发展中不可或缺的"一把矩尺",环境保护的标准在促进产业架构升级、治理技术进步、激发环保产业市场潜力、拓展与确定环保产业发展方向等方面都具有重要的推动作用。

新《环境保护法》中对于如何保护各环境要素的都提出了新的要求,如何使环保产业健康发展?明确环保产业的产业规范标准成为不可忽视的重要问题。环保产业规范标准的重要地位要求对其的制定、出台、实施必须有严格的程序,学者们普遍认同环保产业的相关标准是环保产业法律体系完善的重要部分,是环保产业法律规范得以实施的重要依据。

1. 环保产业标准的制定需要法律的明确

从环保产业的定义中,我们可以知道环保产业与其他产业存在着重要的差别,这也决定其发展着的路径注定不是单一的且与其他产业存在着较大的不同。然而,不管是从学界还是从中央、各级政府部门都将环保产业与其他产业看作是同等的产业模式进行规制,生态系统庞杂的特性决定与其有着密切关系的环保产业也极具复杂性的特征,立体化的生态系统决定了环保产业的发展不可能是简单的点或者线,从末端治理到全过程治理、从自然资源的有效利用到循环再生重复利用等都只是体现环保产业的局部,正因为对环保产业发展认识的不足,所以在其相关法律的制定进程中存在局限,最终致使法律体系不甚完备。我国环保产业现有的法律规定主要集中于管理某些具体的问题,缺少对环保产业发展整体要素进行合理管控的立体化立法。我国各地环保产业示范园区等重点工程的建设不断加快,对于环保产业立体化、系统化建设的呼声也不断高涨,如若继续依照传统的产业法的立法发展路径,不但无法解决法律法规"零散化"的状况,相反可能促使环保产业相关法律的建设与环保产业发展相脱节。

我国现行的环保产业法律规范重要特点之一就是其"零散性"。对环保产业予以规制和保障的主要法律规定散落于各个环境与资源保护单行法之中,且为保证各法律规范的实施而配套出台的相关环境保护标准应当具备强制力的保障,否则会使相关环保法律的可实施性缺乏依据。环保产业相关法律规范零散性带来的另一个问题就是各种法律规范之间的冲突,例如,在《中华人民共和国水污染防治法》《中华人民共和国大气污染防治法》等法规中对于限期治理都有所规定，但其中在有关限期治理的实效、权利赋予等问题上存在着较大的差异，各级政府在依据这些规定制定具体实施细则的标准时就会无所适从，增加了社会公共服务的成本。环保标准的制定面临着诸多的问题，其重要原因之一：现行的环保标准缺乏上位法的支撑，没有统一、规范、完善的法律准则系统。

2. 环保产业标准的执行需要法律的明确

通过对环保产业相关法律的解读，我们发现环保产业法律机制运行实施主体呈现出多样化的特点，例如，国务院印发的《关于加快发展节能环保产业的意见》作为相关产业的阶段性指导文件，并在其最后附录中规定了相应环保产业发展任务的负责部门，如组织实施节能技术与装备产业化示范由发展改革委、财政部、科技部负责实施等，而实施主体的众多造成的一个重要问题就是主体的模糊性——相关责任进行具体划分权限时会存在权责的模糊性。我国行政机关职权的划分并没有专门的法律予以规制，其权利来源主要是由上级部门根据下级各部门的实际需要进行划分并报经国务院进行最终审批，对环保产业进行管理的相关各级部门也具有相似的情况。这种缺乏明确权限划分的运行机制，将会直接导致各部门之间利益冲突的激化，各自基于本部门的利益忽视整体社会经济发展利益，从而导致相关职能部门权限的重复与缺失并存。由于各职能部门之间的分工不明确极易造成相互之间的推诿扯皮，这也是环境行政执法中所最常见的问题，一旦这种情况出现在环保产业领域，将会导致环保企业无所适从，从而增加其负担。同时各职能部门也会为了相互之间的利益而产生冲突，最常见的就是不同权力机关利用不同的名目对同一行为进行的处理，直接导致环保企业负担加重。环保产业法律机制运行实施主体权限的不清，既有我国行政体制运行的原因，也存在着环保产业自身特殊性造成的原因。

二、环保产业促进专门立法的可行性

（一）可转化性政策支持

我国环保产业发展已历经几十年，逐步形成了以污染防治、资源能源节约及环境服务为主体，涵盖产品设备设计制造、服务咨询、设备运营维护等多元化的产业格局。这些支持性政策主要分为四个具体类别：其一为中央的引导性政策，包括《国务院关于培育战略性新兴产业的指导意见》《关于支持循环经济发展的投融资政策措施意见的通知》《国家重点节能技术推广目录》等；其二为环保产业的约束性政策，包含明确对各地方政府的环保规划约束性指标、工业产品能耗标准、重点行业市场准入制度、固定资产投资项目环评制度等约束性规范制度；其三为具体激励政策，包括《节能技术改造财政奖励资金管理办法》《合同能源管理项目财政奖励资金管理暂行办法》《节能产品政府采购品目清单》等财政支持及对符合条件的环保企业实施合同管理项目给予相应的税收优惠政策；其四为支持性与试点示范政策，包括建设环保领域的具有权威性的研发基地，构筑环保产业科技创新联盟强行推进环保产业先进技术，构建环保产品、工艺研发风险补偿机制，以及分地区、分行业建立不同的示范试点等。通过以上的分析可以看出，我国环保产业政策内容广泛包含环境污染防治、生态资源节约保护、国际生态环保政策等多个方面，这些政策从实施的角度还可以划分为强制性政策与非强制性政策（亦可称之为环境经济政策）宽严结合、软硬相适应的环保产业政策共同作用于环保产业的发展是长期从事环保工作得出的经验，历经实践的检验许多政策性的文件已经具备立法的基础。

环保产业政策对环保产业促进立法的支持还体现在转化路径的便捷性与必要性上。其一，党中央的立法指导思想为我国环保产业相关政策转换为法律提供了理论支持。在我国将国家政策转换为法律是我国特殊国情所决定的，亦是建立健全社会主义法制的特殊要求。其二，环保产业政策转化为法律具有内在基础。马克思主义理论在有关法律的本质的论断中指出"法律是统治阶级意志的体现"，作为社会主义国家，我国法律应当是符合广泛人民群众的共同意志。由于中国共产党作为我国的执政党的根本性质是"中国工人阶级的先锋队，中国人民和中华民族的先锋队"，决定其应当秉持严谨作风，代言人民的根本权益，反映全国各阶层各地区人民群众最真实的民意。从这一角度保障环保产业建设推进的法律与政策二者都是人民意志在有关环境保护领域的共同体现，这也是环保产业政策向环保产业法律的转化的关键性内在基础。其三，环保产业政策转化为法律具有外部基础。政策向法律转化需要良好的制度基础，要保证人民民主权利、实现政治民主、保障社会主义法治建设的统一，严格遵循正当立法程序并将其作为转化的必要前提，通过程序正义保障实体正义以达到法律转化的目的。我国的立法中已经有了多次的实践，将政策转换为法律的外部保障制度建设逐渐成熟，这为在环保产业领域内进行立法转换提供了相当的经验借鉴。

（二）相关立法经验基础

进入 21 世纪伴随着社会经济的发展与人类法律意识的提升，传统的立法模式正在受到冲击，亟待出现不同于传统立法模式并能够更好符合现阶段社会经济发展需要的新型立法模式。在此背景下，作为与传统意义上以具有强制性为特点的立法，不同的"促进法"立法模式应运而生，其所具有的"软法"特性为应对现阶段经济发展新趋势提供重要指引，这类"促进法"立法模式也是政府干涉市场经济发展的具体体现，正好弥补传统立法对现阶段社会经济发展不相适应的缺陷。

近些年来，我国相继出台多部促进性立法，这些法律中既有以"促进法"明确进行定名的，也有在名称中虽未明确出现相关字样，但实质其实质亦为促进性立法的。在现阶段学界有关立法模式的观点虽有所差异，但从本质上认同以实证主义法学为主脉络兼顾部分自然法学派的精髓，即将社会主义核心价值观、国家政策、文化意识等其他社会规范的内涵注入传统的法律规范立法体系之中，这一立法模式的形成既符合我国依法治国法律机制建设的总体要求又满足市场经济自由发展的客观需要。

促进法的法律逻辑结构与传统的法律规范既存在着共通又存在差异，实证主义法学在关于法律规范性上的观点认为不论是命令性的强制还是裁量性的强制，不论是以法律作为规范的事实还是法律规范的作用机制，均应当从实证的角度对其"规范性"特征进行阐释，但是法律规范存在着动态变化的特性且其体系本身还具有复杂性、联系性，面对如此庞杂的法律现象人们对于法律的规范性亦存在着不同的认识。法律规范作为从人类思维中抽象出来的一种形态，由于所处的社会阶段、历史时期等的不同，不仅会使法律规范的形态、结构存在差异，还会影响法律规范逻辑思维结构。传统法律规范在逻辑模态和构成要素上的缺陷是固有的，促进法不必进行强制性、规范性的要求，可以通过道德约束力、社会舆论压力等灵活调整规范。我国促进性立法模式的出现时间并不长，但不难发现我国在"促进法"立法技术方面相较于 20 世纪 90 年代初始时期已有了长足的提升，从理论研究到具体的立法程序再到法律的实施与立法后评估等方面都具有丰富的实践性。各种与环境资源保护相关的产业"促进法"的出台，标志着我国将"促进法"正式引入环保产业法律领域，对比新旧两部《清洁生产促进法》我们还发现我国"促进法"的立法更加的趋向合理，例如新的法律加入"强制性的激励政策"相较于旧法中"软性的激励政策"就更具实施性。环保产业作为社会经济发展在现代的产物，其规制的特殊性决定其更加适应促进性立法这一模式。

第二节 环保产业促进专门立法的基本定位与主要原则

一、环保产业促进专门立法的模式与位阶

（一）环保产业促进专门立法的立法模式

1. 政策性立法模式

长久以来，在环境保护领域的政策性指引规范远远多于环境保护法律规范，作为政策性更强的环保产业领域这一状况更加明显，从短期来看政策的扶持确实保障我国环保产业高速发展，但若要保证环保产业的长期、有序发展，仅依靠政策的扶持无法达成。从社会学的角度理解政府政策实质上是国家对于市场的干预，也是对自由市场固有缺陷弥补的手段。"凡有权力必有监督"反映到立法领域就是利用法制化的路径使政府政策受到应有的监管保证公权力的实施，这既符合宪法赋予的职责同时也是依法治国的必然要求。产业政策法制化成为产业立法的新模式，这一立法模式以各国的国情为基础跨越多个部门法对国民经济内部资源进行整合的法律规范，20世纪中叶至今各国在此理论的基础上对环保产业政策法律方面的探索有了长足的进步，主要是以日本等国为代表的倾斜性立法模式与以欧美等国为代表的竞争性立法模式，他们在产业政策法方面的探索为我国环保产业法的立法提供了不少的借鉴，同时环保产业政策法的立法模式日益为国际社会所认可。但我们需要关注的是倾斜性的立法模式强调的是倾力扶持，却忽视对于良好竞争环境的建立，妨碍环保产业的有序发展；而竞争性立法模式突出的是对完善竞争环境的建设，却忽视对环保产业发展的必要支持，在市场自利性的作用下会使得环保产业缺乏必要的生存空间。上述两种模式虽然存在弊端却适用于其国家，这很大程度上是由于该国社会历史条件的特殊性所决定的。从我国环保产业发展状况来看，无论从产业基础还是产业结构都与欧美日等发

达国家存在一定的差距，故传统的环保产业政策立法在我国究竟是否适用，就成为我国环保产业立法中面临的一个选择。

2. 新型促进型立法模式选择

我们对现代社会中环境保护两种立法模式进行分析，可以发现不管是政策型立法还是传统促进型立法都存在着不少的缺陷，若直接作为环保产业立法的模式会有不少阻碍。经过多年的立法实践，我国在促进型立法研究上，不断深化形成符合社会演进新需求的立法样态，伴随着新《清洁生产促进法》的出台，标志着我国新型促进型立法模式的完备。新《清洁生产促进法》突破原有的促进型立法的弊病，例如，在《清洁生产促进法》第八条中规定"……编制国家清洁生产推行规划"，这一规定确立清洁生产推进规划制度将传统促进型立法的"软法治理的模式"推进到"强制治理的模式"；在新《清洁生产促进法》第三十五条、第三十六条、第三十七条、第三十九条中规定对政府责任、企业责任、评估监理部门责任都进行了详细的界定，其中还将政府、企业、评估监理部门的不作为行为单独予以规制，具有行政性处罚、民事处罚、刑事处罚等多种法律责任承担形式，突破传统促进型立法对于法律责任的弱化的现实状况，强化了促进型法律的强制性特征等。其实，新型的促进型立法模式不仅从执行力、法律责任方面有所突破，其还在执法主体（行政、执法、监管等主管部门）、强制性推进制度建设等多方面进行有力的实践。有学者认为"新型的促进法越来越趋向于传统的强制性立法"，但我们并不认同这一观点，首先，作为促进法在本质上与传统意义上强调管理的强制性立法不同，其更多侧重于指引性的规范模式，即使新型的促进型立法模式中强化了对强制性制度的建设并不减损其基本属性；其次，从理论基础上来看两者之间亦存在差异，促进法是以国家意志转为人民群众意志，通过指引性规范推行积极环保意识，而强制性法律是以国家意志为核心，运用国家权力强行规制人们的行为，尽管新型促进型立法模式强化法律主体的法律责任，但并未突破这一理论基础。从总体上看，新型促进型立法模式是适应环保产业立法的一个优化选择。

（二）环保产业促进专门立法的法律位阶

环保产业本身固有的复杂性与关联性注定其无法像其他产业局限于某一法律规范领域，如何整合跨越多个法律领域的规范就成为环保产业立法是否合理的关键。在学术界对于法律位阶的含义有着不同的释义，通说认为"所谓的法律位阶就是法律规范所处的位置问题，具体而言就是在法律体系中不同法律规定之间的相互联系且其内在关系并不对等，以此形成不同层级的法律使整个法律体系呈现阶梯状"。而"法律体系是一国法律位阶制度的依存领域"，有学者认为法律层次并不是截然分立的，应该是不同法律维度相互交叉支撑的立体体系；这种法理观点符合环境保护法制化发展的客观要求，同时也为环保产业规范体系建设提供重要的理论路径，突破传统单一的法律位阶立法模式，使以综合性为特征进行更加全面规制的立法成为可能。法律位阶制度的产生其最主要的意义是解决相同或相似法律之间的适用性分歧问题，同时"所谓的法律位阶本身也是一项法律规范，故而依据职权进行法律位阶的划分成为我国立法机制的必然要求"。

虽然，学术界在有关法律位阶的划分上还存在着分歧，但在其基础法律位阶构成上还是具有共性的。通常位于第一位阶的是宪法。宪法是其他所有法律的权力来源，其作为国家根本性法律的地位无可动摇，在最新修改的《中华人民共和国立法法》（以下简称《立法法》）的总则中规定"……根据宪法，制定本法""立法应当遵循宪法的基本原则……"，《立法法》作为其他法律、行政法规、地方性法规、自治条例和单行条例及国务院部门规章和地方政府规章的制定、修改和废止均须依据的规范，其在法律位阶上略高于依据其而制定的法，而宪法作为《立法法》的依据，其法律位阶应更高，即为所有法律的上位法；第二位阶为法律。该位阶的规范是由全国人大及其常委会制定，其效率层级为仅次于宪法，同时该层级规范的制定受到《宪法》与《立法法》的规制，虽然学术界将《立法法》归类到此层次，但其实际上所具有的效力要略高于其他普通法律形式。在第二位阶的法律形式中通常将由全国人大制定在某一具体领域为该领域内其他法律规范提供依据，以及具有重要性、全局性的法律称之为"基本法律"。基本法律的法律效力应当高于同一位阶其他非基本法律的法律效力；第三位阶为行政法规。新《立法法》第六十五条规定国务院有权进行行政法规立法的两种具体形式，并指出相关立法不得与现行的宪法和法律相抵触，故而由此明确我国行政法规的范畴且确立其法律效力弱于普通法律；第四位阶为地方性法规、自治条例与单行条例。新《立法法》第七十二条到第七十五条对该层级的法律形式的立法范围、立法权限等作出了详细的规定，除此以外该位阶的法律规范同时还受到宪法、民族区域自治法等的限制，并不得与其制定依据法产生抵触，由此不管是从制定主体的地位还是其依据的规范，均可以看出该位阶的法律形式要低于法律、行政法规；第五位阶为规章。在新《立法法》第四章第二节对规章规范进行了具体的阐释，规章作为最低效力的法律位阶其制定主体的权限范围，主要是对其他法律的执行等提供详细的、具备实际操作性的保障性制度规范。此处提及的规章分为中央各部委发布的部门行政规章与地方人民政府发布的地方行政规章，由于两者间不存在直接的隶属关系，因此在法律位阶上的判别问题上，应同属于法律规范的最低位阶。

　　纵观我国环境保护法律体系，不难发现作为环境保护领域"基本法"的《环境保护法》，其法律位阶并不高于其他非基本法。虽然有学者认为实施的新《环境保护法》一定意义上作为环境保护的基本法，但却缺乏成为基本法的必要条件，即其制定权力机关为全国人大常委会而非基本法要求的全国人大为必要的制定权力机关。这就决定了处于环境保护法制构架之中，环保产业法律受其上位法（《环境保护法》）的限制无法适用"基本法"这一立法位阶。通过上文对环保产业相关法律的统计数据可以看出，在现有的环保产业规范中存在的主要法律形式就是位于第三至第五法律位阶的一系列的行政法规、规章，通过实践发现现有的环保产业立法无法满足新时期环保产业的发展，主要体现在：其一，现有的环保产业立法基于传统的环境保护法律而来，1989 年《环境保护法》与 2015 年新《环境保护法》之间相差 26 年，而在这 26 年间环境问题的发展程度远超人们的想象，这就造成相关环境保护法律的立法目标、立法原则等都严重滞后于社会发展的速度。与此同时，环保产业的飞速发展对于立法的要求不断提高，但环保产业依据滞后的环境保护目标、原则进行的相关立法，这就造成现有的环保产业立法难以保障环保产业的发展要求；其二，现有环保产业立法的法律位阶较低是其本身存在固有的弊端，作为政策性法律其本身的责任追究制度不完善、缺乏明确的管理主体、法律执行效力、缺乏必要的保障等等，这些弊端事实上制约着现有环保产业的发展。综上，在不同程度基本法律与行政法规、规章等都对环保产业立法的发展起着制约的作用，因此这些法律位阶都不是未来进行环保产业立法的最优选择。

二、环保产业促进专门立法遵循的主要原则

（一）环保产业促进专门立法遵循的一般原则

立法基本原则贯穿立法始终可以起到填补漏洞的作用，作为一种立法的内在价值取向可以指导法律体系的完善。环保产业立法作为新兴的环境保护领域的立法具有其特殊性，私法手段无法全面有效地解决全部环境纠纷，公法原则性的规定成为弥补法律漏洞的重要手段；伴随着立法进程的不断深化，原有的立法原则不仅成为环保产业立法的关键依据，更成为环保产业立法的基本组成，在环保产业法制规范领域立法原则的法制化现象更为显著，因此确定环保产业立法原则将有助于环保产业立法进程的顺利推进。

我国立法的原则具有同一性，为立法者所应首先考量与遵循的关键因素，是确保所立法律为良法的基础。以科学性为依托进行立法是保证相关法律规范具有可实施性的重要原则，以合理性为准则进行立法是确保相关法律规范具有法治基础的重要原则，以民主性为取向进行立法是实现全民参与法治的重要原则。科学性原则、合理性原则、民主性原则等是所有立法均需要依照的一般性原则，这类立法原则是所有立法过程中必不可少的意识指导，更是维护国家法治权威、确保最广泛民众的意志、实现社会主义法治统一的重要保证。为环保产业促进专门法作为我国法律体系的组成部分，在其立法过程中首先应遵循这些一般性原则，可以确保所立法律符合授权权限并能得到有效实施。

（二）环保产业促进专门立法遵循的特殊原则

1. 生态意识前瞻性原则

法律作为"国家意志的体现是统治阶级的统治工具"一经制定颁布实施就具有强制效力，在我国统治阶级是广泛的民众，正因此我国法律体现的是人民的共同意志。自古以来统治者就认识到维护统治的安定就必须有一个稳健的法治环境，这就决定法律切勿"朝令夕改"随意变动，即法律应当具备必要的稳定性。在我们社会主义国家对于法律稳定性的要求更加突出，安定的法治环境不仅可以促进社会经济的平稳发展，也有助于实现社会主义的共同目标。同时我们必须认识到随着人类历史进程的推进，经济、政治、文化等社会生活的各个方面都在发生着巨大的变革，但受到法律稳定性的制约使其变动不能过于频繁，故而要求法律在订立阶段必须具有一定的前瞻性，

否则法律将会严重脱离社会经济发展趋势并对其造成阻碍。这里我们强调的法律稳定性是相对的，在《慎子·内稿》中提到"治国无其法则乱，守法而不变则衰"，法律也要因时因势发生一定的变动，不可否认的是法律从立法到出台或从制定到修改都有一个较长的时间过程，当我们察觉社会进程与法律存在分歧再去对原有法律进行修正时实际上已经滞后于社会前行的趋势，这就要求在立法时要为滞后性留出必要的缓冲，即要求立法具有前瞻性。

　　滞后性在环境保护领域尤为明显，作为环境保护领域内最具创新性的环保产业，其变革速度远超过其他产业，如何才能避免这种滞后性带来的不利影响成为环保立法领域亟待解决的问题。因此在环保产业立法中我们要贯彻前瞻性的原则，即对环保产业未来发展趋势进行合理的预测分析，发现未来可能出现的问题现象并对其进行预期的规制。环保产业本身的共同性与公益性特征要求我们从立法思维意识上也要具有前瞻性，传统立法模式的指导思想往往侧重于经济发展，而环保产业的立法指导应该侧重于生态保护，将生态意识作为立法前瞻性的指导思想进行合理的立法。后行为预测，可以将生态理念最大程度注入环保立法进程中，更加符合未来生态化法治建设的要求。我们将生态理念与前瞻性相结合提出的环保产业立法原则，从法理的角度看是对法律的可预见性原则的一种扩展打破传统的法律思维模式的一种尝试；从立法实践看，运用生态意识前瞻性原则可以使环保产业在立法时，能正确预测环保产业发展的趋势，从而对未来发展可能出现的事项进行提前规制，符合我国生态化法治建设的总体要求。

　　2.市场干预与放任平衡原则

　　市场干预是指在现有环保产业发展中国家运用多种形式的法律规范为其市场的稳定、有序、可持续的发展提供保障与规制；市场放任是指在现有的环保产业市场发展中建立完善的市场运行法律保护机制，不对市场直接进行干预，而运用市场自身内在动力独立发展旨在保护其良好的运行秩序。我国环保产业产生于计划经济时期，其产生受到政府干预特征明显，从上文对相关环保产业的法律规范的分析中还可以看出，我国对于环保产业的政策性、指导性特征明显采用直接干预相关环保产业市场的形式，强调利用法律、政策等手段扩大环保产业市场推动环保产业进步。以西方发达国家为代表崇尚自由市场，他们采用的是对市场运行体制进行规制而不直接干涉市场，主张充分发挥市场对产业发展的调节作用，政府仅充当"守夜人"的角色。其实不管是我国采用的市场干预还是西方采用的市场放任都有着明显的缺陷：其一，强化的市场干预会直接影响环保产业市场的完善，无法形成可持续的环保产业市场，运行机制从而降低。环保产业对于市场需求变化的敏感度，伴随着我国"入世"进程的深化，环保产业面对的是整个世界市场，不再局限于国内竞争，无法及时把握市场动态，无疑将会给国内环保产业带来灭顶之灾。为达到 WTO 规则要求的市场开放程度及遵循通行国际准则的要求都需要我国环保产业对市场需求有良好的把握，可以把握时机进行产业结构的及时调整。其二，强化的自由市场将不利于环保产业的发展，会使其被市场所淘汰，在自由市场的竞争中市场主体的趋利性特征决定其在利益的权衡中更加侧重于经济利益，环保产业具有的公共性致使其无法像其他产业那样以经济利益为最终目标，若长此以往缺乏有力的支撑将会导致环保产业市场内在发展动力的缺失。

在环保产业立法时需要坚持市场干预与放任平衡原则，即要在环保产业立法中合理运用政府的干预手段给环保产业市场发展留有充足的竞争空间，加强对环保产业市场运行的法律保障形成一个可持续的、有序的市场运转架构，适度地干预与市场自由竞争并存，平衡好两者的度以确保环保产业市场发展的充分竞争与良性循环。市场干预与放任平衡原则应当是对环保产业立法整体的考量，强调整体的立法价值不能割裂其中的联系，其对立法技术的要求甚高，但却又是立法中必须进行的权衡。这一原则贯穿立法的始终，旨在防止市场失灵对于环保产业的破坏，同时警惕政府"命令—指令式"的行政干预对于环保产业市场的过度保护，恰当运用这一原则是保障立法合理性的基础。

3. 环保产业促进与反制原则

环保产业促进原则是指利用法律规范创制新的制度或规定，并利用国家权力强制推行为环保产业发展提供市场空间，即利用国家强制力推行新的环保制度、环保技术等扩大整体产业市场需求，从而为环保产业的发展带来机遇。环保产业反制原则亦可称为环保产业制约原则，是指对于环保产业的行业标准、法律责任、实施程序等的规范，以确保环保产业市场的规范化、有序化发展，即通过对促进原则进行限制，设置相应的规范要求，实现环保产业标准化发展。在现有的环境保护行为中，平衡好各方利益诉求是确保环保产业有序运作的关键，利用对环境资源使用者或受益者的义务的界定，使得排污企业付出环境成本的同时治污企业能够得到独享收益，充分实现在生态开发中的权利义务对等性，形成一个长效约束机制；在环保产业立法实践中保障性促进立法最多，无论是政策规范文件还是散落在其他环保法律中的相关规定都侧重于对环保产业发展的保障，缺乏对于相关促进性规则的制约、监管，环保产业市场利益主体之间的平衡正在被打破，无序的政策扶助行为会使得环保产业市场混乱阻碍其进一步发展。

环保产业的发迹依赖于产业政策的"保驾护航"，但缺乏必要规制的权利会带来负面的影响。通过对环保产业规范的相关分析我们发现，如何平衡好环保产业立法中的促进与反制是保证所制定法律实施效果的关键。一方面，对环保产业发展进行授权；另一方面，对于授权进行必要的约束，保证环保产业发展的必要法律需求的同时完善必要的法律制度防止权力的滥用，恰当的选取促进与反制之间的平衡点，避免保障过多与约束过严的两个极端。环保产业立法过程是促进与反制措施的博弈，也是成本与利益的博弈，既要保证环保产业发展所必要的市场利益又要控制产业成本，既要防止产业本身固有的负外部性又要避免过度干预妨碍产业活力。

4.责任双轨制原则

责任双轨制原则其内涵相对丰富，可以抽象地理解为行政责任与法律责任并行，其中不管是行政责任抑或法律责任都有其各自完整的内涵，两者并行则共同构成环保产业法律规范责任体系。所谓行政责任是指在环保产业法律规范中规定负有管理、监督职责的行政主管部门及其负责人怠于履行或履行不到位阻碍环保产业发展所应当承担的行政处分。其责任主体主要指环保产业相关的行政主管部门及其负责人，所承担的后果即行政性的处罚主要由上级主管部门对下级部门做出。所谓的法律责任是指违反环保产业相关法律规范的单位或个人所要承担的民事赔偿、刑事处罚、行政处罚等责任。法律责任规范的主体广泛，既包含环保产业从业主体又包含环保产业行政主管部门，其责任形式多样化，既有民事处罚又有刑事处罚还兼具行政处罚。责任双轨制立法原则就是将行政责任与法律责任作为并行的两个机制分别加以规定，从立法行为角度整体考量对两者进行平衡恰当划分责任处罚管辖范围，促使整个法律责任体系的完备弥补环保产业法律责任追究制度的缺失。

立法中缺乏对于法律责任的规定会直接导致法律执行力不足的问题，从而很难真正意义上对法律主体形成威慑。环境保护领域立法中存在着共通的缺陷就是对环境责任的不明确，并由此造成环境立法实施效果差，这一不足在环保产业立法中更加突出，从前文的分析中可知环保产业立法作为政策指导性立法，其中主要以引导性、指导性的规范为主，对于法律责任的规定却欠缺。责任双轨制原则就是弥补环保产业在法律责任体系中的缺失，用以保障环保产业的可执行性。责任双轨制原则提出两个法律责任体系内涵庞大，不仅要对其主体、客体、法律关系等有明确的界定，还要对其性质进行定位、处罚形式进行划分，因此将责任双轨制立法原则注入环保产业立法中不再单纯是对违反法律者的处罚适用原则，还是对环保产业中相关法律关系的明确。

第三节 环保产业促进专门立法框架构想

一、总则

（一）基本概念

对于环保产业立法中涉及的相关概念予以明确是环保产业立法框架建立的首要问题，为保证立法的顺利实行应对以下几个基础性概念予以具体阐释：其一，明确环保产业立法中所依据的法律法规，确立立法的合法性、合理性；其二，明确环保产业的立法目的、指导思想，确保环保产业立法符合社会经济发展的必然要求。同时明确环保产业促进立法的定位，作为政策性较强的立法受环境保护公益性影响其法律定位需要明确，才能切实地保证立法的实施；其三，明确环保产业的基本概念、范围，确定环保产业立法的适用范围，有利于公民对相关法律的理解从而确保其得到民众的广泛认同。

（二）基本原则

所谓的法律原则本质上是客观的价值取向，是立法根本要求的具体体现，其贯穿于法律的始终决定了法律制度的根本属性，是法律规范中基本概念等的标准化基础，具有协调法律实施、保障法律制度治理稳定的动态平衡作用；环境与资源保护法律规范是国家经济发展与环境保护协调的重要依据，不同的单行环保法律规范间无法避免的会出现冲突，保证相关环保法律的有效实施需要基本法律原则予以指引；在党对于生态文明建设提出新的要求促使环境保护法律的基本原则的变化，把生态环境与资源保护作为我国的基本国策以推进生态文明建设，并将促进经济社会可持续发展理念注入环境保护法律基本原则中，并明确环境保护坚持保护优先、预防为主、综合治理、公众参与、污染者担责的新阶段综合治理原则。作为环保产业立法的基本原则与传统立法模式相比最大的不同在于其公益性、生态性的特征显著，环保产业法律规范中的基本原则应当在坚持以人为本、合理有序、公平公正的基础上突出生态环境保护意识，确立生态资源的可持续发展法制理念。法律基本原则也是法律文化构建的思想理论基石，法律文化相较于社会文化的演进历程具有一定的迟滞性，通过将法律文化"精英化"形式转变为人们共同理解的"大众化"形式路径推动整体社会法律观念的前进以弥补这一不足；反映到环保产业立法中就是可以用条文的形式将法律原则予以固定，更加充分地确保环保产业法律的实施符合立法的本意。

（三）管理体制

法律的执行能力是法治建设的关键环节，若没有良好的执行力则无法实现真正的"依法治国"，法律价值的实现不在于其立法而在于其能在实际中合理规制个人、集体的社会行为。法律得以有效实施的关键一方面在于法律规范的可是实施性，另一方面是负有法律职责的法律主体依照法律规范程序恰当行使法律权力，环保产业立法零散性、公益性、政策性的特征决定其对于执法主体的要求高，既要明确环保产业中的执法主体又要保证其具备必要的法律素养能够胜任。从行政法学的角度可以将执法的主体界定为国家行政机关；具体到环保产业中其应当是具有相应的环境保护职责的部门，如中央层面的生态环境部国家发展改革委等。

二、环保产业促进的政策保障

环保产业立法框架的第二部分为环保产业促进的引导与推动，本法的立法目的在于建立良好的环保产业市场空间促进环保产业的结构化升级，为达成这一立法目标弥补环保产业市场的缺陷，需要通过政策性引导、规范性地推动等国家干预的手段并以国家规范性的形式予以明确。环境税费等政策性规定从反向约束的角度，减少资源的耗用，促使环保相关产业的发展。从前文中可知在现阶段环保产业中存在着诸多的问题，而现有的法律规范无法解决，只有依靠新的立法规范形式进行合理规制才能保障环保产业的未来发展动力。作为环保产业未来发展需要的政策法规性指引，应当既包含法律意识上的引导又蕴含具体行为上的推动，在此基础上建立健全科学合理的产业促进机制。

（一）行为推动性政策措施

法律具有引导人们行为的作用，既表现为规制人们应该或不应该为一定行为并承当违反规定的否定性法律后果，又表现为人们可以为一定行为并承担肯定性法律后果；在环保产业促进立法中也是义务性规范与选择性规范并存，环保产业的公益性特征决定更加侧重于选择性规范的运用。环保产业发展需要法律的保障但同时也要把握平衡，以环保产业市场化行为为主导着力于实现市场在产业中资源配置的基础性作用，辅之以政府的干预强化环保产业发展中的薄弱环节弥补产业发展的不足。所谓行为上的推动，是指利用国家强制力在尊重市场客观规律的基础上保障环保产业的稳定发展，通过政府干预的手段推动环保产业加速升级。通过环保产业专门化立法的方式将国家政策性的规定予以明确下来，有利于环保产业的未来前进目标的明确。

（二）意识引导性政策措施

在法律立法过程中不仅仅需要法律行为上的规范，更应注重法律意识的觉醒与法律素养的提升。法律意识在狭义上是指法律现象的模态，具体表现为法对社会关系的调整、如何保证法规范内容的实现等，同时其还是具有不同内涵、跨越数个领域、划分多重部分的一个复杂社会体系，在法律立法到执法、司法过程中不同阶段所蕴含的法律意识存在着差异，可以说在法律规制的过程中法律意识发挥着不同的作用。通过不同利益集团的相互碰撞、妥协，形成具有统一价值观的认识基础，从而构建出合理的社会法律价值体系。通过合理的环保产业立法可以提升民众的环保法律意识，统一价值意识形成后又可以保证环保产业立法的顺利实施。作为意识引导的另一方面民众生态意识的进步将会有力保障环保立法的社会基础，从前文中可知环保产业初始的因素之一就是现代人对环境保护的不断重视从而对生存环境提出更高要求；持续的生态环境恶化使得多样化的环境问题此起彼伏，加之各种环境制度的出台，使人们对于环境问题的认识不断加深。树立正确的生态环境意识成为保证环境保护法律实施的重要一环，这些因素都间接促使环保产业市场需求的旺盛。在环保产业立法中注重生态意识的养成，一方面可以扩大环保产业市场并促进其健康发展，另一方面可以达成共同的社会价值认识，减少法律实施的阻力并保证其顺利的执行。

三、环保产业促进的激励措施

环保产业立法框架的第三部分为环保产业促进激励措施。法制的最高理想在于运用强制性法律形式保证"非强制力"的激励性措施的实施，法律的本质不是"严刑峻法"，应当是利用激励机制引导人们从事为社会所认可的价值行为。环保产业的立法形式是新兴的促进型专门立法，与传统的管理型立法模式有着一定程度的差异。法律规范形式的不同导致激励的力度、效果存在差异，通常认为专门性规范法律其实施力度要优于仅在制定法中个别条款规定的形式，具体性的激励规范比宏观指导性规范的实施效果更优化。管理型立法模式是国家干预市场经济最直接最常见的模式，其符合现代国家职能要求，将法律赋予的权利渗透进社会生活的各领域并逐渐为人们所共同认可。管理型立法的法理基础是法律主体权利与义务的对等，强调的是利用国家的强制力从国家整体社会经济发展角度进行综合调控。促进型立法排除强制性法律规范对公众的干预，强调的是政府职能的转变从"规制者"到"引导者"、从"强制者"到"服务者"，减少对法律主体权利义务的设置，运用法律的引导性作用达到治理目的。环保产业立法的激励措施是整个立法框架的核心内容，作为促进型立法其形式多样、规范灵活有助于激励措施恰当地运用到环保产业发展中，但促进型立法对于使用者的法律素养、道德意识要求较高。同时激励措施的基本属性就是通过实现个人利益需求达到引导人们行为的目的。在环保产业的立法中应为激励措施提供合理的规范，提高立法技术保证立法的恰当性。在环保产业立法中通常将激励措施分为经济性与非经济性两种，本部分主要从经济性激励措施进行规制。

（一）市场激励措施

良好的市场秩序本身就是最好的激励措施，凡是法律的出台对市场都会存在限制。这里所述的市场激励措施其核心要点在于环保产业市场的构建，其本质目的是确保相关市场秩序的建立健全。通过对市场整体规则的完善，使其具有完备的自身风险抵御机制，以确保在环保产业发展过程中能够实现自身的独立性。上述观点具体到环保产业的立法中，如何恰当地通过法律的途径将市场的运行机制得以充分地保留，是保障环保产业良性发展的关键。

（二）财政激励措施

在环境问题的治理中财政支持始终处于关键地位，在依法治国背景下进行生态环境治理需要对环境财政政策进行必要的限制，通过寻求不同法律形式以保证财政的激励措施得到发挥。环境治理中国家规制、经济平衡、公众参与三者相互作用互为补充，这就决定单一的财政激励形式无法保障环境的综合性治理，故要求在现代环境治理过程中财政激励措施应具备复杂性、系统性的特征。财政激励政策虽然形式多样，但其基本构成原则采用奖惩双向机制，即主动激励与被动惩治相结合确保财政激励政策的威慑性作用。除了对企业、个人的激励措施以外，对于政府的激励措施也是必不可少的，各级地方政府作为国家公权力的享有者具有强大的威慑力，同时其也是社会公共利益的维护者，这就决定了政府的地位高于社会生活中的其他经济组织。政府作为公共利益的代表者其权威性不言而喻，但这也导致统治者的意志对政府职能行使的影响，政府各级组织作为独立的行政机构其领导者都是理性的"经济人"，因而领导者会从本部门的利益出发寻求最佳的管理效能。环保产业的发展作为公众事业不仅是单一行政部门就可以完成的，且其产生的绩效也无法归属于某一行政部门，这就产生了各行政部门之间冲突与推诿的基础，因而需要建立一个内、外部综合的约束机制，通过奖惩手段引导领导者正确选择。

（三）金融激励措施

金融业是各国社会经济发展的风向标，其资金的流向代表着社会经济结构的偏向，金融手段的运用很大程度上影响着产业的发展趋势。20世纪90年代"绿色金融"在西方国家兴起，其主要内涵：运用投资融资等市场方式对绿色产业进行资金支持，利用对各类经济资源的"可控性"形成可持续发展的经济模式，助力于生态环境的改善。现阶段需要重新认识金融业在环境保护中的地位，虽然金融行业本身不会对环境造成破坏，但金融行业所代表的资金流向对社会资源的再配置起着导向作用，这种资本的引领性对于环保产业的发展起着不可或缺的作用。

（四）税收激励措施

西方国家的产业演进历程也表明，环境税收政策应当作为调整经济结构、转化产业发展方式的工具，通过完善环境税收政策，促使我国环保企业走向扩大再生产和清洁生产的道路，发展资源节约型、环境友好型、质量效益型、科技先导型的产业和企业。对环保产业立法中所称的税收激励措施可以分为两个角度：其一是针对污染企业实施的税收强化政策；其二是针对环保企业的税收优惠政策。对于环保企业的税收优惠可以体现在对于环境保护技术研发的优惠、环境技术人才培育的优惠、对于环保产业创新企业的税收优惠等，对于环境污染企业加大税收力度主要体现在对于环境资源税的开征、环境污染税收执行力加大等。

四、环保产业促进的监督措施

（一）环保产业市场的监督

自明确提出有关市场体系的论断以来，对于政府职能的履行提出新的要求，改变传统行政强制性的职能特征，强化对自由市场进行宏观调整的职能，将政府的市场监督职能法制化对市场经济机制形成必要保障。环保产业作为新兴产业其市场构建基础薄弱，利用立法的手段将市场监督具体规范予以确立有助于环保产业市场的稳定。同时应当警惕环保产业市场中不正当竞争行为、垄断行为等，确保其运行的有序，利用监督规范的法制化可以更好地发挥法律的威慑力。

（二）环境标准实施的监督

随着新环保法的不断推进对于环境标准的制定执行提出了更高的要求，环境标准决定着环境治理的效果应达到的最低限度，是生态红线划定的重要技术依据。同时环境标准也是对企业生产的一种限制，对于未达标的企业将会被淘汰，有利于推动企业进行生产结构调整进而促进环保产业的需求扩大环保市场容量。也正是因为环境标准的市场潜在力、前景指引力，使其成为影响环保产业发展的重要因素，然而庞大复杂的环境标准体系在实践中存在的诸多冲突，缺乏统一的规范制度，从而无法有效地转化为环保产业发展的动力。要解决这一弊病，首先应当强化环境标准的实施效果，即强化环境标准的执行力；其次密切监控环境标准的实施状况并根据社会发展需要实施调整。通过对于环境标准的实施监督的法制化，为环保产业维护市场带来更具强制力的手段。

（三）政策优惠享有的监督

现阶段环保产业处在以扶持发展为主的时期，从中央到地方各类政策性、法律性保障措施形式多样、涵盖范围广泛，确实在某种程度上保障了环保产业的发展。但社会主体的趋利性特征决定其必然会趋向自身利益的最大化，会导致环保产业内对于国家优惠政策的滥用。在我国现有的社会体制下长期对于政策执行的监管不到位，导致行政权力过大，立法、司法制约机制效力失衡，加之相应的责任追究机制不完善，最终使得社会主体在行使优惠政策时受公权力的制约严重。对环保产业立法中政策性优惠的监督不仅仅包含对环保企业的监督还应注意对相关公权力行使的监督，运用法律条文的形式将监督机制进行明确，可以为政策的有序实施提供重要保障。同时通过立法的指引作用完善监督形式、扩大监督范围，实现环保产业主体对于相关规范的恰当实施。

五、环保产业促进的法律责任

环保产业立法框架的第五部分为法律责任。在一个完整的立法体系中必不可少的就是对于法律责任的规定，法律责任应符合社会发展的客观规律，这就要求其具有合理性、，其本质在于平衡"社会的自我防卫"与个人的自由，将前者的界限准则与后者的自由意志标准相结合，在"社会的自我防卫"的基础限制内给予个体充分的自由权利。法律责任的设立不总是越严效果越好，严苛的法律制度会带来违法行为的反弹，不利于达到法律预防与制止犯罪的目的，正因此在法律责任制定时遵循谦抑性，即在进行社会关系调整中应当首先使用其他形式的调节手段，在这些手段均为未能起到作用时才运用法律责任这一具有强制性效力的形式。法律责任的设立与节制还存在着社会运行成本的平衡问题，当法律责任过严会导致负面的社会运行成本的增加，当法律责任过松散则会使的法治目的无法达成，恰当地平衡其轻重是整个立法体系中的关键环节。但是在现有的环境保护法律体系中对于法律责任的诟病确实存在的，其中最为明显的就是关于违背法律后的责任成本问题，从《大气污染防治法》《水污染防治法》等诸多法律中不难发现其违法责任追究成本较低，通常设置处罚上限，一般为违法犯罪所得额的 1～3 倍或者为违法损害造成损失的 20%～30%，这些处罚成本相对于大型企业、垄断企业来说缺乏威慑力。环境法律责任的违法成本低造成污染企业将违法成本直接计入产品生产成本中，最终将其转嫁到其他生产销售环节中，过低的违法成本可以被企业的高额利润所湮没，难以起到法律的威慑作用，环保产业作为环境保护领域的新兴产业，其存在着环境保护领域固有的问题，因此在环保产业立法中应当对环保产业法律责任的设定给予足够的重视。在环保产业立法过程中应当平衡环保产业主体的权利义务关系，合理设置责任追究制度，规制环保产业内外部活动约束相关企业行为，并对其他社会主体予以恰当制度保护。

（一）环保产业促进的行政责任

我国行政责任从组成上来看，其责任主体可划分为企事业单位、政府职能部门及其行政主管人员、其他自然人、法人，由此可以将行政责任分为两类：第一类是由企事业单位、政府职能部门及其行政主管人员承担的行政责任；第二类是由普通自然人、法人承担的行政责任，这两种责任的适用基础存在不同，前者依靠行政机关上下级间的处罚来达成，而后者则是国家行政机关依据法律赋权对违法者所作出的惩治。第一类行政责任因其政治色彩浓厚亦可称之为政治责任，这类责任的承担者作为公权力的享有者相较于其他自然人、法人具有更大的可能去逃避法律的制裁，这一点在环境保护领域中尤为突出，环境问题出现后在环境法律制度中对环境行政主管部门的制约严重不足，将其排除在责任承担体系之外。在现代法治建设实现社会民主政治中，更加强调对社会公权力的制约，即强调对行政机关责任的追究，以成文法的形式对行政机关责任予以明确有助于行政机关运用公权力时严格守法。第二类行政责任主要体现的是法律赋权行政机关监管社会活动中的自然人、法人，并就其违背法律而应承担的责任予以"提示"，这类责任即为通常意义上的法律责任。这类责任也是法律规范中呈现的主要形态，在环保产业立法过程中对于此类责任应当予以关注。为弥补以往环保产业立法的不足，本立法框架中注重对第一类行政责任予以规制，将经济效益与生态效益共同作为行政考评的基础，建立环境决策综合协调集体负责机制、行政人事晋级与生态环境建设挂钩责任机制等。

（二）环保产业促进的民事、刑事法律责任

与政治责任、道德责任相比法律责任具备国家力量的权威性，但现阶段我国环境保护领域呈现出"有法不依、执法不严、违法难究"的现象，其源头在于法律责任的界定不明从而难以实现法制保障。环保产业立法作为环境保护领域的立法其具有环境法律的共性特征，作为边缘学科其横跨民法、刑法、经济法等多个部门法领域，正因此其法律责任多元化特征明显且相互交叉相互作用。

参考文献

[1] 华瑀欣 . "一带一路"沿线国家环境法概论 [M]. 北京：社会科学文献出版社 ,2017.05.

[2] 吕忠梅 . 环境法第 2 版 [M]. 北京：高等教育出版社 ,2017.06.

[3] 史学瀛 . 环境法案例教材 [M]. 天津：南开大学出版社 ,2017.01.

[4] 郭春 . 环境法的建立与健全——我国环境法的现状与不足 [M]. 太原：山西经济出版社 ,2017.12.

[5] 秦嗣权 . 国际环境法与环境治理 [M]. 咸阳：西北农林科技大学出版社 ,2017.12.

[6] 徐祥民 . 常用中国环境法导读 [M]. 北京：法律出版社 ,2017.07.

[7] 冯汝 . 环境法私人实施研究 [M]. 北京：中国社会科学出版社 ,2017.01.

[8] 张君明 . 环境法与生态文明建设 [M]. 长春：吉林大学出版社 ,2017.05.

[9] 吕忠梅 . 博学法学系列环境法原理第 2 版 [M]. 上海：复旦大学出版社 ,2017.04.

[10] 林灿铃，吴汶燕 . 国际环境法 [M]. 北京：科学出版社 ,2018.09.

[11] 秦天宝 . 环境法评论——2018 年第 1 期 [M]. 北京：中国社会科学出版社 ,2018.03.

[12] 史玉成 . 环境法的法权结构理论 [M]. 北京：商务印书馆 ,2018.09.

[13] 杜辉 . 环境公共治理与环境法的更新 [M]. 北京：中国社会科学出版社 ,2018.10.

[14] 沈灏 . 环境法丛书 气候变化语境中的环境司法与行政 [M]. 上海：复旦大学出版社 ,2018.08.

[15] 刘庆庆 . 基于环境教育法视域下的新时代环境素养教育研究 [M]. 重庆：重庆大学出版社 ,2018.09.

[16] 竺效. 环境公益诉讼实案释法 [M]. 北京：中国人民大学出版社,2018.09.

[17] 李永宁. 环境资源法前沿热点问题研究 [M]. 北京：中国政法大学出版社,2018.11.

[18] 桑磊. 经济法·环境资源法·劳动与社会保障法重点突破 [M]. 北京：中国政法大学出版社,2018.06.

[19] 王吉春. "美丽中国" 背景下我国环境刑事法完善研究 [M]. 北京：中国人民公安大学出版社,2018.10.

[20] 冯振强. 我国环境污染第三方治理的环境法冲突及其解决机制研究 [M]. 武汉：武汉大学出版社,2019.05.

[21] 秦天宝. 环境法评论第 2 辑 [M]. 北京：中国社会科学出版社,2019.07.

[22] 邓海峰. 环境法总论 [M]. 北京：法律出版社,2019.

[23] 周永. 环境法的正当性研究 [M]. 北京：中国社会科学出版社,2019.12.

[24] 何艳梅. 青年国际环境法评论 [M]. 北京：中国政法大学出版社,2019.10.

[25] 王彦昕. 比较环境法创新研究 [M]. 北京：九州出版社,2019.04.

[26] 竺效. 环境法教学与人才培养论文集 [M]. 北京：法律出版社,2019.04.

[27] 王岳丽. 环境法视阈下生态文明建设研究 [M]. 长春：东北师范大学出版社,2019.03.

[28] 吕忠梅. 环境资源法论丛 [M]. 北京：法律出版社,2019.05.

[29] 熊可. 经济法·环境资源法·劳动与社会保障法 [M]. 北京：中国法制出版社,2019.03.

[30] 桂芳玲. 生态文明视野下的环境法理论与实践发展研究 [M]. 北京：九州出版社,2020.05.

[31] 王曦. 改革开放四十年·环境法的回顾与展望·中达环境法论坛论文集 2019[M]. 上海：上海三联书店,2021.10.

[32] 姜素红. 环境法基本问题 [M]. 北京：知识产权出版社,2021.11.